JESSICA SAMUEL

# Sei dir selbst der Partner, den du dir wünschst

W0011931

GOLDMANN
Lesen erleben

*Buch*

Liebeskummer lohnt sich nicht... Oder vielleicht doch? Jede dritte Singlefrau glaubt, nur deshalb allein zu sein, weil sie ausschließlich auf bindungsunwillige Männer stößt. Die Wahrheit ist: Wenn ein Mann das Interesse verliert, hat man selbst lange zuvor das Interesse an sich selbst verloren. Dieses Buch beendet die Durststrecke auf Beziehungsebene und macht bereit für die wahre Liebe. Denn: Wer Liebe ausstrahlt, zieht Liebe an.
Ein humorvolles Buch mit vielen Fallbeispielen aus dem Alltag und den Coaching-Erfahrungen der Autorin.

*Die Autorin*

Jessica Samuel, Coach, Kinesiologin sowie systemische Beraterin, begleitet herzlich provokant Frauen auf dem Weg in ihre weibliche Kraft. Nach mehreren unsanften Beziehungsdramen lernte die Autorin sich endlich selbst zu lieben und lebt nun, glücklich verheiratet mit einem ehemaligen Ex, in Berlin.

Jessica Samuel

# SEI DIR SELBST DER PARTNER, DEN DU DIR WÜNSCHST

Warum der Weg zum Traumpartner
über Selbstliebe führt

**GOLDMANN**

Penguin Random House Verlagsgruppe FSC® N001967

4. Auflage
Originalausgabe März 2019
© 2019 Wilhelm Goldmann Verlag, München,
in der Penguin Random House Verlagsgruppe GmbH,
Neumarkter Str. 28, 81673 München
Umschlaggestaltung: UNO Werbeagentur, München
Umschlagmotive: Fine Pic c/o Zero Werbeagentur
Lektorat: Sabine E. Rasch, Ottersberg
SSt · Herstellung: cf
Satz: Uhl + Massopust, Aalen
Druck: GGP Media GmbH, Pößneck
Printed in Germany
ISBN 978-3-442-22256-8
www.goldmann-verlag.de

Besuchen Sie den Goldmann Verlag im Netz:

*Für Al und Emilia*

# Inhaltsverzeichnis

**Vorwort** . . . . . . . . . . . . . . . . . . . . . . . . . . . . . . . . . . . . . . 11

Erster Teil – Darum stehst du, wo du stehst . . . . . . . . 17

**1. Am Anfang war das Missverständnis** . . . . . . . . . . . . 17
Von wegen Jäger und Gejagte . . . . . . . . . . . . . . . . . . 19
Der erste Schritt . . . . . . . . . . . . . . . . . . . . . . . . . . . . . 20
Mit welcher Erwartung gehen Männer
    eine Beziehung ein? . . . . . . . . . . . . . . . . . . . . . . . 22
Sexuelle Selektion … . . . . . . . . . . . . . . . . . . . . . . . . . 24
… und wie mehr daraus werden kann . . . . . . . . . . . . 27
Was brauchen Männer, um sich zu verlieben? . . . . . . 37
    *Freiraum* . . . . . . . . . . . . . . . . . . . . . . . . . . . . . . . 39
    *Bestätigung in seinem Engagement* . . . . . . . . . . . . 43
Was verschreckt Männer? . . . . . . . . . . . . . . . . . . . . . 44
    *Zu viel Nähe* . . . . . . . . . . . . . . . . . . . . . . . . . . . . 44
    *Es geht zu schnell* . . . . . . . . . . . . . . . . . . . . . . . . 46
    *Unerfüllbare Erwartungen* . . . . . . . . . . . . . . . . . . 48

**2. Von der Traumfrau zum Alptraum** . . . . . . . . . . . . . 50
Erwartungskataloge und Benutzerhandbücher . . . . . . 51
Irrtum 1: »Mein Partner muss mich lieben,
    wie ich bin« . . . . . . . . . . . . . . . . . . . . . . . . . . . . . 56

Abwesende Eltern . . . . . . . . . . . . . . . . . . . . . . . . . . 63

Anwesend abwesend . . . . . . . . . . . . . . . . . . . . . . . . 67

Wunschkinder – von Anfang an gebraucht

statt gesehen . . . . . . . . . . . . . . . . . . . . . . . . . . . . . . 71

Irrtum 2: »Liebe ist Geben und Nehmen« . . . . . . . . . . 78

Mangel und Manipulation . . . . . . . . . . . . . . . . . . . . . 80

Irrtum 3: »Ohne ihn kann ich nicht leben« . . . . . . . . . 83

Emotionale Abhängigkeit oder Seelenpartnerschaft? . 87

**3. Was deine Freundinnen sagen und warum das**

**nichts bringt** . . . . . . . . . . . . . . . . . . . . . . . . . . . . . . . 93

Warum wir uns bei Freundinnen ausweinen . . . . . . . . 94

*Wir wollen dazugehören* . . . . . . . . . . . . . . . . . . . . . . 95

*Wir wollen Bestätigung* . . . . . . . . . . . . . . . . . . . . . . 96

Wir lügen, um Leid zu mindern . . . . . . . . . . . . . . . . . 100

Neue Besen fegen besser . . . . . . . . . . . . . . . . . . . . . . 101

**4. Dein Partner hat dich zu Recht verlassen** . . . . . . . . . 102

Du kommunizierst immer, ob du willst oder nicht . . 103

Der Partner als Spiegel . . . . . . . . . . . . . . . . . . . . . . . 106

Das Gesetz der Anziehung . . . . . . . . . . . . . . . . . . . . . 109

*Beziehungsunfähige Männer und solche,*

*die das Interesse verlieren* . . . . . . . . . . . . . . . . . . . . 111

*Weit entfernt lebende Männer* . . . . . . . . . . . . . . . . . 113

*Vergebene Männer* . . . . . . . . . . . . . . . . . . . . . . . . . . 114

*Lieblose Männer* . . . . . . . . . . . . . . . . . . . . . . . . . . . 120

*Männer mit wenig Zeit und vielen Interessen* . . . . . . 120

*Raucher und Männer mit anderen Süchten* . . . . . . . 121

Das Gesetz des Ausgleichs . . . . . . . . . . . . . . . . . . . . . 123

Der Zwang zur Wiederholung ................... 131

Deine Lernaufgabe .......................... 133

## 5. Deinen Traumpartner gibt es wirklich! ........... 137

Wünsch dir deinen Mann! ..................... 138

Leuchtfeuer – Werde selbst zum Partner
deiner Träume! ........................... 141

Lass los! ................................. 145

Kontaktsperre ............................ 146

Das letzte Wort ........................... 149

## Zweiter Teil – Heilung ist sexy! .................. 155

## 6. Keine Liebe ohne Selbstliebe .................. 155

Ressourcen aufbauen ....................... 156

*Dein Fokus* ................................ 157

*Annehmen, was ist* ......................... 159

Das innere Kind ........................... 162

Eltern nach deinem Geschmack ................ 163

Brief an die Eltern ......................... 164

Erwachse aus der Kinderrolle ................. 166

## 7. Mache es selbst, sonst macht es keiner:
## Eigenverantwortung übernehmen! .............. 168

Schöpferin auf stabilem Fundament ............. 169

Selbstausdruck ............................ 175

*Dein Wohnraum* ........................... 175

*Deine Kleidung* ............................ 179

*Dein Körper* .............................. 184

Jetzt ist der kostbarste Moment . . . . . . . . . . . . . . . . . . . 187

Triff Entscheidungen! . . . . . . . . . . . . . . . . . . . . . . . . . 189

Jeden Tag ein festes Date . . . . . . . . . . . . . . . . . . . . . . . 197

Die Träume deiner Kindheit – Zeit, sie zu erfüllen! . . 203

Angst vor = Lust auf . . . . . . . . . . . . . . . . . . . . . . . . . . 207

Feiere! . . . . . . . . . . . . . . . . . . . . . . . . . . . . . . . . . . . 213

**8. Grenzenlos? Unsinn!** . . . . . . . . . . . . . . . . . . . . . . 215

Dein Wert, deine Grenzen – notwendiges »Nein!« . . . 215

Wehrhaft, frei und unabhängig . . . . . . . . . . . . . . . . . 220

Grenzen wahrnehmen . . . . . . . . . . . . . . . . . . . . . . . 232

Energetische Interaktion – energetische Grenzen . . . . 234

Grenzen im Bett . . . . . . . . . . . . . . . . . . . . . . . . . . . 236

**9. Selbstliebe teilen – Bereit für ein zweites**

**erstes Date?** . . . . . . . . . . . . . . . . . . . . . . . . . . . . . 249

Was willst du jetzt? . . . . . . . . . . . . . . . . . . . . . . . . . 249

Die erste Kontaktaufnahme . . . . . . . . . . . . . . . . . . . 253

Achtung – veränderte Resonanz! Risiken und

Nebenwirkungen . . . . . . . . . . . . . . . . . . . . . . . 260

Neues Leben, neues Level . . . . . . . . . . . . . . . . . . . . 266

Herausforderung Wachstum . . . . . . . . . . . . . . . . . . 268

**Nachwort** . . . . . . . . . . . . . . . . . . . . . . . . . . . . . . . . 277

**Dank** . . . . . . . . . . . . . . . . . . . . . . . . . . . . . . . . . . . 279

**Selbsttest** . . . . . . . . . . . . . . . . . . . . . . . . . . . . . . . 281

# Vorwort

Herzlich willkommen.

Schön, dass dieses Buch zu dir gefunden hat. Ich glaube nicht an Zufälle, darum bin ich sicher, dass es in deine Hände wollte. Vielleicht, weil du dir so dringend jemanden wünschst, der dich versteht und deine drängendsten Fragen beantworten kann. Vielleicht, weil du mit mir eine Frau gefunden hast, die etwas Ähnliches durchlebt hat wie du. Ganz sicher aber, weil dieses Buch irgendwo zwischen seinen Seiten etwas für dich bereithält, das wichtig ist für dich und dein gesamtes, weiteres Leben.

Du hast mein volles Mitgefühl für das Dilemma, in dem du steckst. Nur zu gut kenne ich die Frustration und die bittere Enttäuschung, schon wieder eine Beziehung gegen die Wand gefahren zu haben, manchmal sogar noch bevor sie richtig begann. Schon wieder allein. Schon wieder hat es nicht geklappt. Und dann die Fragen der Freundinnen, die wissen wollen, wie es läuft mit dem Mann, von dem ich beim letzten Treffen noch begeistert geschwärmt hatte. »Ach, es ist kompliziert...«, begannen meine Schilderungen dann wenig euphorisch. Oder: »Ach, das hat sich schon wieder erledigt...« Was genau ich immer falsch machte, verstand niemand, und ich bekam auch von keiner meiner Mädels oder männlichen Freunden einen Tipp. Nun bin ich ja kein Grottenolm, sondern durchaus hübsch anzusehen. Außerdem halte ich mich für eine ziemlich sympathische Person – wie du im Übrigen auch eine bist, da bin ich mir absolut sicher.

Vielleicht fragt bei dir aber auch schon längst niemand mehr, ob es einen Mann gibt in deinem Leben. Vielleicht, weil niemand deine Gefühle verletzen oder einen wunden Punkt berühren will. Vielleicht, weil du nach außen vermittelst, dass du mit »dem Thema durch« bist oder die Hoffnung aufgegeben hast, obwohl tief in dir eben doch eine leise Sehnsucht nach einer Partnerschaft nagt. Egal, wie dein momentaner Status ist: Dieses Buch schreibe ich für dich.

Ich schreibe es, weil ich an die Liebe glaube. In ihm steckt mein Herzblut, denn ich bin davon überzeugt, dass jeder Mensch es verdient, die Liebe in seinem Leben zu haben. Außerdem bin ich mir gewiss, dass jede Frau in der Lage ist, eine erfüllte und erfüllende Liebesbeziehung zu führen mit dem Partner ihrer Wahl, auch wenn dieser Partner sich momentan emotional zurückgezogen hat. Und sogar, wenn sich dieser Partner überraschend abgewendet und die Beziehung beendet hat. Denn ich bin mir sicher, dass Liebe ein so machtvoller Zustand ist, dass er unendlich ist. Liebe ist allgegenwärtig, sie kann nicht einfach weg sein. Zwei Menschen können sich auch nicht einfach auseinanderleben.

Was dagegen sehr wohl passieren kann, ist, dass einer von beiden oder beide Partner den Kontakt zur Liebe verloren haben. Dass die Liebe verschüttet wurde unter Alltagsbelastung, Kindheitsprägungen, schmerzvollen Erfahrungen, an die wir plötzlich wieder erinnert werden durch die Nähe zu einem anderen Menschen. Dann spüren wir die Liebe plötzlich nicht mehr, unser Herz wird eng, und wir glauben, dass die Liebe nicht mehr da ist oder der Partner der falsche war.

Nicht minder schmerzhaft kann es sich anfühlen, wenn es in deinem Leben gar keinen Mann gibt, auf den du deine Sehnsüchte und Hoffnungen projizieren kannst. Denn dann nagen erst recht Selbstzweifel und Angst an dir, dass sich tatsächlich bewahrheitet, was du insgeheim längst glaubst: Dass du niemals jemand finden wirst, mit dem du glücklich sein kannst. Dass du niemals eine eigene Familie haben wirst. Dass du dein Leben lang alleine bleiben und die Liebe niemals Einzug halten wird in dein Leben.

Aber die Liebe ist noch da. Sie ist verschüttet, zugemüllt, aber sie ist noch da. Wir können selbst wieder in Kontakt kommen mit ihr. Und wir können auch unserem Partner – oder unserem Ex-Partner – dabei helfen, die Liebe wieder zu spüren. Du kannst selbst dafür sorgen, dass die Liebe fester Bestandteil deines Lebens wird, ganz egal, ob du deinen Ex zurückgewinnen oder deinen Herzschmerz verarbeiten und frei in eine neue Partnerschaft starten möchtest.

Ich sage nicht, dass dies ein leichter Weg werden wird. Für mich selbst war er voll bitterer Selbsterkenntnis. Immer wieder bin ich auf Widerstände tief in mir gestoßen und auf uralte, erworbene Eigensabotage-Programme, die mich auf die alten Pfade locken wollten. Diese Programme waren zwar leidvoll, mir aber dafür vertraut – und gaben mir dadurch unbewusst Sicherheit. Ich gebe dir kein Versprechen, mit welchen drei, fünf oder sieben Tricks du deinen Ex garantiert zurückbekommen wirst. Ich täusche dich auch nicht mit einem festgesteckten Zeitrahmen, innerhalb dessen du wieder mit deinem Ex glücklich sein wirst. Vielmehr lade ich dich ein auf den einzigen Weg, der dich in deiner Situation wirklich weiter bringt, nämlich auf den Weg zur wahren Liebe. Wie erfolgreich dieser Weg für dich ganz persönlich sein wird, hängt ausschließlich davon ab, wie tief du dich darauf einlässt.

Was ich auf jeden Fall noch erwähnen sollte: Mit diesem Buch kannst du etwas in deinem Leben bewegen. Ohne Erschütterungen wird das nicht ablaufen, nicht ohne Widerstand, Schweiß und Tränen. Es wird so manche bittere Pille zu schlucken sein, wenn du dich auf diesen Weg einlässt, denn von angenehmem Seelenbalsam, der dich tröstet und ein wohliges Gefühl hinterlässt, damit du am Ende genauso weitermachst wie bisher, ist dieses Buch so weit entfernt wie die Sonne vom Mond. Ich möchte dich nicht trösten. Ich möchte dich auch nicht weiter in dem Irrglauben bestärken, dass du nur deshalb keine Beziehung hast, weil du immer nur an bindungsunfähige Männer gerätst. Ich möchte, dass du dich bewegst. Ich möchte, dass du endlich zu der strahlenden und unwiderstehlichen Frau wirst, die schon immer in dir steckt. Ich möchte, dass du endlich rausgehst und der Welt und den Männern zeigst, wer du wirklich bist. Es gibt nichts, das ich mir und dir mehr wünsche, als dass du endlich wahre Liebe erlebst und die wundervollste, intensivste und wichtigste Beziehung deines Lebens. Und diese Liebe beginnt bei dir.

Ein Wort noch zu den eben erwähnten Widerständen. Wenn du beim Lesen dieses Buches auf Sätze oder Abschnitte stößt, denen du sofort widersprechen möchtest oder zu denen du eine ablehnende Haltung einnimmst, dann atme tief durch und mache dir bewusst: Meist sind in den Kisten, die wir am liebsten ganz tief in den Keller verbannen möchten, die größten Schätze verborgen. Begrüße also mögliche Widerstände als Wegweiser zu den Punkten in deinem Unbewussten, die das meiste Wachstumspotential für dich bereithalten.

# ERSTER TEIL

# DARUM STEHST DU, WO DU STEHST

## 1. Am Anfang war das Missverständnis

Verträgst du es, wenn ich dir die ungeschönte Wahrheit gleich auf den ersten Seiten ins Gesicht sage? Ich wünsche mir dies sehr. Denn du liegst mir am Herzen, obwohl wir uns noch nie begegnet sind.

Ich kann nicht mehr zählen, wie oft ich Liebeskummer hatte und weinend und mit gebrochenen Herzen im Bett lag, das so wehtat, dass ich wünschte, lieber zu sterben als damit weiterleben zu müssen. Trotzdem ließ ich mich immer und immer wieder neu ein, hielt nichts zurück und landete doch erneut auf der Nase. Egal, was ich tat – und wie vielversprechend die Beziehung begann: Nach kürzester Zeit hatte der Mann kein Interesse mehr. Und oft genug war es ja noch nicht mal eine Beziehung! Denn oft war schon nach den ersten Begegnungen der Wurm drin. Noch bevor wir überhaupt fest zusammen waren, war die Geschichte schon wieder vorbei.

Ich verstand es nicht. Meine Freundinnen verstanden es nicht. Und selbst die jeweiligen Männer konnten mir nicht wirklich erklären, weshalb sie sich doch nicht ausreichend für mich interessierten. Manche brachen den Kontakt ganz ab. Die, die noch mit mir sprachen, nahmen die Schuld auf sich.

- »Es liegt nicht an dir, es passt einfach irgendwie doch nicht.«
- »Es hat leider nicht gefunkt bei mir.«
- »Du bist eine echt tolle Frau, aber ich bin nicht verliebt.«
- »Ich glaube, ich will mich einfach noch nicht festlegen.«
- »Ich bin einfach noch nicht so weit.«

Vermutlich hast du einen dieser Sätze so oder so ähnlich auch schon öfter gehört, obwohl du eine tolle Frau bist. Ich dachte lange Zeit, dass genau das der springende Punkt ist: Ich bin eine tolle Frau – ich gerate nur immer an die falschen Männer. Ich gerate immer an die Bindungsunfähigen oder die Bindungsunwilligen. An die, die Angst haben vor starken Frauen und lieber ein Püppchen zum Spielen hätten. An die, die ihre Altlasten noch nicht bearbeitet hatten, oder an die, die bereits vergeben sind. Kennst du das? Dann ist es an der Zeit, dass du deine Enttäuschungen wörtlich nimmst und das Ende deiner Täuschungen einläutest. Entwickele einen klaren Blick auf Liebe und Anziehung – und mache dich auf ein paar spannende, neue Sichtweisen gefasst, die dein Leben von Grund auf ändern können.

## Von wegen Jäger und Gejagte

Machen wir es kurz und schmerzlos: Die Geschichte vom männlichen Jäger und der weiblichen Gejagten ist eine Mär. In Wahrheit ist es bei uns Menschen genau wie bei den meisten anderen Säugetieren: Die Frau sucht das Männchen aus. Denn aus evolutionsbiologischer Sicht trägt sie in einer Beziehung das größere Risiko als der Mann. Von ihr wird nämlich nach einer Begegnung und im Falle einer Fortpflanzung ein deutlich höheres Investment gefordert als von einem Mann, denn ihr obliegen Schwangerschaft, Geburt und Aufzucht des Nachwuchses. Rein körperlich geht das mit großen Gefahren und Risiken einher, eine Geburt mit Komplikationen kann schnell lebensbedrohlich werden für Mutter und Kind. Auch wenn sich die Zeiten natürlich geändert haben und die Wehrlosigkeit einer Frau kurz nach der Entbindung physisch kaum mehr zum Tragen kommt, denn sie muss nicht mehr vor dem Säbelzahntiger fliehen. Aber sie ist dennoch fortan eingeschränkter in ihrer Lebensgestaltung als der männliche Erzeuger.

Darum entscheidet die Frau, von welchem Mann sie Nachwuchs zur Welt bringen will – und selektiert unbewusst nach den besten Genen. Gegen diese sexuelle Selektion sind wir machtlos, denn die genetischen Programme, die dafür verantwortlich sind, greifen bereits seit sechs Millionen Jahren. Hingegen haben wir als Homo sapiens gerade mal 50 000 bis 90 000 Jahre auf dem Buckel. Im Hinblick auf die gesamte Evolutionsgeschichte ist dieser Zeitraum ein Wimpernschlag, der verdeutlicht, wie wenig entwickelt wir in Wahrheit sind, auch wenn wir uns für unglaublich kultiviert halten. Darum nochmal in aller Deutlichkeit: Es sind in Wahrheit wir Frauen, die den Paartanz eröffnen, indem wir unsere Bereitschaft dazu signalisieren. Das passiert ganz automatisch innerhalb von Sekundenbruchteilen, und wir können das willentlich überhaupt nicht beeinflussen. Wir scannen unsere Umgebung nach dem bestmöglichen, zur Verfügung stehenden Erbgut für unsere Kinder und schicken dem Auserwählten unbewusst, aber mit eindeutigen Signalen die Einladung, sich uns zu nähern. Männer nehmen eine solche Einladung bereitwillig an, in der Hoffnung, ihre Gene weitergeben zu können. Wie entscheidend dabei die Einschränkung »zur Verfügung stehend« ist, beleuchte ich im nächsten Kapitel ausführlicher. So weit, so natürlich.

## Der erste Schritt

Während Männer darauf programmiert sind, ihren Genpool möglichst weit zu verbreiten, haben Frauen Schwangerschaft, Geburt und Aufzucht der Kinder zu bewältigen. Da ist es völlig natürlich, dass Frauen diese Bürde nicht bei jedem x-beliebigen Kerl auf sich nehmen wollen. Um ein überlebensfähiges Kind auf die Welt zu bringen, wählen Frauen deshalb nur den stärksten und besten Mann als Vater aus. Auch wenn wir inzwischen so weit entwickelt sind, dass Männer eben nicht mit jeder Frau Kinder zeugen, mit der sie es könnten, und Frauen durchaus in der Lage sind, alleine das hohe Investment in ein Kind zu tragen, sorgt unser genetisches Programm noch immer dafür, dass Frauen das verfügbare Angebot prüfen.

Der in deinen Augen geeignetste Mann erhält dann die Einladung zum Flirt. Experten für Körpersprache können ganz genau benennen, mit welchen unbewussten Signalen Frauen auf interessante Männer reagieren. Möglicherweise sind dir ein paar deiner Verhaltensmuster bewusst, die du an den Tag legst, wenn ein Mann den Raum betritt, den du attraktiv findest. Vielleicht beginnst du, mit den Fingern deine Haarspitzen zu zwirbeln, vielleicht weiten sich deine Pupillen, möglicherweise signalisiert deine Körpersprache Offenheit. Auf diese Signale reagieren Männer. Sie interpretieren sie als Erlaubnis, sich nähern zu dürfen – und folgen dir dankbar. In diesem Moment findet ein Mann dich im wahrsten Sinn des Wortes anziehend. Er fühlt sich von dir angezogen, wird versuchen, mit dir ins Gespräch zu kommen und mehr über dich zu erfahren. Und vor allem wird er eine Strategie ersinnen, wie er ein weiteres Treffen mit dir sicherstellen kann.

Ein Mann tritt zu diesem Zeitpunkt in die Werbephase ein. Er freut sich, dass du ihn ausgewählt hast, und er wittert eine Chance, seine Gene zu verbreiten. Darum möchte sich ein Mann nun deiner Gunst versichern und will dir beweisen, dass du dich richtig entschieden hast. Er braucht daher jetzt die Gelegenheit zu zeigen, dass er tatsächlich die beste Wahl ist, wie toll, kreativ und erfolgreich er ist. Ein Mann, der dein Signal aufgegriffen und sich dir genähert hat, benötigt genau diesen Raum. Es gibt für eine Frau also zu diesem Zeitpunkt überhaupt keinen Grund, ihrerseits auf den Mann zuzugehen. Der Mann hat bereits angebissen, jetzt braucht er Platz für seinen Balztanz.

Du hattest also von Anfang an das Heft in der Hand und

warst auf jeden Fall in der Lage, nicht nur einen für dich interessanten Mann anzuziehen, sondern sogar den für dich bestmöglichen. Ich werde dich im Laufe dieses Buches immer wieder daran erinnern, damit es sich in deinem Gehirn verankert: Du bist in der Lage, einen Mann anzuziehen. An dieser Stelle liegt also nicht das Problem. Was dir nach der Anziehung des von dir ausgewählten Mannes gelungen ist, ist das eigentliche Kunststück: Du hast einen paarungsbereiten Mann wieder in die Flucht geschlagen! Weil du das jedoch nicht absichtlich gemacht hast, muss es auf irgendeine Art unbewusst abgelaufen sein. Denn dafür, dass einem anfangs willigen Mann auf halber Strecke Zweifel kommen und er sich plötzlich »nicht mehr bereit« fühlt für mehr oder aus irgendwelchen vorgeschobenen Gründen plötzlich kein Interesse mehr daran hat, sich dir zu nähern, hat dein Unbewusstes mächtig viel geleistet.

## Mit welcher Erwartung gehen Männer eine Beziehung ein?

Rein genetisch haben Männer völlig andere Erwartungen an eine Beziehung als Frauen. Ein Mann möchte seine Gene weitergeben – und deshalb bei einer Frau zum Zug kommen. Die Attraktivität einer Frau spielt für ihn dabei deshalb so eine große Rolle, weil diese in seinen Augen einen vererbungswerten Genpool widerspiegelt und die Wahrscheinlichkeit auf gesunde, starke Nachkommen erhöht scheint.

Ein Mann mit hohem Status ist bei den Frauen begehrt und kann sich aussuchen, mit welcher Dame er sich fortpflanzt. Ein Mann mit wenig Status kann sich eine solche Selektion nicht erlauben, wenn er eine Chance haben will. Er muss nehmen, was er kriegen kann – oder sich auf eine andere Art besonders hervortun, zum Beispiel durch Witz oder Charme. Nun ist es ja nicht so, dass Männer sich tatsächlich wahllos fortpflanzen. Prägungen, persönliche Werte, soziale und kulturelle Normen regulieren die Veranlagung, so viele Kinder wie möglich zu zeugen. Ihr Verstand – und Männer haben den auch! – lässt sie sehr wohl abwägen, bei welcher Frau sie eventuell bereit wären, langfristig zu investieren. Da ein Mann jedoch letztlich nie sicher sein kann, ob der Nachwuchs, den er da aufzieht, auch wirklich seine leiblichen Kinder sind, braucht er die Sicherheit, dass auch die Frau ihn ausgesucht hat, weil er der beste aller möglichen Partner ist. Darum wählt ein Mann, sofern sein Status es zulässt, ebenfalls mit Bedacht als Mutter seiner Kinder den bestmöglichen Genpool. Ein Mann ist also von Natur aus interessiert am näheren Kontakt zu einer Frau, die er attraktiv findet, um zu überprüfen, ob er sich mit ihr einen gemeinsamen Weg vorstellen kann.

Achtung: Wenn du einem Mann die Chance auf folgenlosen, unverbindlichen Sex bietest, führst du ihn damit natürlich in Versuchung und läufst Gefahr, ihn erfolgreich in dein Bett zu locken, selbst wenn er darüber hinaus kein weiteres Interesse an dir hat.

### Sexuelle Selektion...

Wenn Liebe und Beziehungen gelingen sollen, dürfen wir unsere genetischen Programme nicht außer Acht lassen. Männer und Frauen ticken unterschiedlich, und es ist enorm hilfreich, die Unterschiede zwischen ihren beiden Programmen zu kennen.

Forschungsergebnisse von Prof. Karl Grammer, Leiter der Human Behavior Research Group an der Universität Wien, zeigen: Die Grundvoraussetzung, damit – sowohl bei Männern als auch bei Frauen – eine Beziehung eingegangen wird, ist, dass der jeweils andere nett und verständnisvoll ist. Hierin ticken also Männer und Frauen gleich. Unmittelbar danach gibt es jedoch deutliche Unterschiede, was für die beiden Geschlechter anziehend ist:

Das wichtigste Kriterium – neben der eben genannten Grundvoraussetzung – für die Attraktivität eines Mannes aus weiblicher Sicht: Der Status. Je mehr Status ein Mann hat, je erfolgreicher er ist, desto interessanter wird er für Frauen. Ein Mann mit viel Status verfügt über viel Tatkraft, Durchsetzungsvermögen, Einfluss und Geld – und viel Testosteron –, und dies verspricht einen starken Genpool. Allerdings ist es auch so, dass die Männer mit den scheinbar besten Genen nicht unbedingt diejenigen sind, die bereit sind, ein langfristiges Investment in Kauf zu nehmen. Vor allem nicht, wenn sie so begehrt sind, dass sie es nicht zwangsläufig müssen. Es gibt eine erstaunlich hohe Anzahl an Kuckuckskindern, die Frauen mit Männern mit hohem Testosteronspiegel gezeugt, anschließend aber dem »zuverlässigen Softie« untergeschoben haben, der – unter anderem wegen des geringeren Testosterons im Blut – auch bereit und willens ist, eine langfristige emotionale Bindung einzugehen und sich verlässlich um das Kind zu kümmern.

Dies bringt mit sich, dass sich für Männer mit viel Status mehrere Damen in Stellung bringen, in der Hoffnung, diejenige zu sein, die sich sein langfristiges Investment sichern kann. Die Frauen stehen also im Wettbewerb untereinander und versuchen dabei, so attraktiv wie möglich zu sein.

Denn umgekehrt ist für einen Mann nicht der Status einer Frau ausschlaggebend, sondern ihre Attraktivität. Damit ist allerdings weder die Haarfarbe gemeint noch die Kleidung nach der neuesten Mode, sondern die natürliche Anziehungskraft, die eine Frau ausübt, wenn sie ihm unbewusst vermittelt, dass ihre Gene die beste Ergänzung zu seinen sind. Entscheidend für Attraktivität sind unter anderem:

- Körpergeruch
- Gesundheit
- Sexualhormonmarker
- Textur, Oberflächenbeschaffenheit der Haut
- Symmetrie
- Durchschnittlichkeit

All diese Parameter sind miteinander verbunden. Der Schweiß eines gesunden Menschen riecht anders als der eines kranken Menschen. Die Beschaffenheit der Haut zeigt an, wie es um das Immunsystem eines Menschen steht, ob zum Beispiel ein Mensch von Pilzen befallen ist und wie der Körper damit umgeht. Außerdem lassen all diese Punkte auch Rückschlüsse auf andere Ebenen des Seins zu: Ein Mensch, der mit sich im Reinen ist, lebt gesünder und konsumiert weniger »Genussgifte«, die sich wiederum auf Körpergeruch oder Textur der Haut auswirken und Einfluss auf die Anziehungskraft haben.

Deshalb geht es in diesem Buch auch nicht darum, wie du dich oberflächlich zu einem Männertraum entwickelst. Vielmehr bekommst du Hilfestellungen, wie du in die Tiefe gehen und dein Innerstes nachhaltig zum Strahlen bringen kannst. Bitte verinnerliche, dass es bei dieser Attraktivität nicht um »bloße Oberflächlichkeiten« geht. Die Beschreibungen der unterschiedlichen Attraktivitätsmarker sind nur auf den ersten Blick vermeintliche Äußerlichkeiten. In Wahrheit sind sie Ausdruck deines inneren Zustands. Wenn wir uns noch einmal in Erinnerung rufen, dass unser erstes Urteil über einen Menschen innerhalb weniger Millisekunden gefällt wird – und fast immer treffsicher ist –, wird dir vielleicht klar, dass Kleidung, Make-up, Deodorant oder diverse Maßnahmen, um den Körper zu optimieren, dieses blitzschnelle Selektionsprogramm niemals überlisten können. Denn egal, in welche Kleidung du dich hüllst, dein Gegenüber nimmt über deinen Körpergeruch sofort wahr, ob du dich mit Zigarettenrauch vernebelst. Und kein Make-up der Welt kann traurige Augen verdecken.

Spare dir also ab sofort Zeit und Energie und beleuchte – anstatt an der Oberfläche kaschieren oder korrigieren zu wollen – ehrlich dein Inneres und arbeite heraus, was dort korrigiert werden möchte, damit du es auf natürliche Weise und ganz automatisch ausdrücken kannst.

Denn die Sache mit der Anziehung, der Attraktivität und dem Status hat einen Haken: Wir befinden uns quasi auf einem Marktplatz. Ein Mann mit viel Status ist relativ begehrt bei den Frauen und kann sich also auch aussuchen, welche mit ihm Nachwuchs haben darf – und er wäre dumm, wenn er nicht die für ihn attraktivste aussuchen würde. Umgekehrt ist eine Frau, die nicht besonders attraktiv ist, dazu gezwungen, auch einen Mann mit weniger Status zu nehmen. So konnte die Wissenschaft mittlerweile längst nachweisen, dass sich »gleich und gleich« nicht nur dem Wort nach gesellt, sondern auch im richtigen Leben. Ein erfolgreicher Mann wählt sich eine attraktive Top-Frau. Eine wenig attraktive Frau muss nehmen, was sie kriegen kann. Daher: Sorge dafür, dass du etwas zu bieten hast!

»Aber ich will nichts bieten müssen! Sollte ein Mann mich nicht um meiner selbst willen lieben anstatt aufgrund dessen, was ich ihm biete?«, magst du an dieser Stelle vielleicht einwenden. Deshalb möchte ich dich daran erinnern, dass wir erst einmal nur die evolutionsbiologischen Hintergründe unserer Partneranziehung ableuchten.

### … und wie mehr daraus werden kann

Damit ein Mann sich in eine Frau verliebt und er Lust auf eine dauerhafte Bindung bekommt, braucht es gar nicht so viel. Allerdings ist es mir an dieser Stelle wichtig, dass du ein tieferes Verständnis für das Phänomen Verliebtheit bekommst.

Rein chemisch betrachtet ist der Zustand der Verliebtheit ein Rauschzustand. Unser Gehirn wird über unser Belohnungssystem mit Glückshormonen überflutet und reagiert auf dieselbe Weise wie das Gehirn eines Junkies, wenn er seine bevorzugte Droge einnimmt. Kein Wunder also, dass wir uns nach diesem Zustand sehnen. Tatsächlich verhalten sich frisch Verliebte ja auch enorm unnatürlich. Vom permanenten Dauergrinsen über den Verlust des Hungergefühls bis hin zu dem Umstand, dass wir uns extrem schlecht auf unser Tagesgeschäft konzentrieren können und stattdessen träumend aus dem Fenster starren und ununterbrochen an den Liebsten denken. Aus biologischer Sicht erfüllt dieser Zustand eine wichtige Funktion: Die rosarote Brille sorgt dafür, dass Männer und Frauen überhaupt zueinander finden und lange genug beieinanderbleiben, um Nachwuchs zu zeugen. Die Natur hat es also wunderbar eingerichtet, dass wir anfangs all die Ecken und Kanten und vermeintlichen Defizite unseres Partners nicht sehen. Denn wüssten wir schon beim ersten Kennenlernen, was für Leichen der jeweils andere in seinem Keller hortet, wären wir doch längst über alle Berge, noch bevor er »Ich liebe dich« hauchen könnte. Langfristig können Menschen den Zustand der Verliebtheit jedoch nicht ewig aufrecht erhalten. Würde ein derartiger Ausnahmezustand zu lange andauern, wäre unsere Existenz ernsthaft bedroht. Schließlich müssen wir irgendwann Nahrung aufnehmen oder schlafen, um bei Kräften zu bleiben. Irgendwann brauchen wir unsere Sinne wieder wach und aufnahmebereit, auch wenn die Gefahr, dass sich ein Säbelzahntiger unbemerkt anschleichen und uns zerfleischen kann, sich heutzutage in Grenzen hält.

Trotzdem müssen wir unser Leben bewältigen, am Straßenverkehr teilnehmen und uns mit anderen Menschen auseinandersetzen. Wir gehen zwar nicht mehr auf die Jagd, aber auf eine andere Art und Weise einer Erwerbstätigkeit nach. Und auch dafür müssen wir ausgeschlafen und fit sein.

Darum hat die Natur es so eingerichtet, dass der hormonelle Overkill in unserem Gehirn langsam und unaufhaltbar abflacht. Wer diese Ausnahmesituation im Gehirn mit Liebe verwechselt, zweifelt an sich, der Beziehung oder dem Partner, wenn der Rausch nachlässt.

Meist kehrt nach anderthalb bis drei Jahren wieder der Normalzustand ein, der sich dann für manche Männer und Frauen wie ein Entzug anfühlt. Es gibt Menschen, deren Gehirn sich derart an diese hormonelle Überfülle gewöhnt hat, dass sie sie immer wieder brauchen. Diese Menschen sind regelrecht süchtig nach Verliebtheit an sich. Wenn daher nach einer Weile dieser – in Wahrheit ja extrem anstrengende – Zustand der Verliebtheit nachlässt und etwas Ruhe einkehrt in eine frische Paarbeziehung, beginnen diese Menschen schon wieder unruhig zu werden und machen sich auf die Suche nach dem nächsten Kick, zum Beispiel die Verliebtheit in einen neuen Partner. Auch wenn den Verliebten immer wieder Hindernisse in den Weg gestellt werden, zum Beispiel durch große räumliche Distanz oder einen Ehepartner des Geliebten, verlängert sich die Rauschphase, weil ja die notwendige Belohnung in Form von tatsächlicher Zweisamkeit ausbleibt.

Um im Gehirn eines Mannes ein solches hormonelles Feuerwerk abzufackeln, braucht es, wie eingangs erwähnt, gar nicht besonders viel. Du musst dafür keine Tricks anwenden und dich auch sonst nicht verstellen oder taktische Schachzüge einsetzen. Denn: Wenn ein Mann sich dir nähert, dann ist dieser Prozess bereits in Gang gesetzt.

Wenn er dich anspricht, dann hat er auf deine Einladung reagiert, und du bist in diesem Moment genau die Frau, die er will. Für ihn bist du das Verheißungsvollste und Beste, was er bekommen kann. Wenn ein Mann dann durch dein Verhalten auch noch das Gefühl bekommt, dass ER ebenfalls der Beste und Tollste ist, den du auswählen konntest, dann hast du die Basis für den Start in eine Beziehung gelegt.

Du solltest ihm allerdings nicht sagen oder zeigen, dass er der Beste ist. Damit drückst du unbewusst aus, dass du ihn stärken willst und im Umkehrschluss davon ausgehst, dass er das braucht, weil er nicht über genügend eigene Kraft verfügt. Damit würdest du ihn in seiner Männlichkeit kränken und ihn zum Objekt degradieren – und du willst einen potentiellen Partner ja nicht dressieren wie einen Hund, oder? Nein, er braucht den notwendigen Raum, in dem er seine Fähigkeiten und Kreativität tatkräftig unter Beweis stellen kann und du ihm und seinen Bemühungen mit Wertschätzung begegnest.

Wie klingt das für dich? Zu einfach, um wahr zu sein? Wünschst du dir vielmehr konkrete Handlungsanweisungen, an die du dich halten kannst, um beim nächsten Mann nichts mehr falsch zu machen? Wünschst du dir geheime Tricks, mit denen du »garantiert« erreichst, dass sich »jeder Mann in dich verliebt«? Die bekommst du von mir nicht. Weil es sie nicht gibt. Und weil jeder, der dir etwas anderes verspricht, deine Notlage ausnutzt und sogar noch auf deinen emotionalen Schwachstellen herumreitet. Indem er dir suggeriert, dass es tatsächlich Möglichkeiten und Wege gibt, um einen Mann verliebt zu machen. Indem er dich bei deiner Urverletzung packt und dir vermittelt, dass du dich richtig oder falsch verhalten kannst, um ein bestimmtes Ziel zu erreichen.

Ich sage dir etwas völlig anderes. Ich sage dir: Tue nichts.

Ich selbst habe es jahrelang den Männern viel zu leicht gemacht. Ich wollte überhaupt nicht, dass sich ein potentieller Partner anstrengt. Den Weg zu meinem Herzen wollte ich ihm keinesfalls unnötig erschweren oder ihn gar in eine Situation bringen, in der er vielleicht sogar noch Hindernisse überwinden müsste. Im Gegenteil, ich versuchte, alle möglichen Steine selbst aus dem Weg zu räumen. Im Grunde glaubte ich, er würde sich diese Mühe nicht machen, wenn es nicht leicht und reibungslos ginge. Und ich kenne mittlerweile so viele Frauen, die ebenso denken und handeln und versuchen, es dem Mann ihrer Wahl recht und auf jeden Fall so leicht wie möglich zu machen. Das sagt dabei nichts über den jeweiligen Mann aus, dafür umso mehr über die Frau, die sich so verhält.

Du musst keinen Mann der Welt auf eine bestimmte Art behandeln. Bleibe stattdessen ganz bei dir, bleibe in Kontakt mit deiner wahren weiblichen Kraft und lasse den Dingen ihren natürlichen Lauf – dann kommt der Mann deiner Wahl von ganz alleine, weil er sich nichts Schöneres und Inspirierenderes vorstellen kann, als Teil deines Lebens zu werden.

»Und wenn er trotzdem nicht kommt?« Diese Frage stellst nicht du, die erwachsene Frau, die dieses Buch in Händen hält, sondern ein verletzter Teil in dir, der daran zweifelt, dass du so, wie du bist, in Ordnung bist und niemand anderen brauchst, um komplett, ganz und glücklich zu sein. Für genau diesen Teil in dir schreibe ich dieses Buch. Damit du mit ihm endlich in Frieden kommen und sehen kannst, dass du bereits alles in dir trägst, wonach du dich jemals gesehnt hast.

Für einen Mann gibt es nichts Anziehenderes als eine Frau, die natürliche Weiblichkeit und Souveränität ausstrahlt. Die glücklich und erfüllt ist mit ihrem Leben, die Spaß hat und gut für sich einstehen kann. Im Grunde also eine Frau, die keinen Mann braucht, um sich wohl oder ganz zu fühlen. Eine Frau, die so sehr in ihrer emotionalen Balance ist, dass ein Mann und sein Verhalten ihr gegenüber sie nicht aus der Fassung bringen oder verunsichern kann.

Lebensfreude und Leichtigkeit sind die Attribute, die eine Frau attraktiv machen. Außerdem Körpergefühl, Charisma und vor allem emotionale Unabhängigkeit. Nach dem anfänglichen Interesse braucht ein Mann, um die Bereitschaft zu einem langfristigen Investment entwickeln zu können, die Sicherheit, dass du sowohl mit Nähe als auch mit Distanz gut umgehen kannst. Beides kannst du ihm nicht verbal bestätigen, sondern es nur unter Beweis stellen.

Im normalen Ablauf der Werbephase bekommst du auch Gelegenheit, dies zu demonstrieren. Denn nach einer intensiven Werbezeit, in der der Mann häufig Nachrichten schreibt und dich so oft wie möglich sehen möchte, kommt eine Phase, in der ein Mann plötzlich realisiert, wie viel Zeit er eigentlich mit dir verbringt und wie wichtig du in seinem Leben bereits geworden bist. Er kommt an einen Punkt, an dem er für sich überprüfen muss, ob du tatsächlich die Frau bist, mit der er eine verbindliche Beziehung führen möchte. Vor allem aber muss er erst einmal Luft holen. Die intensive Zeit mit dir bringt auch den Mann deiner Wahl in Aufruhr, und der emotionale Ausnahmezustand ist auf Dauer nicht aushaltbar, du erinnerst dich. Darum ist es zutiefst natürlich, dass er nach einer Weile beginnt, sich zurückzuziehen. Er muss Kraft tanken, sich sortieren, all das mit dir Erlebte verdauen. Dies kann er am besten in seinem gewohnten Umfeld mit all den Routinen und Marotten, die er sich im Laufe seines Lebens angeeignet hat. Außerdem hatte ein Mann in der Regel bereits vor der Begegnung mit dir ein eigenes Leben mit Freuden und Herausforderungen. Er hat Freunde, die mit ihm Zeit verbringen wollen, und vermutlich auch einen Beruf, der ihm Freude macht und seine Aufmerksamkeit fordert. All das gibt ihm Stabilität und Sicherheit, so dass er wieder neue Energie tanken kann. Darum ist sein Rückzug für ihn notwendig und wichtig.

Für uns Frauen ist diese Phase oft Auslöser für Zweifel und Irritation. Vielleicht kennst du von dir selbst Momente, in denen du dich verunsichert fragst, warum du den ganzen Tag lang noch nichts von ihm gehört hast, obwohl er doch sonst bereits am Vormittag die erste Nachricht schickt.

Eine Frau, deren Kontakt mit ihrer weiblichen Kraft unterbrochen ist, nimmt diesen Rückzug persönlich und befürchtet insgeheim, dass er etwas mit ihr oder ihrem Verhalten zu tun hat. Möglicherweise kennst du auch dies von dir: Mit deinen feinen Antennen registrierst du sofort, wenn irgendetwas anders ist als sonst. Und sei es nur, dass du länger als gewohnt auf seinen Anruf warten musst. Automatisch beginnst du zu grübeln, was wohl der Grund dafür sein könnte, dass der Mann deiner Wahl von seinem bisherigen Verhaltensmuster abweicht. Womöglich hast du auch schon mal in einer solchen Situation »ganz unverfänglich« nachgehakt, ihm einen lieben Gruß geschickt oder deinerseits zum Telefon gegriffen, um ihn selbst anzurufen. Dann weißt du vermutlich, was als Nächstes passiert: Wenn er nicht reagiert, dann verunsichert dich das noch stärker, und du grübelst noch mehr. Spätestens jetzt beginnst du, all die gemeinsamen Momente zu analysieren in der Hoffnung, einen Hinweis dafür zu entdecken, warum er sich jetzt zurückzieht. Und schon hast du eine Negativspirale in Gang gesetzt. Denn je unsicherer du wirst, desto verkrampfter gehst du mit der Situation um. Wenn du ihn dann das nächste Mal an der Strippe hast und völlig erleichtert darüber bist, dass alles in Ordnung und deine Besorgnis unbegründet war, fragt er sich verwundert: »Was ist nur los mit ihr? Wieso bringt sie das so aus der Fassung, wenn ich mal was anderes im Kopf habe …?«

Seien wir ehrlich: Er fragt sich das zu Recht. Drehen wir den Spieß einmal um. Stelle dir vor, du hast einen interessanten Mann kennengelernt und denkst jede freie Minute an ihn – und umgekehrt. Ihr seid euch sympathisch, und es macht euch beiden Spaß, in Kontakt zu sein. Dann bist du mit deiner besten Freundin zum Frühstück verabredet und hast anschließend noch einen wichtigen Termin. Such dir aus, was für ein Termin das sein könnte, von einer beruflichen Präsentation über einen Friseurbesuch, die Vorsprache beim Arbeitsamt oder den Kontrollbesuch beim Zahnarzt ist alles möglich, was in deine Lebensrealität passt. Weil der Tagesablauf von deiner üblichen Routine abweicht, hast du – anders als bisher – deiner Flamme noch keinen morgendlichen Gruß geschickt. Während des Frühstücks kommt dann von ihm eine Nachricht, doch weil deine Freundin dir gerade in Tränen aufgelöst gegenübersitzt, antwortest du nicht sofort. Das Frühstück dauert länger als geplant, denn deine Freundin befindet sich in einer Krise, und du hast das dringende Bedürfnis, für sie da zu sein. Irgendwann musst du die Verabredung trotzdem beenden, denn zu deinem nächsten Termin willst du pünktlich erscheinen. Auf dem Weg dorthin siehst du, dass deine Flamme eine weitere Nachricht geschickt hat und wissen möchte, ob alles in Ordnung ist. Aber jetzt unterwegs hast du nicht die Ruhe, die du dir wünschst, um kurz mit ihm zu sprechen. Vielleicht spürst du aber schon den leichten Druck, ihm zumindest Bescheid geben zu müssen, warum du dich nicht meldest. In dem Moment, in dem du dich durchringst, ihn doch kurz anzurufen, klingelt dein Telefon und du gehst ran, weil dein Chef am anderen Ende der Leitung ist. Leicht abgehetzt absolvierst du nun deinen wichtigen Termin, und mitten im Gespräch vibriert dein Smartphone. Du siehst, dass es dein Flirt, ist und drückst den Anruf weg, denn der Moment ist wahrlich unpassend. Spätestens jetzt macht dein Herz keinen begeisterten Hüpfer mehr, weil er gerade an dich denkt und dich anruft. Denn nun schleicht sich ein leicht genervtes »Ne, jetzt nicht!« in dein Hochgefühl. Vielleicht zum ersten Mal entsteht ein nicht ganz so angenehmes Gefühl im Zusammenhang mit deiner Flamme, ein leichter Druck, ein bisschen Abwehr oder Ungeduld. Deine verliebte Euphorie erfährt einen ersten kleinen Dämpfer.

Ganz sicher kennst du das Gefühl, das dich überkommt, wenn du am Ende eines so turbulenten Tages nach Hause kommst, dir die Schuhe von den Füßen streifst und erschöpft auf die Couch fällst. Bestimmt weißt du auch, wie sich die Erleichterung anfühlt, endlich in den eigenen vier Wänden zu sein und die Tür hinter sich schließen zu können. Jetzt nur noch durchatmen. Nichts mehr hören oder sehen wollen, weil deine Sinne sowieso schon überlastet sind und du dich nur noch nach Ruhe sehnst. Vielleicht weißt du aus Erfahrung – oder kannst es dir zumindest vorstellen –, dass es auch in diesem Moment kein freudiges Herzklopfen verursacht, wenn dein Flirt jetzt zum wiederholten Mal eine Nachricht schreibt oder anruft. Möglicherweise hast du selbst schon mal einen Anruf in einem solchen Moment angenommen, obwohl du eigentlich lieber ganz für dich gewesen wärst. Wenn du den Hörer also tatsächlich abnimmst und der Mann eigentlich nichts wirklich Wichtiges möchte, außer deine Stimme zu hören und zu wissen, wie dein Tag war, oder dir sagt, dass er sich Sorgen gemacht hat und nun wirklich erleichtert ist, dass alles okay ist. Oder vielleicht sogar durchblicken lässt, dass du dich ruhig zwischendurch mal hättest melden können, weil eine kurze Nachricht eigentlich nicht zu viel sein dürfte – mit wie viel Begeisterung und Freude würdest du ihm von deinem Tag erzählen? Wie würdest du dich dabei fühlen?

Hand aufs Herz: Allzu viele Schmetterlinge wären in diesem Augenblick nicht in deinem Bauch vorhanden, oder? Völlig zu Recht, das möchte ich dir an dieser Stelle versichern.

Nichts an deinem Tag hatte mit deinem Flirt zu tun, du hast dich nicht mal im Traum bewusst von ihm distanziert. Und wenn er nicht versuchte hätte, mehr Nähe oder Verbindung herzustellen, als für dich gerade möglich war, hätte es auch keine Situation gegeben, in der du ihn oder seine Kontaktversuche als störend empfunden hättest.

Wenn wir jetzt die Situation wieder umdrehen, verstehst du vermutlich besser, dass es absolut nichts mit dir als Person zu tun hat, wenn ein Mann sich vorübergehend distanziert. Es braucht dich nicht im Geringsten zu beunruhigen! Fakt ist aber, dass es dich beunruhigt – sonst hätte dieses Buch niemals den Weg in deine Hände gefunden. Bevor wir uns deshalb den wahren Gründen deiner Verunsicherung zuwenden, möchte ich dir nochmals veranschaulichen, wie deine unbewussten Muster bereits das Kennenlernen eines Partners sabotieren.

### Was brauchen Männer, um sich zu verlieben?

Als ich mit Anfang zwanzig einmal einen Exfreund von mir in seiner Studenten-WG besuchte, fand ich in seinem Zimmer einen Stapel Frauenzeitschriften vor, eine etwas ungewöhnliche Lektüre für einen heterosexuellen, Rugby spielenden Studenten der Rechtswissenschaften. Als ich ihn witzelnd darauf ansprach, antwortete er mit einem Schulterzucken und dem Schelm in den Augen: »Man muss den Feind kennen, um ihn zu schlagen.«

Bis dato hatte er sich nicht unbedingt als Frauenversteher hervorgetan, und ich war ziemlich überrascht davon, auf welche Art und Weise er sich nun bemühte, uns Frauen zu verstehen. Inwieweit jetzt Frauenzeitschriften tatsächlich einem jungen Mann helfen können, mehr Verständnis für Frauen zu entwickeln, sei dahingestellt. Sein Bemühen darum ist entscheidend.

Warum ich dir diese Situation schildere? Mir fällt auf, dass Frauen, wenn es um Partnerschaft, Beziehungen und Liebe geht, sehr Ich-zentriert sind, gerne von sich selbst auf den Mann schließen und ganz schnell in den Hintergrund rückt, was das Gegenüber wirklich braucht. Sie lassen dabei außer Acht, dass Männer hormonell anders ausgestattet sind und auch anders ticken als sie selbst. Nicht, weil wir Frauen böse Absichten haben oder besonders egoistisch sind, sondern weil im Zusammensein mit einem Mann so schnell unsere alten Filme starten und er zur Projektionsfläche unserer alten Prägungen und Verletzungen wird. Dabei verlieren wir ihn als Mensch völlig aus den Augen, drehen uns nur mehr um unsere eigenen Ängste und Erwartungen, auf die er sich tunlichst einstellen sollte, und blenden aus, was unser Gegenüber braucht. Und mit »brauchen« meine ich keine kopfgesteuerte Idee, sondern natürliche Voraussetzungen, die gegeben sein müssen. Deshalb möchte ich an dieser Stelle deinen Blick auf zwei ganz einfache, aber entscheidende Punkte richten, die ein verliebter Mann benötigt, um am Ball zu bleiben.

Er braucht zum einen Freiraum, damit seine Gefühle wachsen und sein Bindungswunsch sich festigen kann. Und zum anderen braucht er für sich selbst die Bestätigung, dass die Frau, mit der er jetzt gerade zu tun hat – also du! – eine solche Bereicherung für sein Leben ist, dass er freiwillig entgegen seiner Natur handeln und sich dauerhaft an dich binden möchte.

*Freiraum*

Für den Mann deiner Wahl bist du zu Beginn eurer Begegnung das Aufregendste, was das Leben ihm bieten kann. Er fühlt sich absolut zu dir hingezogen und will mehr von dir. Außerdem will er zeigen, dass er eine wirklich gute Wahl ist und du dich tatsächlich für den Besten entschieden hast. Gib ihm darum Raum, um dir das zu beweisen. Das bedeutet nicht, dass du stundenlange Selbstbeweihräucherungen und endlose Monologe ertragen sollst – es sei denn, du wünschst dir einen Partner, der lieber von seinen Erfolgen redet, anstatt seine Fähigkeiten tatkräftig unter Beweis zu stellen.

Zum Beispiel, indem du es ihm überlässt, eine erneute Verabredung zu initiieren. Oder, indem du ihm Gelegenheit gibst, Ausdauer und Kreativität zu demonstrieren, weil du ihn eben nicht sofort mit offenen Armen in jeden Winkel deines Lebens, sondern dich langsam und dafür nachhaltig von ihm erobern lässt.

Wenn du an dieser Stelle bereits ungeduldig mit den Hufen scharrst, weil du glaubst, keine Zeit verschwenden zu wollen mit langsamer Eroberung, dann ist der folgende Absatz genau für dich geschrieben. Dann kannst du nämlich jetzt einen deiner ganz persönlichen Stolpersteine auf dem Weg in eine glückliche Beziehung ausmachen: Deine Ungeduld.

Deine Ungeduld hat einen tieferen Sinn. Sie hat nämlich dein ganzes Leben lang eine wichtige Funktion übernommen und dich vor einem extrem unangenehmen Gefühl geschützt. Du kennst das Gefühl schon lange, da bin ich mir sicher: Diese leise nagende Angst, der Mann könnte das Interesse verlieren, wenn du es ihm zu schwer machst oder du in deinem ureigenen Tempo bleibst.

Vermutlich bist du bestens vertraut mit der Stimme in deinem Kopf, die dir sagt, dass du schuld bist, wenn der Mann sich doch plötzlich abwendet. Dass du irgendwie verantwortlich bist für das Verhalten eines Mannes. Du kennst die unbewusste Hoffnung, dass du in irgendeiner Form Einfluss darauf nehmen könntest.

Um all das nicht fühlen zu müssen und nicht in Kontakt zu kommen mit der quälenden Ungewissheit, wirst du ungeduldig. Die Ungeduld lenkt dich ab von deiner gefühlten Hilflosigkeit und gaukelt dir umso früher »Sicherheit« vor, je schneller du für klare Verhältnisse gesorgt und die Karten auf den Tisch gelegt hast.

Noch genauer zu beleuchten, wieso du persönlich in der Anbahnungsphase so ungeduldig bist und welchen Ursprung die darunter liegenden Gefühle haben, darin möchte dieses Buch dich unterstützen. Sei unbesorgt: Die Ungeduld ist nicht deine wahre Natur, sondern nur ein Konstrukt deines Geistes, um dich davor zu schützen, dass alte, nicht geheilte Verletzungen wieder spürbar werden. Sie sagt nichts über den jeweiligen Mann aus, dafür umso mehr über dich selbst. Du darfst die Ungeduld loslassen und dich vollkommen entspannen.

Wenn du dir eine dauerhafte Partnerschaft wünschst, dann musst du sie sogar loslassen, denn dein vorschnelles Entgegenkommen irritiert einen interessierten Mann zutiefst.

Stelle dir vor, du hast dich gerade in einen Mann verliebt,

einen wirklichen Traummann, deinen persönlichen Mr. Right. Und noch während du überlegst, wie es wohl wäre, ihn näher kennenzulernen, gibt er dir seine Telefonnummer. Und seine Mailadresse. Und die Büronummer, falls er mal nicht ans Handy geht. Er sagt dir auch gleich, wann er dort üblicherweise seine Mittagspause macht und in welches Lokal er dann am liebsten geht, falls du zufällig in den kommenden Tagen in der Nähe sein solltest und Lust hättest, mit ihm zu essen. Sicherheitshalber erwähnt er auch gleich noch, dass er Dienstag und Donnerstag immer beim Sport ist und darum erst ab einundzwanzig Uhr erreichbar wäre. Gleich am kommenden Wochenende ist er außerdem mit seinen Jungs auf einem Segelausflug, aber du kannst ihm natürlich trotzdem jederzeit eine SMS schreiben, er antwortet auf jeden Fall. Wärst du noch immer so angetan von diesem Mann? Oder kämen statt grenzenloser Begeisterung oder aufgeregter Vorfreude eher leise Zweifel? Das Bedürfnis, ein kleines Stückchen weiter abzurücken von diesem Typ, von dem du eigentlich noch gar nichts weißt und der auch dich noch überhaupt nicht kennt, der aber sofort alle Türen sperrangelweit für dich öffnet? Hand aufs Herz: Solch ein Verhalten wirkt verzweifelt und würde dich doch sofort misstrauisch machen. Es würde dir das Gefühl geben, völlig austauschbar zu sein, weil dieser Kerl anscheinend einfach nur dringend eine Frau will.

Umgekehrt ist die Situation genau die gleiche. Ein Mann, der noch nicht ausreichend beweisen konnte, wie toll er ist, und dem du viel zu schnell entgegenkommst und alle Türen deines Lebens öffnest, bekommt den Eindruck, dass du dich in deinem Leben vielleicht gar nicht glücklich und ausgefüllt fühlst. Wenn einen Mann dieses Gefühl beschleicht, lässt er dich fallen wie einen wurmstichigen Apfel. Darum: Komme dem Mann nicht entgegen. Gib ihm die Gelegenheit zu zeigen, was er draufhat!

Wollte ich noch einen draufsetzen, würde ich dir zudem noch raten: »Genieße es!« Aus meiner ganz persönlichen Erfahrung heraus ist aber genau das die Schwierigkeit – sonst könnten wir uns ja von Anfang an anders verhalten. Ich möchte dir auf keinen Fall einen ganzen Katalog an Richtlinien an die Hand geben, die dir sagen, wie du dich in welcher Situation verhalten musst, um deinen Ex zurückzubekommen oder deinen künftigen Partner an die Angel. Glaube mir, ich weiß ganz genau, dass es so gut wie unmöglich ist, souverän und gelassen zu wirken, wenn im Inneren unbewusst alle möglichen Filmchen ablaufen. Doch jetzt erfährst du, wie du das Thema Liebe und Beziehungen von all den falschen Erwartungen und Vorstellungen, mit denen es überfrachtet ist, befreien kannst. Du bekommst im zweiten Teil des Buches wichtiges Werkzeug an die Hand, um wirkliche Veränderungsprozesse für dich ganz persönlich einzuleiten. Du lernst, deinen Fokus nachhaltig zu ändern und dich bewusst mit deinen Gefühlen und Ängsten auseinanderzusetzen, so dass diese sich auflösen können. Lass dir nicht länger durch ein Störfeuer unbewusster Mechanismen die Partneranziehung verhageln! Ich verspreche dir, dass es dir anschließend ganz leicht fallen wird, souverän und gelassen auf die Annäherung eines Mannes zu reagieren – weil du, anstatt »nur so zu tun, als ob«, wieder mit deiner wahren Unabhängigkeit und weiblichen Größe verbunden sein wirst.

*Bestätigung in seinem Engagement*

Auch hier gilt: Taten statt Worte. Es geht nicht darum, ihm andauernd zu sagen, dass er ein toller Hecht ist, oder ihn für jeden Furz, den er lässt, zu loben. Wir wissen mittlerweile aus der Hirnforschung, dass Lob und Bestrafung nur Elemente aus der Dressur sind, quasi Methoden, um einen anderen Menschen dazu zu bringen, so zu handeln, wie wir das wollen. Klingt gruselig und irgendwie nach Manipulation? Stimmt, denn in Wahrheit ist es nichts anderes und von wahrer Liebe wirklich weit entfernt.

Deshalb geht es bei dieser Art Bestätigung auch nicht um etwas, das du aktiv oder passiv tust. Vielmehr geht es um eine Erfahrung, die du ihm ermöglichst – oder eben nicht. Es geht darum, dass der Mann deiner Wahl tatsächlich erleben kann, dass du seine Traumfrau bist. Dass das Leben mit dir Spaß macht und Freude bereitet. Dass es eine besondere Ehre ist, mit dir Zeit verbringen zu dürfen, und dass das Zusammensein mit dir inspirierend und aufregend ist. Dass du wählerisch bist und dich nicht mit halben Sachen – oder dem zweit- oder drittbesten Mann – zufriedengibst, sondern ganz genau weißt, was du willst und was du wert bist. Und das gelingt weder mit Taktik noch mit Hintergedanken. Dies geschieht nur durch dein authentisches Sein. Dadurch, dass du dein wahres Wesen lebst in seiner natürlichen Größe und Schönheit. Das heißt: Du kannst ihm diese Bestätigung nicht geben. Er muss sich selbst bestätigen, durch die Erfahrungen, die er mit dir macht, dass du die beste Wahl bist, die er treffen kann.

Dein Part ist es zu sein, in deiner authentischsten Version.

Denn dann bist du ganz automatisch gelassen und verankert in deiner Mitte.

## Was verschreckt Männer?

Fassen wir nochmal zusammen: Du hast einen Mann ausgewählt, den du für geeignet hältst, mit dir eine Partnerschaft einzugehen. Genau das hast du auch – lange bevor du dir das bewusst gedacht hast – unbewusst ausgestrahlt und den betreffenden Mann damit eingeladen, sich zu nähern. Um es salopp zu formulieren: Er hängt bereits am Haken. Das Einzige, was du jetzt noch tun musst, ist: nichts. Tue nichts. Lass der Natur ihren Lauf und gib einem natürlichen Wachstum, einer gesunden Entwicklung Raum.

Das klingt einfacher, als es ist? Oh ja. Viele Freuen neigen – so wie ich selbst jahrelang – dazu, dem Mann bereits jetzt entgegenzukommen. Sie wollen ihm signalisieren, dass auch sie interessiert sind. Sie glauben, einen Mann unnötig zu quälen oder Spielchen mit ihm zu spielen, wenn sie nicht sofort die Karten auf den Tisch legen. Außerdem tragen viele Frauen eine so starke Sehnsucht nach einer Beziehung in sich, dass sie am liebsten sofort die ganze Sache eintüten und »endlich loslegen« wollen. Genau das sorgt unbewusst für eine Irritation bei dem Mann deiner Wahl.

*Zu viel Nähe*
Ich möchte dich an deine Schulzeit erinnern und an ein beliebtes Spiel, mit dem fast jede von uns sich schon einmal die Pausenzeit vertrieben hat: Gummitwist. Zwei Mitspieler spannen

ein an den Enden zusammengeknotetes Gummiband zwischen sich, und ein Dritter hüpft zu einem bestimmten Reim über das Band und darf nicht drauftreten. Um die Schwierigkeit beim Hüpfen zu erhöhen, wird die Gummischnur erst auf Knöchelhöhe gespannt, dann auf Kniehöhe und später auf Hüfthöhe. Die richtigen Spezialisten schafften es sogar noch, den Reim auf Achselhöhe zu hüpfen! Entscheidend dafür, dass dieses Spiel überhaupt gespielt werden kann, ist jedoch der Abstand zwischen den beiden, zwischen denen die Schnur gespannt ist. Wenn sie zu nah beieinanderstehen, ist jegliche Spannkraft dahin, das Gummiband rutscht zu Boden, und das Spiel ist vorbei.

Genauso verhält es sich mit deiner natürlichen Anziehung. Sei völlig unbesorgt: Wenn ein Mann sich dir nähert, dann bist du in diesem Moment für ihn ganz automatisch die interessanteste Frau des ganzen Universums. Er fühlt sich von dir angezogen. Er findet dich attraktiv, zwischen euch herrscht eine anregende Spannung, vielleicht sprühen sogar schon erste Funken. In diesem Augenblick würde ein Mann sehr weit gehen, um mehr von dir zu bekommen und sich deiner Gunst zu versichern.

Ich möchte dir jetzt NICHT raten: »Nutze das aus!«, denn das würde bedeuten, dass ich dich zu einem taktischen Spielchen auffordere. Auf keinen Fall möchte ich dir weismachen, dass du den Mann deiner Wahl dadurch dauerhaft bindest, wenn du diese Situation ausnutzt oder berechnend mit seinen Gefühlen spielst. Es geht nicht darum, dass du dich »richtig« verhältst und dich krampfhaft darauf konzentrierst, ab jetzt bloß nichts falsch zu machen. Ein Mann spürt auf unbewusster

Ebene nämlich ganz genau, ob du ihm emotionale Unabhängigkeit nur vorspielst oder ob du tatsächlich leicht und entspannt mit seiner Annäherung umgehst.

Mach dir vielmehr bewusst, dass du dadurch, dass du dich erst einmal – bildlich gesprochen – nicht vom Fleck bewegst, dem Mann deiner Wahl den Raum gibst, tiefere Gefühle zu entwickeln.

Wenn du dich zu schnell näherst, findet ein Mann, der eben noch deine Anziehungskraft, den Zug der gespannten Gummischnur deutlich wahrnehmen konnte, unvermittelt ein labberiges Knäuel ohne Spannung zu seinen Füßen, mit dem er nichts anfangen kann. Ihm kommt es dann vor, als hätte er sich getäuscht und seine Gefühle wären nur oberflächlich gewesen.

*Es geht zu schnell*

Es verwirrt und verunsichert einen Mann auf tieferer Ebene, wenn eine Frau von sich aus die Werbephase verkürzt und ihm regelrecht den Weg abschneidet. Ein Mann braucht die Werbephase, um sich selbst – und dir – zu beweisen, dass er der Beste ist, den du wählen kannst. Wenn du ihm diese Zeit nicht gewährst, zweifelt er an sich – und an dir. Er beginnt sich zu fragen, wieso du es so eilig hast und ob er sich wirklich um dich bemühen sollte, denn unbewusst erweckst du den Eindruck, dass DU froh bist, dass er sich für dich interessiert. So initiierst du selbst die Vermutung, dass du vielleicht doch kein Hauptgewinn bist, während der Mann sich auf »Fehlersuche« begibt, um sich selbst vor einer möglicherweise falschen Entscheidung zu bewahren.

Stell dir vor, du läufst mit Freundinnen einen Marathon. Du hast vorher hart trainiert, bist innerlich eingestellt auf die exakte Distanz von 42,195 km und mit jeder Faser deines Körpers bereit, diese Strecke durchzuziehen. Du hast dir das Finish schon dutzende Male vorgestellt, und du weißt ganz genau, wie genial es sich anfühlen wird, diese Herausforderung gemeistert zu haben. Jetzt wird es ernst, und du bist voll motiviert und mehr als bereit. Egal, wie schnell oder langsam die anderen Läuferinnen sind, du hast dein ureigenes Tempo und deinen ganz persönlichen Weg, diesen Marathon zu absolvieren. Du läufst, und du kennst dich gut und teilst dir deine Kräfte optimal ein, um noch Reserven für den Endspurt zu haben. Du überwindest sogar ein Tief und läufst konzentriert weiter, denn du willst es unbedingt schaffen. Und plötzlich reißt dich dein Liebster fünf Kilometer vor dem Ziel von der Strecke, hängt dir die Medaille um und möchte mit dir feiern, dass du den Marathon gelaufen bist. Freust du dich in diesem Fall über die Medaille? Oder bist du enttäuscht, weil du nicht die volle Strecke bis zum Ende laufen und »richtig« ins Ziel kommen durftest wie all deine Mitläuferinnen? Würdest du die Medaille mit Stolz tragen oder frustriert in deiner Tasche vergraben? Würdest du dich damit zufriedengeben – oder dir umgehend einen neuen Marathon vornehmen, den du dann störungsfrei durchziehst? Wie würdest du dich fühlen gegenüber deinen Laufkolleginnen, die alle die gesamte Distanz absolvieren konnten und sich wie wahre Finisher fühlen dürfen? Du hast den Punkt, oder?

Erlaube ihm sein Tempo und mach dir unabhängig von ihm eine schöne Zeit.

*Unerfüllbare Erwartungen*

Ein Mann lernt dich kennen als interessante Frau. Aber sobald du bei ihm den Eindruck weckst, dass du ihn BRAUCHST, beschleichen ihn erste Zweifel. In dem Moment, in dem du etwas von ihm erwartest und zugleich signalisierst, dass es dir schlecht geht, wenn er deine Erwartungen nicht erfüllt, wird er sich innerlich zurückziehen. Denn ein Mann – und auch jeder andere Mensch! – kann und will nicht verantwortlich dafür sein, wie du dich fühlst. Selbst wenn es ihm im ersten Moment vielleicht eine große Freude und ein Ansporn ist, dich glücklich zu machen, sitzt der Schatten dessen schon mit im Boot: Das Risiko, dich unglücklich zu machen. Und dieses Risiko ist groß, denn kein Mann ist unfehlbar, sondern eben auch nur ein Mensch mit Kanten und Schwächen, und er wird unter Garantie auch Dinge tun, die dir missfallen – und er darf das. Wenn er also in der Lage ist, dich glücklich zu machen, dann ist er auch in der Lage, dich unglücklich zu machen, und das möchte er auf keinen Fall. Falls der Mann deiner Wahl jedoch das Gefühl vermittelt bekommt, er wäre in irgendeiner Weise dafür verantwortlich, dass du leidest und unglücklich bist, hat er nur noch zwei Optionen: Er kann sich entweder fortan ständig abrackern und versuchen, dich dauerhaft auf dem von dir gewünschten Glückslevel zu halten. (Es gibt Männer, die tun so etwas. Zum Beispiel, weil sie selbst mit sich nicht im Reinen sind und ihren eigenen Minderwert dadurch kompensieren können, von dir gebraucht zu werden. Aber das ist dann kein Mann, der mit sich selbst gut verbunden ist und seine Eigenverantwortung mit Würde trägt.) Oder er zieht sich zurück, weil er die Verantwortung für dein

Glück – und für dein Unglück – nicht länger tragen will und kann.

Damit du von nun an den künftigen Mann an deiner Seite nicht mehr mit Erwartungen überforderst, vor allem aber, damit du selbst Klarheit über deine Erwartungen an eine Partnerschaft bekommst – und mit welchen falschen Vorstellungen du jeden noch so klaren, liebevollen Mann erfolgreich in die Flucht schlägst –, widme ich diesem Thema das folgende Kapitel.

Wenn in deinem Leben immer wieder potentielle Partner auf deiner Bildfläche aufgetaucht sind, zeigt das, dass du in der Lage bist, einen Mann anzuziehen. Wenn es weit und breit keinen Mann gibt, der sich dir nähern möchte, dann spricht auch das eine klare Sprache.

Was tust du bewusst und vor allem unbewusst dafür, dass kein Mann sich für dich interessiert oder ein potentieller Partner das Interesse an dir wieder verliert? Dass er ausgerechnet mit dir keine Lust mehr hat, seine wertvollen Gene weiterzugeben? Dass er keinen Sinn darin sieht, in dich zu investieren? Klingt das hart? Es verdeutlicht hoffentlich das Ausmaß und die immense Leistung, die du unbewusst vollbringst, um wider die Natur einen interessierten Mann dazu zu bringen, sich abzuwenden – oder dir die Männer generell vom Leib zu halten.

Du kannst dich fragen: Umwerben mich Männer mit hohem Status? Oder spiegeln mir die potentiellen Anwärter, dass ich selbst vielleicht keine ganz so attraktive Partie bin, wie ich es gerne wäre? Oder signalisiere ich unbewusst, dass Männer von mir besser die Finger lassen?

So viel zur Evolutionsbiologie und unseren genetischen Anlagen. Weil sich das Phänomen Liebe offensichtlich nicht darauf reduzieren lässt, wenden wir uns jetzt den emotionalen Aspekten der Liebe zu.

## 2. Von der Traumfrau zum Alptraum

Wie oft hast du diese Mutation in deinem bisherigen Beziehungsleben mittlerweile durchlaufen? Ich selbst war lange davon überzeugt, mich kein einziges Mal von einer Spitzenpartie zum Männerschreck verwandelt zu haben – und falls doch, dann lag es natürlich an dem Kerl, der mich so weit gebracht hatte mit seiner Beziehungsunfähigkeit. Eine Weile dachte ich sogar, eine Art Geschenk für die jeweiligen Herren und vor allem für meine Nachfolgerin zu sein, weil die Zeit mit mir sie derart transformierte, dass sie anschließend eine Frau angemessen behandeln konnten – denn mit den Frauen NACH mir waren sie dann immer glücklich, Hochzeit und Nachwuchs inklusive! Mir hätte deshalb dämmern können, dass es vielleicht nicht ausschließlich an den Männern lag – oder deren vermeintlicher Beziehungsunfähigkeit –, sondern hauptsächlich an mir selbst, wenn ich immer und immer wieder das gleiche Drama in meinem Leben inszenierte.

Es dämmerte mir nicht. Immerhin bin ich Kinesiologin und systemische Beraterin und habe Selbsterfahrung ohne Ende hinter mir. Ich besitze so viele gelesene Lebenshilfe-Bücher in meiner privaten Bibliothek, dass ich damit eine Buchhandlung eröffnen könnte, und hielt mich obendrein noch für attraktiv, intelligent, charmant und witzig. In meinen Augen war ich eine Spitzenpartie – es konnte also unmöglich an mir liegen, wenn es nie klappte, in eine langfristige Beziehung zu starten. So rannte ich durch die Gegend, von einem Typen zum nächsten, rannte unbewusst den Männern hinterher in die immer gleiche leidvolle Erfahrung.

Weißt du, an welchem Punkt in deinen frischen Beziehungen du von der Traumfrau zum Alptraum mutierst? Oder war dir bislang überhaupt nicht klar, dass du jedes Mal aktiv dazu beiträgst, dass eine vielversprechende Bekanntschaft zu einem potentiellen Partner doch wieder im Sand verläuft oder, noch schlimmer, mit Pauken und Trompeten gegen die Wand fährt? Klammerst du dich noch immer an die Hoffnung, dass irgendwann schon der richtige Mann kommt, mit dem alles anders wird und vor allem viel reibungsloser verläuft? Glaubst du noch immer, dass lediglich die Männer die Idioten sind, die deinen wahren Wert verkennen und selbst schuld sind, wenn sie eine so tolle Frau wie dich ziehen lassen? Es ist an der Zeit aufzuwachen. Deine Hoffnung, dass mit dem nächsten Mann alles anders und vor allem viel besser wird, kannst du getrost begraben. Denn solange du nicht die volle Verantwortung dafür übernimmst, dass deine Beziehungsversuche bislang alle gescheitert sind, ändert sich überhaupt nichts.

## Erwartungskataloge und Benutzerhandbücher

Wenn man es genau betrachtet, ist nur ganz selten Liebe drin, wo Liebe draufsteht. Kaum ein Begriff unserer Sprache wird so häufig, fast schon inflationär verwendet wie »die Liebe«. Im

Namen der Liebe wurden Kriege geführt und Kinder gezüchtigt. Es lohnt sich also durchaus, sich mit dem Wort »Liebe« und seinen unterschiedlichen Facetten auseinanderzusetzen.

Genau genommen ist die Liebe, nach der wir uns alle sehnen und an der wir unsere bestehenden Beziehungen messen, ein romantisches Ideal im wahrsten Sinn des Wortes: Partnerschaftliche Liebe ist eine Fiktion aus der Romantik.

In unserem evolutionsbiologischen Bauplan kommt Liebe zwischen Mann und Frau nicht vor, und auch in unserer sozialen und kulturellen Entwicklung ging es zu keiner Zeit um Liebe. Das Miteinander zwischen Mann und Frau hatte zahlreiche Motivationen, niemals jedoch Liebe. Erst im 17. Jahrhundert tauchten von Schriftstellern verfasste Liebesromane zur Unterhaltung für die gelangweilten, unglücklichen, aber des Lesens mächtigen Frauen auf. Diese Romane pflanzten die fiktive Idee von der romantischen Liebe in die Köpfe der Frauen und gaben deren Sehnsüchten eine neue Projektionsfläche. Der Traum von dem einen, dem Richtigen, war geboren.

Das klingt so unspektakulär, wie es ist. Die Liebe in der Form, wie wir sie uns vorstellen, gibt es nicht. Sie ist so real wie »Star Trek« oder »Herr der Ringe«. Jeder kennt sie, es gibt Fanclubs, in denen sich die Anhänger der Filme austauschen können über die Probleme und Herausforderungen innerhalb dieser fiktiven Welt – aber sie existiert nicht. Dazu gibt es große Fantreffen, auf denen ganz normale Menschen die Phantasieuniformen diverser Dienstgruppen der Raumschiffe oder Elbenkostüme tragen, sie wissen genau Bescheid über die »fernen Galaxien« und arbeiten sich sogar in Sprachen wie

»Klingonisch« oder »Elbisch« ein. All das ändert nichts daran, dass »Star Trek« oder »Herr der Ringe« keiner tatsächlichen Lebensrealität entstammen.

Mit der Liebe zwischen Mann und Frau ist es genauso. Sie ist ein erdachtes Phänomen, auch wenn sich im Laufe von knapp 400 Jahren sehr viele Menschen damit identifizierten.

Warum aber sind wir so empfänglich für diese Fiktion?

Es gab eine Zeit in meinem Leben, da war ich quasi dazu verdammt, deutschen Schlager zu hören. Ich lebte in den österreichischen Bergen, relativ abseits der üblichen Zivilisation, und der einzige Radiosender, den wir dort oben empfangen konnten, spielte überwiegend deutschen Schlager. Und weil wir manchmal eben was auf die Ohren wollten, schalteten wir ein. Nun kann ich mich bei deutscher Musik – anders als bei englischen Songs – nicht einfach berieseln lassen, denn ob ich will oder nicht, achte ich auf den Text. Ich hörte also deutschen Schlager.

Höre einmal für eine halbe Stunde deutschen Schlager, unabhängig von deinem persönlichen Musikgeschmack. Danach hast du einen groben Überblick über die unterschiedlichen Erscheinungsformen von emotionaler Abhängigkeit, auch wenn all die Lieder angeblich von Liebe handeln. Schlaflose Nächte, schwindende Lebensfreude ohne den anderen bis hin zu Suizidgedanken. Da werden gefühlsmäßige Ausnahmezustände besungen, die manchmal wie kalter Entzug klingen, und Frauen schmachten Männern hinterher, die sie bereits hunderte Male verletzt und betrogen haben. Ja, wir alle kennen diesen Zustand und können uns damit identifizieren, darum ist diese Sparte der Musikindustrie auch so erfolgreich. Obwohl sich nicht alle dazu bekennen, sprechen die Zahlen verkaufter Alben von Helene Fischer & Co. eine eindeutige Sprache.

Du hast mich tausendmal belogen, singt Andrea Berg, du hast mich tausendmal verletzt. Trotzdem ist sie mit dem Mann ihrer Wahl so hoch geflogen, doch der Himmel war besetzt. Dennoch vermisst sie ihn und würde sich wieder mit diesem Mann einlassen. Und Millionen Frauen können es ihr nachempfinden und singen den Song lauthals mit, weil er ihre emotionale Wirklichkeit widerspiegelt.

Die seelischen Qualen, die in den Hits der Musikindustrie besungen werden, die schlaflosen Nächte, die Verzweiflung angesichts einer Trennung oder eines Betrugs bis hin zu Suizidwünschen, sind vielen Menschen vertraut. Wenn du dieses Buch liest, hattest du bereits mehr als einmal Liebeskummer, und vielleicht auch in einer Intensität, die bei manchen Menschen in deinem Umfeld auf Unverständnis stieß. Dabei ist es völlig egal, ob andere Menschen deinen Herzschmerz verstehen oder nicht, denn du leidest und der Schmerz fühlt sich so real an wie eine offene Wunde.

Der am häufigsten gewählte Weg, um diesen Schmerz zu verhindern, ist: Dem Partner die Schuld zu geben, der sich bitte schön in Zukunft anders verhalten soll. Das ist so effektiv, wie wenn du bei einem blutigen Kratzer auf der Stirn deinem Spiegelbild ein Pflaster aufklebst. Oder gleich den ganzen Spiegel austauschst in der Hoffnung, dass die Wunde bei einem anderen nicht mehr sichtbar ist.

So hatte ich selbst in jungen Jahren größten Stress damit, wenn ein junger Mann, mit dem ich zusammen war, Alkohol trank. Ich bat deshalb meinen ersten Mann, mir zuliebe nicht mehr als zwei Bier zu trinken. Er machte das bereitwillig, denn er wollte nicht, dass ich leide. Das war nicht sein einziges Zugeständnis, und wir kamen sehr gut miteinander aus. Erst Jahre später und lange nach unserer Scheidung wurde uns klar, dass wir zwar gefühlt aus Liebe gehandelt hatten, in Wahrheit aber hatte ich versucht, ihn zu kontrollieren, um Schmerz zu vermeiden. Und er wollte helfen, um sich stark zu fühlen und Verlust zu vermeiden. So eine Konstellation kann lange gut gehen – Heilung passiert jedoch anders. Und die braucht es, um wirklich zu lieben. Denn solange wir den Schmerz lediglich vermeiden oder schnellstmöglich deckeln wollen, bleiben wir abhängig davon, dass unser Gegenüber dieses Spiel mitspielt.

Die Musikindustrie vermittelt uns das Bild, dass zur Liebe auch Leid gehört. Sie transportiert die Botschaft: Je größer der Schmerz, desto tiefer die Liebe. Auch in der Sekundärrealität von Film und Fernsehen wird vorgegaukelt, dass der Weg zur wahren Liebe ein steiniger ist und wir erst einiges an Irrungen und Wirrungen zu überstehen haben, bis wir vom Mann unseres Herzens in die Arme genommen werden. Das weckt im Umkehrschluss die Hoffnung, dass sich hinter anfänglichen Komplikationen doch noch die große Liebe verstecken könnte – und erhöht so die Bereitschaft, Opfer zu bringen und Situationen auszuhalten, in denen wir uns nicht wohl fühlen. Alles im Namen der Liebe, denn am Ende bekommen wir unseren Traumprinzen und die Aussicht auf ein glückliches, erfülltes Leben.

Liebesfilme beschränken sich dabei fast ausschließlich auf

das Suchen und Finden der Liebe. Sie bieten keinen Entwurf für das, was passiert, wenn eine Frau ihren Märchenprinzen gefunden hat. Das Happy End vermittelt lediglich eine Ahnung von immerwährendem Glück und die Hoffnung, dass das Paar bis ans Ende ihrer Tage glücklich zusammenbleibt. Wie das konkret gelingt, darauf gibt es in den uns prägenden Medien keine Lösung.

Nichts von alledem ist Liebe. Was hier besungen oder gezeigt wird, ist von Liebe weit entfernt. In all den vorher angeführten Beispielen handelt es sich um emotionale Abhängigkeit. Im Grunde genommen geht es ausschließlich um das Suchen und Sehnen nach der Liebe, um Sehn-Sucht. Wir suchen, was wir von unseren Eltern nicht bekommen haben: bedingungslose Liebe.

Wir suchen nämlich nicht von Beginn an nach unserem »Gegenstück« oder unserem »Seelenpartner«, und wir verlieben uns auch nicht bereits im Alter von zwei Jahren. Der Mann als Projektionsfläche für unsere unerfüllten Bedürfnisse und Wünsche rückt erst dann in unser Blickfeld, wenn die Eltern die Beziehung zum Kind zu lockern beginnen und wir gefühlt noch weniger bekommen als vorher.

Lass uns deshalb die gängigsten Irrtümer betrachten, die wir fälschlicherweise für partnerschaftliche Liebe halten.

### Irrtum 1: »Mein Partner muss mich lieben, wie ich bin«

Kurz und schmerzvoll: Nein, das muss er nicht! Regt sich Widerstand in dir? Fühlst du deinen inneren Protest? »Ich denke aber schon, dass er das sollte!« Atme tief durch und nimm deinen Widerstand gegen diese Zeilen wahr. Mach dir bewusst, dass sich genau dort, wo er sich regt, ein wunder Punkt verbirgt, der geheilt werden möchte. Diese Heilung ist zwingend notwendig dafür, dass du eine erfüllte und erfüllende Partnerschaft mit einem Mann eingehen kannst. Dein Widerstand ist ein Schutzprogramm, das in jungen Jahren wertvolle Dienste geleistet hat, indem es dich vor schmerzhaften Erkenntnissen bewahrt hat. Aber jetzt bist du erwachsen und mutig genug, um einen Schritt durch den Widerstand hindurchzugehen, weil du dich weiterentwickeln und mehr über dich selbst erfahren willst.

Dein Wunsch, so geliebt zu werden, wie du bist, ist absolut natürlich und legitim. Jeder Mensch trägt diese Sehnsucht in sich und möchte um seiner selbst willen geliebt werden: unverstellt und mit allen Ecken und Kanten, Macken und Neurosen, Spleens und unbequemen Eigenschaften. Nur ist der Partner nicht die richtige Adresse für all diese Sehnsucht. Es ist nicht die Aufgabe des Mannes an deiner Seite, sie zu stillen. In Wahrheit gibt es nur drei Menschen auf der Welt, die dich so lieben müssten, wie du bist: deine Mutter, dein Vater und du selbst.

Vom Moment unserer Zeugung an machen wir die Erfahrung völliger Einheit, wir sind genährt, getragen und geborgen, ganz ohne unser aktives Zutun. Ab dem Augenblick unserer Geburt erleben wir für einige Monate das genaue Gegenteil: Wir sind komplett abhängig von unserer Hauptbezugsperson, im Normalfall von unserer Mutter und unserem Vater. Sie müssen uns ernähren, uns wärmen, vor Gefahren schützen, denn wir selbst sind noch nicht in der Lage, dies aus uns selbst heraus zu tun. Weil ein Menschenkind als evolutionäres Frühchen auf die Welt kommt und außerhalb des Körpers der Mutter noch nachreifen muss, bevor es Selbstständigkeit erlangt. Wir sind also angewiesen auf die elterliche Liebe, weil diese die Eltern dazu bringt, sich intensiv um uns zu kümmern und so unser Überleben sicherzustellen. Wenn wir diese elterliche Fürsorge und die Bindung zu Vater und Mutter nicht als verlässlich erleben, dann ist das nicht nur emotional existenzbedrohend, sondern auch tatsächlich.

Nun wachsen Kinder heran und drängen danach, sich zu erproben und ihre Persönlichkeit zu entfalten – und bringen ihre Eltern damit binnen kürzester Zeit an ihre Grenzen. »Jetzt sei endlich still, du machst mich sonst noch verrückt!«, »Sei nicht so aufsässig, sonst wird Mami ganz traurig!«, »Wenn du nochmal so frech bist, wird Papa wütend!«, »Schau, was du gemacht hast! Jetzt weint dein Schwesterchen!« sind nur ein paar Beispiele dafür, wie Eltern versuchen, ein Kind dazu zu bringen, sich den elterlichen Vorstellungen entsprechend zu verhalten. Ich bin mir sicher, dass jeder von uns solche oder ähnliche Sätze gehört hat. Die Botschaft hinter diesen elterlichen Kontrollversuchen und das, was ein Kind so verinnerlicht, lautet: So, wie du bist, bist du nicht in Ordnung. Nicht in Ordnung oder nicht gut genug zu sein könnte im Umkehrschluss aber verheerende Folgen haben: Den Verlust der elterlichen Liebe. Kinder tun daher sehr viel, um diese zu erhalten bzw. wiederzuerlangen. Sie sind wahre Anpassungsgenies und haben blitzschnell gelernt, wie sie sich verhalten müssen, um irgendeine Form von Liebe und Anerkennung zu bekommen oder zumindest weiteren Liebesverlust oder Strafe abzuwenden. Also bemühen wir uns nach Kräften, ordentlicher, höflicher, braver oder fleißiger zu sein, weniger zu toben, bessere Noten nach Hause zu bringen oder unseren Teller schön leer zu essen, um Mama oder Papa zufriedenzustellen und glücklich zu machen. Um sicherzugehen, dass wir auch weiterhin geliebt werden. Wir lernen, Erwartungen zu erfüllen und zu funktionieren. Diesen Modus behalten wir oft ein Leben lang bei und tragen so, ohne uns dessen bewusst zu sein und ohne böse Absicht, eine Maske durch die Gegend.

Betrachten wir diesen Funktionsmodus genauer, so lassen sich zwei grobe Richtungen erkennen.

Es gibt Kinder, die den Weg in die Kompensation wählen. Das bedeutet, sie passen sich an und machen die äußeren Vorgaben zu ihrer zweiten Natur. Diese Kinder setzen alles daran, hundertprozentig abzuliefern und den Vorstellungen und Erwartungen ihrer Bezugspersonen – und später ihrer Umwelt oder ihren Vorgesetzten – zu entsprechen. Das gelingt ihnen auch gut, und sie neigen sogar zur Übererfüllung. Meist sind die Erwartungen und Anforderungen, die sie erfüllen, auch gesellschaftlich sehr anerkannt, wodurch sie zusätzliche Anerkennung und Bestätigung erhalten. Als Erwachsene legen sie steile Karrieren hin oder sind fleißige Mitarbeiter, die stets mehr als 100 Prozent geben. Trotzdem leben diese Menschen nicht gemäß ihrem wahren Wesen. Ihre eigene Persönlichkeit bleibt hinter der oft sehr perfekten Fassade verborgen.

Die andere Richtung ist die Hemmung. Das heißt, ich begreife mich als hilflos und zu ohnmächtig, um mein Leben selbst aktiv zu gestalten. Wenn eine Frau erlebt hat, dass ihr als Kind von anderen Menschen die Selbstkompetenz abgesprochen wurde, gibt sie auch später häufig die Macht und Verantwortung über ihr Leben ab und fühlt sich dabei immer den äußeren Umständen ausgeliefert. Sie hat dabei das Gefühl, stets einen Schritt hinterherzuhinken und reagiert nur noch auf das, was um sie herum passiert, anstatt aktiv selbst zu gestalten. Sie entwickelt hochsensible, feine Antennen, um noch schneller oder besser ahnen zu können, was von ihr erwartet wird. Dies macht sie zu einer sehr wandelbaren und flexiblen Frau, doch auch sie lebt nicht ihr eigentliches Wesen.

Aber natürlich schlummert tief in uns der Wunsch, doch so sein zu dürfen, wie wir sind. Wir sehnen uns danach, diese Maske endlich ablegen zu können und den Menschen zu finden, bei dem wir unsere Hüllen fallen lassen dürfen, im wahrsten Sinn des Wortes. Wir wollen gesehen und wertgeschätzt werden für das, was wir sind. Wir wollen den Kern unseres Wesens gar nicht für immer hinter einer Maske verbergen und drängen danach, unser wahres Ich zu zeigen. Oft wünschen wir uns nichts mehr, als uns endlich einem Menschen ganz zu offenbaren, mit all unseren Ängsten und Sorgen, mit unseren seltsamen Marotten oder unbequemen Eigenschaften – und hoffen sehnlichst, dass dieser Mensch uns liebt mit allem, was ans Licht kommt.

Diese Sehnsucht ist zutiefst natürlich und verständlich. Nur ist der potentielle Mann an deiner Seite nicht die richtige Adresse, um sie zu stillen. Es sind deine Eltern, die dich so lieben müssen – oder hätten lieben müssen –, wie du bist.

Im zweiten Teil dieses Buches bekommst du viel Gelegenheit, dich intensiv mit der Beziehung zu deinen Eltern auseinanderzusetzen. An dieser Stelle möchte ich dir nur nochmals in aller Eindringlichkeit ins Bewusstsein rufen: Bedingungslose Liebe passiert zwischen Eltern und Kind. Kinder sind auf diese bedingungslose Liebe ihrer Eltern angewiesen, und auch umgekehrt lieben Kinder ihre Eltern ohne Wenn und Aber. Aus Liebe zu den Eltern sind Kinder bereit, sich an die widrigsten Lebensumstände anzupassen. Wenn Kinder den Eindruck bekommen, dass die Eltern in irgendeiner Form schwach sind, leisten Kinder Unglaubliches, um die Eltern zu entlasten. Sie beenden dafür sogar ihre Kindheit und schlüpfen in eine Erwachsenenrolle, um den Eltern mehr Verantwortung abnehmen zu können. So gibt es Erwachsene, die als Kind beispielsweise in der Trennungssituation ihrer Eltern Vater oder Mutter trösten und erleben mussten, wie die alleinerziehende Mutter (meist waren es damals die Mütter, bei denen die Kinder verblieben) völlig mit der Organisation ihres Lebens überfordert war. In einer solchen Ausnahmesituation nahmen sie dann die Position der »Vernünftigen« ein, die sich um die jüngeren Geschwister und den Haushalt kümmern, anstatt mit Gleichaltrigen zu spielen.

Dies soll verdeutlichen, dass Kinder aus Liebe sehr viel auf sich nehmen können und sogar freiwillig große Opfer bringen, um die Eltern zu erhalten, zu stärken und sie zu (unter-) stützen.

Doch das ist die falsche Richtung für Lebensenergie, denn diese wird immer von den Eltern zum Kind gegeben, und das Kind gibt sie weiter an die eigenen Kinder. In Fällen, in denen Kinder ihre Lebensenergie dafür aufwenden, die Eltern zu schützen, zu entlasten, zu stärken, bleibt für das Kind selbst nicht mehr genug Energie übrig. Aus einem solchen Kind wird ein Erwachsener, der nicht gelernt hat, Energie und Liebe im Überfluss zu empfangen, sondern mit wenig auskommen kann.

Vielleicht warst du selbst ein Kind, das früh die schmerzliche Erfahrung machen musste, so, wie du bist, nicht in Ordnung zu sein. Umso dringlicher ist es nun, diese Wunde nachhaltig zu heilen, anstatt deine kindliche Bedürftigkeit auf einen Mann zu projizieren und darauf zu hoffen, dass ER dir das gibt, was deine Eltern dir verwehrt haben. Dein Partner kann nicht das ausgleichen, was deine Eltern versäumt haben. Und sollte er es versuchen, rutscht er unbewusst in eine Elternrolle – und du selbst dadurch in die Position eines Kindes. Willst du das? Auch wenn das eine Basis ist, auf der erschreckend viele Paarbeziehungen funktionieren, lege ich dir nahe, nach den Sternen zu greifen und dich bereit zu machen für eine wirkliche Liebesbeziehung auf Augenhöhe, anstatt dich weiterhin zu verstricken in Eltern-Kind-Rollenspiele. Ein Mann, der sich dir als Frau nähert, ist nicht darauf vorbereitet, plötzlich mit dem kindlichen, noch immer bedürftigen Teil in dir konfrontiert zu sein, und wird dadurch zu Recht abgestoßen.

Im Übrigen: Hättest du Lust auf einen Mann, der noch bedürftig ist nach Mutterliebe und von dir diese bedingungslos einfordert, inklusive dem grenzenlosen Verständnis und all der emotionalen Unterstützung, die er zu Hause nicht bekam? Fändest du einen solchen Mann wirklich sexy?

## Abwesende Eltern

Mein Vater ging bereits vor meiner Geburt wieder zurück in seine Heimat, die USA, und ich lernte ihn erst kennen, als ich Anfang zwanzig war. Wenn ich während meiner Schulzeit von Mitschülerinnen gefragt wurde, ob ich meinen Vater denn nicht vermissen würde, so verneinte ich jedes Mal und meinte das auch so. Wie sollte man denn jemand vermissen, den man nie kennengelernt hat?

Erst Jahre später erkannte ich, dass meine zahllosen Verliebtheiten und kindlichen Schwärmereien für größere Jungs genau damit in Verbindung standen. Völlig unbewusst suchte ich nach der fehlenden männlichen Energie in meinem Leben und projizierte sie auf so ziemlich jeden Jungen, der auf irgendeine Weise mit mir abgab. Und wenn ich es ganz genau nehme, war es anfangs sogar völlig nebensächlich, ob ein Junge tatsächlich mit mir Kontakt hatte. Ich schwärmte einfach im Verborgenen und aus der Ferne. Es war mir unmöglich, die schmerzende Sehnsucht in meinem Herzen richtig zu adressieren. Meinen Grundschulschwärmereien für jeden unserer Dorfministranten – natürlich nacheinander! – folgten traurige Teenagerzeiten, in denen ich fast jeden Jungen anhimmelte, der meinen Weg kreuzte und dabei einfach nur nett oder höflich war. Schon damals zerbrach ich mir stundenlang den Kopf über die mögliche Bedeutung eines Blickes oder darüber ob in der Begrüßung des Angebeteten mehr als nur Freundlichkeit mitschwang. Ich war absolut nicht in der Lage, unbefangen mit dem anderen Geschlecht umzugehen. Himmelhoch jauchzend und zu Tode betrübt durchlebte ich völlig gestresst meine Pubertät. Ich war entweder verliebt oder leidend, dabei beachtete mich kein einziger Junge wirklich, denn ich war vor Anspannung völlig verkrampft und wortkarg und tat mich nie durch besonderen Witz, Schlagfertigkeit, unbefangene Koketterie oder entspannte Natürlichkeit hervor. Stattdessen verhielt ich mich ruppig und abweisend, vermied jeglichen Blickkontakt und sagte kein Wort, aus Angst, meine Zuneigung zu verraten.

Meinen ersten festen Freund hatte ich mit fünfzehn. Nachdem ich ein Jahr lang erfolglos für einen Jungen aus meinem Musikverein geschwärmt hatte, fand ich unbewusst zielsicher in seinem besten Freund einen Jungen, der selbst total schüchtern und unsicher und darum sehr erleichtert war, dass ich auf ihn zuging. Wir waren eineinhalb Jahre ein Paar, und die Trennung war für mich ein Alptraum. Danach folgten mehrere kurze Beziehungen, und bereits mit achtzehn lernte ich meinen ersten Mann kennen. Die Scheidung folgte bald, und nach ihr kamen zahllose Anläufe, eine Liebesbeziehung zu führen. Sie scheiterten alle.

Es dauerte Jahre, bis ich erkennen konnte, dass sich die unerfüllte Sehnsucht nach einem Mann wie ein roter Faden durch mein Leben zog und schon lange vorher existierte, bevor Jungs oder Männer tatsächlich als solche für mich interessant waren. Meine Sehnsucht war lediglich fehlgeleitet. Denn das Loch, das da in meinem Körper brannte wie Feuer, hatte in Wahrheit mein Vater hinterlassen. Ganz tief in mir fühlte ich mich nicht komplett. Ich fühlte, dass mir ein Teil fehlte, aber ich wusste nicht, was es war. Ich wusste nicht, dass der Umstand, dass in meiner Familie niemand auch nur ein Wort über meinen Vater verlor, zusätzlich das Gefühl verstärkte, irgendwie nicht in Ordnung zu sein. Meine Mutter erklärte mir immer nur, er wäre weg und würde sich nicht für mich interessieren. Wie hätte ich ahnen sollen, dass all das verantwortlich war dafür, dass ich Jahrzehnte später keine langfristige Partnerschaft eingehen konnte? Dass ich jeden Partner mit der Erwartung, mich so zu lieben, wie ich es mir von meinem Vater gewünscht hätte, völlig überforderte und in die Flucht schlug? Wie hätte ich darauf kommen können, dass das Fehlen dieser zentralen Figur eine lebenslange Sehnsucht bedingte?

Im Laufe meines Lebens habe ich beruflich wie privat zahllose Frauen mit ähnlichen Schicksalen getroffen. Frauen, die ihre Väter früh verloren haben, weil sie tatsächlich verstorben sind, oder aber, weil sich die Eltern getrennt und die Väter keinen weiteren Kontakt unterhalten haben. Die meisten eint, dass sie heute Schwierigkeiten im Umgang mit Männern haben und von einer komplizierten Beziehungskiste in die nächste schlittern oder eben gar nicht erst so weit kommen.

Ein abwesender Vater vermittelt dem Kind unterschwellig, dass es nicht genug wert ist, um bei ihm zu bleiben. Im Kind wiederum entstehen Glaubenssätze wie: »Ich bin nicht gut genug« oder »Ich bin nicht liebenswert«. Das Kind fühlt sich verantwortlich dafür, dass der Vater die Familie verlassen hat. Es ist davon überzeugt, dass es irgendeinen Fehler hat oder gemacht hat und so, wie es ist, nicht in Ordnung ist, denn sonst hätte der Vater es ja nicht zurückgelassen. Jedoch schmerzt das Gefühl des Zurückgelassen-Werdens so sehr, dass das Kind diesen Schmerz verdrängt.

Viele Jahre später sind wir erwachsen, und die Interaktion mit einem Mann triggert diesen alten Schmerz wieder an. Unsere Ängste erwachen, und unsere Glaubenssätze aus der Kindheit werden aktiv. Plötzlich sind wir wieder gefangen in unserem alten Film mit unserer alten Geschichte. Um den Schmerz jetzt aber nicht mehr fühlen zu müssen, versuchen wir, die Geschichte umzuschreiben. Wir brauchen einen Beweis, dass jetzt alles anders ist als damals, dass wir nun sehr wohl liebenswert und gut genug sind. Und genau diesen Beweis soll der Partner antreten. Er soll uns davon überzeugen, dass er anders ist als der Vater damals. Außerdem soll er zeigen, dass wir es wert sind, geliebt zu werden, und er soll uns bitte schön auch lieben, und zwar bedingungslos, denn danach sehnen wir uns.

Machen wir es kurz: Das kann ein Partner nicht leisten. Kein Mann der Welt kann und muss das. Mit keinem noch so geeigneten Anwärter können wir unsere eigene Biographie umschreiben. Diese Möglichkeit besteht nicht. Hake das ab. Mit keinem Mann auf dieser Erde kannst du deine Erfahrung und Erlebnisse überschreiben, solange du selbst nicht einen wesentlichen Punkt verinnerlichst: Du bist nicht dafür verantwortlich, dass dein Vater seine Familie und damit dich verlassen hat. Du warst es nie. Seine Entscheidung zu gehen hatte nie etwas mit dir zu tun. Du hättest an dieser Entscheidung auch nichts ändern, sie weder verhindern noch abwenden können, wenn du irgendetwas anders gemacht oder dich anders verhalten hättest. Und er wäre auch nicht zurückgekommen, egal, was du unternommen hättest. Es lag nicht in deiner Macht.

## Anwesend abwesend

Nun kann es natürlich sein, dass deine Eltern sich weder getrennt haben noch scheiden ließen. Wenn ich an meine Schulzeit und Jugend zurückdenke, dann gab es unter all meinen Schulkameradinnen kein weiteres Mädchen, dessen Eltern wie meine geschieden waren. Trotzdem habe ich im Laufe meines Lebens bedauerlich viele Frauen kennengelernt, deren Väter in der Kindheit abwesend waren.

Viele von diesen anwesend abwesenden Vätern schliefen zwar unter demselben Dach wie ihre Frauen und Kinder, aber sie nahmen am Familienleben praktisch gar nicht teil, sondern waren in ihrer Rolle als Familienoberhäupter, Versorger und Ernährer dauernd außer Haus bei der Arbeit. In den eigenen vier Wänden traten sie, abgesehen von der Ahndung diverser kindlicher Vergehen, kaum in Erscheinung. Auf die Frage, welche Rolle er innerhalb seiner fünfköpfigen Familie spiele, antwortete ein sehr bekannter Schauspieler – und lieber Freund von mir – einmal in einem Interview: »Ich habe keine Ahnung. Ich bin so selten zu Hause, dass ich dieses komplexe System überhaupt nicht durchschaue, das managt alles meine Frau.« Er skizziert damit sehr treffend, was in vielen Familien Alltag ist: Das väterliche Betätigungsfeld findet außerhalb statt, zu Hause ist der Mann kaum präsent.

Nun gibt es natürlich Väter, die aus ihrer Arbeit so viel Kraft und Energie schöpfen, dass sie, wenn sie dann zu Hause sind, sehr präsent und zugewandt sind und von ihren Kindern auch so wahrgenommen werden.

Deutlich öfter jedoch sind die Väter von ihrer Arbeit so

ausgelaugt, dass sie zu Hause Ruhe und Erholung suchen, anstatt sich kraftvoll einzubringen. Diese Väter ziehen sich dann in ihr Arbeitszimmer oder den Hobbykeller zurück, verstecken sich hinter Zeitungen oder dem Fernseher und bringen nur schwer die Energie auf, sich mit ihrer Frau und ihren Kindern auseinanderzusetzen. Falls sie es doch tun, spüren dabei alle Beteiligten, dass der Vater mit den Gedanken ganz woanders ist und nicht mit dem Herzen dabei.

Als Tochter eines solchen Vaters bist du oft ermahnt worden, leise zu spielen oder ruhig zu sein. Du musstest lernen, deine kindliche Freude zu zügeln. Deine übersprudelnde Begeisterung für eine Sache hat mehr als einmal einen Dämpfer bekommen, weil sie mit »Jetzt nicht... später« abgewiesen wurde. Töchter solcher innerlich abwesenden Väter lernen, ihre Bedürfnisse hintanzustellen, und versuchen aus Liebe, den Vater nicht noch mehr zu belasten. Sie bemühen sich stattdessen, ihm auf irgendeine Art Energie zufließen zu lassen, indem sie ihm eine Freude machen oder sonstwie versuchen, ihm ein Lächeln ins Gesicht zu zaubern. Sie strengen sich an, gefällig zu sein, weil auch sie sich verantwortlich fühlen für die Präsenz des Vaters und glauben, durch ihr Verhalten darauf Einfluss nehmen und den Vater mehr ins Jetzt holen zu können – oder ihn zumindest daran zu hindern, noch weiter abzudriften.

Die Mutter, wenn sie nicht selbst nur noch körperlich anwesend und innerlich längst ebenfalls geflüchtet ist, fühlt sich in dieser Situation oft überfordert und allein gelassen. Die Spannungen zwischen den Eltern, die daraus resultieren, bleiben dem Kind natürlich nicht verborgen. Kinder, diese Anpassungskünstler, bewältigen solche Familienkonstellationen

auf unterschiedlichste Arten. Die einen lernen zu funktionieren, um positiv aufzufallen. Die anderen lernen zu rebellieren und bekommen so zumindest negative Aufmerksamkeit.
Wieder andere werden ganz passiv und versuchen, sich möglichst unsichtbar zu machen. Ganz egal, welche Strategie wir
uns aneignen, eines haben wir gewiss gelernt: So, wie ich bin,
bin ich nicht liebenswert.

Auf keinen Fall vergessen dürfen wir an dieser Stelle, dass
es noch weit komplexere und gravierendere Ursachen für die
innere Abwesenheit unserer Väter und Mütter gibt: Sie wurden von einer Kriegsgeneration großgezogen. Die meisten
unserer Großmütter und Großväter erlebten den Zweiten
Weltkrieg mit all seinen Grausamkeiten. Todesangst, Hun-
ger, Gewalt, Verrat und Flucht waren allgegenwärtig. Millionen Männer fielen im Kampf an der Front und kehrten nicht
mehr zu ihren Müttern, Schwestern, Frauen und Kindern zurück. Diejenigen, die das Kriegsende oder die Gefangenschaft
überstanden, kamen oftmals gebrochen und schwerst trauma-
tisiert zurück zu ihren Familien, völlig außer Stande, dort eine
tragende Rolle einzunehmen. Die Frauen, die in diesen Jahren des Ausnahmezustandes auf sich allein gestellt waren und
ohne Mann ihre Kinder zur Welt und durchbringen mussten,
standen plötzlich ihren traumatisierten Männern gegenüber
und mussten versuchen, diese emotional und strukturell wieder in ihr Leben zu integrieren. Anders als heute gab es damals keine Therapieangebote, Aufarbeitung war überhaupt
kein Thema, und als Orientierung diente das alte Wertesystem: Gehorsam, Fleiß, Disziplin. Der Fokus lag auf dem Wie-
deraufbau. Die Trümmer wurden beseitigt, die Wirtschaft

musste angekurbelt werden, und jeder war froh, überhaupt noch am Leben zu sein und sich ein bisschen was von dem zurückzuerobern, was »vorher« war. Doch wie lässt sich ein solches Kriegstrauma bewältigen, ohne darüber zu sprechen? Lässt es sich jemals überwinden? Das Über- und Weiterleben in solchen Zeiten ist nur möglich, wenn man Teile von sich selbst ausblendet, wenn man Angst und Schrecken verdrängt. Die Seele flüchtet, damit der Körper überleben kann. Und die Kinder dieser Überlebenskünstler, die seelisch abwesend sein mussten und innerlich kaum mehr zurückfanden, sind unsere Eltern. Ihnen fehlt also selbst die elterliche Präsenz, und dennoch haben sie uns gegeben, was sie konnten.

Um trotz dieses gefühlten Mangels und innerhalb eines durchschnittlichen Familiengefüges groß zu werden, mussten wir uns Schutzstrategien aneignen. Diese Schutzstrategien, beispielsweise Funktionieren, Rebellion oder Passivität, leisten uns als Kind gute Dienste, denn sie sichern unser Überleben in einem emotional schwierigen Klima. Darum perfektionieren wir sie immer weiter und halten daran fest, selbst dann, wenn sie uns längst nicht mehr schützen, sondern eher schaden. Aus Töchtern werden erfolgreiche Frauen mit makellosen Fassaden und einem Fuß im Burn-out, mutige Rebellinnen mit Autoritätsproblemen oder depressive Idealistinnen, denen immer öfter die Energie zum Leben fehlt. Die Stützkonstruktionen, die wir uns bauen mussten, werden allmählich zum Korsett, das uns Luft und Leichtigkeit nimmt. Wir träumen davon, irgendwann auf einen Menschen zu treffen, der all dies unnötig macht und dem wir uns zeigen können mit all unseren Facetten – und der uns trotzdem liebt.

Es ist völlig legitim, dass du dir das wünschst. Endlich so geliebt zu werden, wie du bist. Du bist es wert und du verdienst es. Nur von deinem Partner kannst du das nicht erwarten. Denn er hat mit alldem ja überhaupt nichts zu tun. Er kann nichts dafür, dass in dir diese Glaubenssätze herrschen, die dir das Gegenteil sagen – deshalb kann er auch nichts dagegen tun. Er kann nicht das wiedergutmachen, was dein Vater oder deine Mutter oder beide versäumt haben. Das ist auch nicht mal im Ansatz seine Aufgabe. Es ist DEINE Aufgabe, dich so mit deiner Vergangenheit auszusöhnen und deine ganz persönliche Geschichte anzunehmen, dass du deinen Partner nicht mehr dafür brauchst, um dir das Gegenteil deiner inneren Wahrheit zu versichern. Hör auf, deinen alten Schmerz immer wieder zu re-inszenieren in der Hoffnung, dass die Story endlich umgeschrieben wird. Fang an, dich selbst anzunehmen und zu lieben, so wie du bist.

## Wunschkinder – von Anfang an gebraucht statt gesehen

Vielleicht sagst du jetzt: »Auf mich trifft all das gar nicht zu, denn ich war ein absolutes Wunschkind, und meine Eltern lieben mich.« Wunschkinder wachsen meist sehr geborgen und behütet auf und werden mit Liebe und Liebesbekundungen oftmals regelrecht überschüttet. Die Beziehung zwischen Eltern und Kind erscheint liebevoll und harmonisch. Doch diese Familienidylle ist trügerisch: Dort, wo Kinder über die Maßen gewünscht werden, hat ihr Sein eine ganz besondere

Aufgabe, und das spüren Kinder, auch wenn über diese Aufgabe niemals offen gesprochen wird.

Ich kenne Frauen, deren Kinderwunsch so groß ist, dass sie mangels eines adäquaten Partners auch eine Samenspende in Betracht ziehen würden. Ebenso kenne ich Paare, die bereitwillig jegliche Freude an Intimität und körperlicher Vereinigung opfern, um stattdessen mit zyklusterminiertem Sex nach Plan zum ersehnten Kind zu kommen. Ich habe Frauen kennengelernt, die ihrem Mann mit Trennung drohten, sollte er sich nicht dazu bereit erklären, ihr das so sehnlich gewünschte Kind zu »machen«. In Kinderwunschzentren unterziehen sich verzweifelte Paare teuren Therapien, um endlich zum Babyglück zu kommen. Die zentrale Frage in all diesen Beispielen lautet: Wofür steht dieses Kind? Was verspreche ich mir davon, dieses Wunschkind zu haben?

Oft soll das Kind das Leben der Mutter oder der Eltern bereichern, erfüllen, komplettieren – eine ziemlich schwere Bürde für so ein unschuldiges Seelchen. Betrachtet man die Eltern von Wunschkindern genauer, dann erkennt man oft zwei bedürftige Erwachsene, die sich vom Kind die Möglichkeit versprechen, gefahrlos und ohne Enttäuschung lieben zu können und bedingungslos Liebe zurückzubekommen. Provokant formuliert wird das Kind so zum Mittel zum Zweck, das ein elterliches Bedürfnis befriedigen muss.

Frauen, die der »erwachsenen« Liebe mit einem Partner im Grunde nicht gewachsen sind und nicht vollkommen »Ja« zu sich selbst sagen können, brauchen ein Kind, das aus ihnen eine »richtige Frau« macht. Frauen, die fühlen, dass ihr Partner sie nicht achtet, erhoffen sich vom Kind, dass sie in den

Augen des Partners aufgewertet werden, weil sie ihm einen Nachkommen »geschenkt« haben – in solchen Fällen gerne einen Sohn. Frauen, die in ihren Beziehungen einsam sind, weil der Partner physisch oder energetisch nicht anwesend ist, wünschen sich ein Kind, um endlich jemanden um sich zu haben. Frauen, die mit ihren Anliegen beim Mann auf taube Ohren stoßen, erhoffen sich mit einem Kind eine bessere Ausgangslage für Verhandlungen. Nicht selten ist mit dem Kind(erwunsch) die Erwartung verknüpft, dass sich der Partner dann endlich ändert, mehr Verantwortung übernimmt, mehr Zeit daheim verbringt, aufmerksamer oder liebevoller wird.

Ich möchte keine dieser Situationen werten, sondern lediglich verdeutlichen, dass ein Wunschkind nur selten in eine gefühlsmäßig entspannte Situation hineingeboren wird. Vielmehr soll es allein durch sein Dasein in einer emotional höchst aufgeladenen Situation Erleichterung bringen. Das ist ein enormer Druck auf einem kleinen Menschenkind. Noch dazu, weil über diese Erwartung nicht offen gesprochen wird. Vielmehr wird dem Kind oft wie ein Mantra vorgebetet, wie sehr sich Mutter oder Vater oder beide das Kind gewünscht haben und wie glücklich es die Eltern allein durch seine Existenz macht. Unausgesprochen bleibt, was diese Aussage noch vermittelt: Ohne dich wären wir nicht glücklich. Ohne dich wäre unser Leben sinnlos oder unsere Ehe zerbrochen. Das ist die Botschaft, die mitschwingt und vom Kind mit seinen feinen Antennen wahrgenommen wird, und so versucht es natürlich aus Liebe, den elterlichen Erwartungen gerecht zu werden. Es lernt, alles zu vermeiden, was den Eltern irgendwie vermitteln könnte, dass es der ihm zugedachten Aufgabe vielleicht nicht gewachsen sein könnte. Denn um nichts in der Welt möchte ein Kind seine Eltern enttäuschen.

Ein Wunschkind mag sich auf den ersten Blick zwar geliebt und getragen fühlen, doch tief im Verborgenen ist es keineswegs vor der Angst gefeit, zu versagen und die Eltern unglücklich zu machen. Zudem hat ein Wunschkind auf tiefer Ebene in der Beziehung zu Mutter und Vater gelernt, dass der Zweck die Mittel heiligt und eigene Bedürfnisse im Namen der Liebe durchgesetzt werden. Solche Kinder hegen oft ein Misstrauen gegenüber der Liebe und meiden enge Bindungen aus Furcht davor, noch mehr Verantwortung übergestülpt zu bekommen. Frauen, die als Wunschkind aufgewachsen sind, können also durchaus Probleme damit haben, sich auf eine Beziehung einzulassen und sich langfristig an einen Partner zu binden. Offen ausgetragene Konflikte und Auseinandersetzungen passen nicht zu ihrem Verständnis von Harmonie und können daher nicht Ausdruck von Liebe sein. Im Umkehrschluss verhindern diese Frauen oft echte Nähe, indem sie sich um der Harmonie willen verbiegen und nicht zu ihrer persönlichen Wahrheit stehen.

So können auch Wunschkinder mit dem latenten Gefühl aufwachsen, nicht um ihrer selbst willen geliebt zu werden, sondern lediglich aufgrund der Funktion, die sie für die Eltern erfüllen. Selbst wenn es dir an Aufmerksamkeit oder Zuneigungsbekundungen selten gemangelt hat – denn Wunschkind-Eltern drücken ihre Dankbarkeit und Erleichterung, dass das Kind sie aus ihrer verzweifelten Lage befreit hat, gerne überschwänglich aus und verwechseln diese Gefühle mit Liebe. Das ist ähnlich, wie wenn unser Partner uns einen Gefallen tut oder eine unangenehme Pflicht abnimmt und wir uns zum Dank mit einem Kuss revanchieren und einem erleichterten: »Ich liebe dich, Schatz!«. In Wahrheit sagen wir dabei: »Danke, dass du die Küche aufräumst und ich noch auf der Couch abhängen darf.« Genauso versichern Wunschkind-Eltern ihrem Schatz, wie sehr sie ihn lieben, und meinen eigentlich: »Danke, dass du mich von meinen Minderwertigkeitsgefühlen oder meinen unangenehmen Gefühlen ablenkst.« Oder von der zerrütteten Ehe. Danke, dass du es mir ermöglichst, dass ich aus meinem langweiligen Job aussteige. Danke, dass du mich gesellschaftlich aufwertest. Ich habe es aus eigener Kraft nicht geschafft, meinem Leben Sinn zu geben – danke, dass du das jetzt für mich übernimmst.

Ein Kind, das eine solche Verantwortung trägt, wird zum zentralen Punkt im Leben der Mutter oder des Vaters oder von beiden. Es unterhält einen engen Kontakt und ahnt unterschwellig, dass der alte Leidensdruck der Eltern sofort wieder präsent wäre, würde es sich distanzieren und damit seine ihm zugedachte Funktion nicht mehr erfüllen. So wachsen Erwachsene heran, die sich emotional nicht abgenabelt haben und sehr verantwortlich fühlen für das Wohl oder Weh ihrer Eltern. Weil es so geprägten Menschen schwerfällt, eigene Entscheidungen zu treffen, ergreifen potentielle Partner oft nach kurzer Zeit wieder die Flucht – oder sie ziehen dominante Partner an, die das Leben für sie regeln.

Die betroffenen Wunschkinder sitzen als Erwachsene in einem Dilemma: Ein fester Partner würde die Loslösung von den Eltern bedeuten. Diese Loslösung verlangt aber, die Eltern ihrem Schicksal zu überlassen – und all ihren persönlichen und zwischenmenschlichen Baustellen, die bereits vor der Ankunft des Wunschkindes existiert haben –, und davor fürchtet sich das betroffene Kind. Denn unter all der Familienidylle und der Harmonie fühlt sich das erwachsene Wunschkind schuldig und undankbar, wenn es die elterliche Nähe zurückweist. Es fühlt sich verantwortlich dafür, dass die Eltern alleine und zurückgeworfen auf sich selbst leiden. Dass das Leid der Eltern älter ist als das Kind, können alle Beteiligten nur schwer sehen. Besonders die Eltern, die ja bereits ihre Themen scheinbar erfolgreich verdrängt und sich mit dem Wunschkind abgelenkt haben, wollen nicht in den Ursprungszustand zurück und fahren mitunter schwere Geschütze auf, um ihr Kind an seinem Platz zu halten.

Ein erwachsenes Wunschkind sieht sich oft hilflos Manipulationsversuchen, emotionaler Erpressung oder diversen elterlichen Krankheiten und Leidenszuständen gegenüber, denen es sich nur schwer entziehen kann. Denn der Schleier der »innigen Liebe« zwischen Mutter und Kind oder Vater und Kind verhüllt, dass das Kind »gebraucht« wird und auf keinen Fall losgelassen werden kann. So kann es passieren, dass ein Wunschkind auch als erwachsene Frau viel zu nahe bei den Eltern steht oder sich zwischen Partner und Eltern hin- und hergerissen fühlt, bis der Mann schließlich das Weite sucht. Möglich ist auch, dass beide Eltern dem erwachsenen Wunschkind andauernd bestätigen, was für eine tolle Partie es doch ist, obwohl die Realität eine völlig andere Sprache spricht und sich kein Mann dauerhaft an ihre Tochter binden will.

Wenn die Abnabelung von den Eltern als Bruch missinterpretiert wird, erhöht sich der emotionale Druck auf das Wunschkind. Natürlich bedeutet Erwachsenwerden auch eine Loslösung aus dem Wertesystem und den Verhaltenscodices der Eltern, und für Eltern mag sich das mitunter sehr bedrohlich anfühlen. Das sogenannte Leere-Nest-Syndrom befällt nicht nur Eltern von Wunschkindern. Auch ganz klassische Ehepaare müssen sich, wenn die Kinder als junge Erwachsene aus dem Haus gehen, neu finden und ihrem Leben einen neuen Sinn geben und stürzen häufig erst einmal in eine persönliche Krise. Wenn es an Alternativen mangelt, klammern sich Eltern gerne länger als notwendig an ihre Kinder und fürchten deren Verlust. Ja, sie verlieren gemeinsame Zeit mit dem Kind. Ja, sie verlieren Einfluss auf und Kontrolle über das Kind. Aber von einem Verlust des Kindes kann keine Rede sein. Auf einer tiefen Ebene sind und bleiben wir immer die Kinder unserer Eltern, ganz egal, wo und wie wir leben und woran wir uns orientieren. Wir tragen unsere Eltern mit uns, in unseren Genen, in unserem Herzen, sie haben uns das größte Geschenk überhaupt gemacht: Unser Leben. Von daher ist es das Natürlichste der Welt, wenn wir dieses Geschenk annehmen, uns entfalten und das Beste aus diesem Geschenk, unserem Leben machen. Gibt es eine schönere Art, Vater und Mutter zu ehren? Falls du dich irgendwo in diesem Kapitel über Wunschkinder wiedergefunden hast, darfst du dich also freuen: Dich von den Eltern abzunabeln bedeutet nicht im Geringsten, mit ihnen zu brechen, sie zu enttäuschen oder ihnen wehzutun – auch wenn es sich für sie vielleicht so anfühlen mag. Ganz im Gegenteil machst du deinen Eltern ein großes Geschenk, indem du ihnen die Verantwortung für ihr eigenes Leben und für ihr Glück wieder in ihre eigene Hände legst. Ob deine Mutter oder dein Vater oder beide diese Verantwortung annehmen können oder wollen, liegt ganz bei ihnen. Es ist nicht länger deine Aufgabe, dich darum zu kümmern. Du darfst dich nun ohne schlechtes Gewissen ganz dir selbst zuwenden.

## Irrtum 2: »Liebe ist Geben und Nehmen«

Geben und Nehmen ist eine Handelsbeziehung. Um über Geben und Nehmen im Bilde zu sein, muss ich genauestens Buch führen. Natürlich nicht ein tatsächliches Haushaltsbuch, aber sehr wohl benötige ich dazu so etwas wie eine »innere Buchführung«. Wie sonst sollte ich stets darüber Bescheid wissen, wer gerade wie viel gegeben oder genommen hat und wer zum Ausgleich verpflichtet ist? Um Geben und Nehmen in Einklang halten zu können, muss ich die aktuelle Gewinn- und Verlustrechnung immer im Auge behalten, denn nur dann kann ich belegen, wann ich wie viel geleistet bzw. investiert habe und warum ich nun etwas als Entschädigung dafür fordere. All das hat seine Berechtigung als betriebswirtschaftliche Grundlage und ist die Basis für Geschäftsbeziehungen aller Art – mit Liebe hat das jedoch nichts zu tun. Trotzdem besteht dieser Glaubenssatz über eine notwendige Buchführung in sehr vielen Köpfen und prägt unsere Vorstellung von Liebe – und verhindert sie fast genauso oft.

Gehörst du zu den Gebern? Stellst du dich von Anfang und ganz automatisch auf dein Gegenüber ein? Empfindest du es keinesfalls als Belastung oder Einschränkung, dich an die Gewohnheiten deines potentiellen Partners anzupassen? Ist es für dich völlig selbstverständlich, dich auf seinen Lebensalltag einzulassen, weil du so dein Interesse und deine Zuneigung zum Ausdruck bringst? Gemeinsam verbrachte Zeit ist für dich das A und O, und es ist absolut kein Problem, dafür das eigene Leben flexibel und spontan umzuorganisieren? Vielmehr findest du es anregend und interessant, frischen Input zu bekommen, neue – seine – Lieblingsrestaurants zu erkunden oder dich mit einer bis dato völlig unbekannten Sportart auseinanderzusetzen. Vielleicht freust du dich selbst über deine Begeisterung für Basketball, die unentdeckt in dir schlummerte – bis du erkannt hast, wie viel Spaß es macht, im Fanblock die Mannschaft deines Liebsten anzufeuern. Vielleicht genießt du auch plötzlich würzige Waldluft und ein atemberaubendes Bergpanorama, weil du durch den Mann deiner Wahl nun das Wandern für dich entdeckt hast. Egal, was es ist, du empfindest bereits in der Kennenlernphase den Mann mit all seinen Eigenheiten als wunderbare Bereicherung für dein Leben und als Chance, deinen eigenen Horizont zu erweitern. Du bist begeisterungsfähig und Neuem gegenüber aufgeschlossen, anpassungsfähig und flexibel.

Dann hast du auf jeden Fall eine starke Tendenz, dich selbst aufzugeben in einer Beziehung. In deiner Anpassungsfähigkeit und Offenheit gegenüber anderen geht dein ganz persönliches Profil verloren. Dein Gegenüber bekommt kaum eine Chance, dich als Mensch wirklich kennenzulernen, und er wird auch nie gefordert, sich auf dich einzustellen. Vielmehr kreierst du ein Feld von trügerischer Harmonie, um nicht zu sagen von Langeweile. Denn du machst dich austauschbar und verzichtest darauf, für dein Gegenüber ein inspirierender, anregender Gegenpol zu sein.

## Mangel und Manipulation

Ich beobachte enorm viele Frauen, die sehr darauf bedacht sind, dem potentiellen Partner so perfekt und unproblematisch wie nur möglich zu begegnen. Ich war selbst jahrelang genauso unterwegs. Jedes Zugeständnis, jeder Kompromiss, jedes Nachgeben wird als Zeichen der Liebe verstanden und positiv umbewertet in »einlassen«, »Rücksicht nehmen«, »tolerant sein«. Insgeheim wird aber genau Buch über solche »Liebesbeweise« geführt, um zu gegebener Zeit auch mal etwas zurückfordern zu können. Dann werfen wir dem Partner vor, was wir für ihn schon alles getan oder unterlassen haben, wo wir uns überwunden oder Eigenes hintangestellt haben, damit er glücklich ist – oder zumindest seinen Willen bekommt –, und wollen dann durchsetzen, dass es »einmal« auch nach unserem Kopf geht. Das geht süßlich schmeichelnd genauso wie tränenreich emotional – und führt bedrückend oft zum gewünschten Ergebnis: Der Partner macht, was WIR wollen. Er beugt sich der Last des Erhaltenen und gibt – widerwillig –, das heißt, er tut etwas, das er so aus freien Stücken nicht getan hätte. Das ist dann ein Ausgleich von Geben und Nehmen, aber mit Freiwilligkeit und wahrer Liebe hat es nichts mehr zu tun.

Wenn wir uns anschauen, dass schon unseren Kleinsten beigebracht wird, über die eigenen Grenzen zu gehen und beispielsweise den Teller leer zu essen, »für Mami, Opa oder gutes Wetter«, dann ist es nicht verwunderlich, dass Manipulation und »Handelsbeziehungen« gang und gäbe sind. Wer sich selbst lange genug als Objekt von elterlichen, schulischen oder sonstigen Erziehungsversuchen erlebt, lernt frühzeitig, sich dem daraus resultierenden seelischen Schmerz dadurch zu entziehen, indem er andere ebenfalls zum Objekt macht – und sich selbst freiwillig auch. Und so geht es dann häufig in erster Linie darum, in einer Beziehung auf seine Kosten zu kommen. Etwas einfach nur zu bekommen, aus freien Stücken und ohne dran hängende Erwartungen, haben die wenigsten von uns erlebt. Darum halten wir jetzt auch an der Illusion fest, etwas ohne Gegengabe geben zu können. Der gefühlte Mangel hat uns fest im Griff und damit die Angst, zu viel zu geben, nicht genug zu bekommen, zu wenig zu haben.

Kein Wunder, dass ausgerechnet in einer Paarbeziehung dieser Themenkomplex hochkochen und extrem unangenehme Gefühle auslösen kann, denn selten kommt uns ein Mensch so nah wie ein Partner.

Vielleicht kann dir folgendes Beispiel die Komplexität dieses Glaubenssatzes vom Geben und Nehmen verdeutlichen:

Mein Mann und ich haben immer wieder mal Streit, wegen unterschiedlichster Dinge. Wenn wir uns dann auf Ursachenforschung begeben und versuchen herauszufinden, wo zum Beispiel Missverständnisse oder Überforderung entstanden sind, stoßen wir regelmäßig auf ein spannendes Phänomen: Meinem Mann fällt die Decke auf den Kopf, und er fühlt sich am Ende seiner Kräfte. Schon lange, bevor es zum Streit kommt, hat er zahllose Situationen in unserem Zusammenleben einfach hingenommen, obwohl sie ihm gegen den Strich gingen. Außerdem hat er sich meist auch erschreckend viele Dinge versagt, die er gerne gemacht hätte, aus der Überzeugung heraus, dass er funktionieren und seiner Rolle als Familienvater gerecht werden müsste. Dabei vernachlässigt er es gerne, seine Ressourcen zu pflegen und sich Inseln zu schaffen, auf denen er Kraft tanken kann. Er tut dies, weil er glaubt, dies nicht für sich beanspruchen zu können. In seinen Augen wird er von mir so sehr gebraucht und kann deshalb in unserer kleinen Familie nicht einfach »egoistisch sein Ding durchziehen« – und wir reden hier nicht von großen Dingen. Er versagt sich selbst einen dreistündigen Thermenbesuch, weil er ein schlechtes Gewissen hat, wenn er mich in dieser Zeit nicht entlasten oder irgendeinen anderen »sinnvollen« Beitrag zu unserem Familienleben leisten kann.

Das Verrückte daran ist, dass ich niemals von ihm verlangt habe, auf Kraftquellen, Hobbys oder Auszeiten zu verzichten. Im Gegenteil, ich bestätige ihm immer wieder, dass es völlig in Ordnung ist, wenn er Dinge nur für sich tut. Dass ich es sogar begrüße, wenn er Wege findet, um sich zu nähren und zu stärken und seine Batterien aufzuladen, weil er sich dann mit einer ganz anderen Qualität in unsere Beziehung einbringen kann. Er kann das jedoch kaum nehmen, denn nach seinen Wertmaßstäben sind Zugeständnisse gleichzusetzen mit Liebesbeweisen. Je mehr Zugeständnisse er unaufgefordert macht, desto mehr drückt er damit seine vermeintliche Liebe aus – und seinen Wunsch, zurückgeliebt zu werden.

Trotzdem spiegeln mir diese Gespräche mit ihm etwas, denn ich muss jedes Mal feststellen, dass ich ihn zwar ermutige, etwas für sich zu tun und sich Freiräume zu schaffen und Kraftquellen zu etablieren, dies selbst für mich aber kaum in Anspruch nehme. So werde ich selbst unsanft mit der Nase darauf gestoßen, dass ich genau das gleiche Thema habe wie mein Mann. Es zeigt sich nur ein bisschen anders, denn während er sich selbst gehemmt fühlt beim Versuch, den von mir zwar nicht ausgesprochenen, aber vorgelebten Erwartungen gerecht zu werden, schöpfe ich Kraft und Bestätigung daraus, Vollgas zu geben. Erst wenn ich mich dabei ertappe, dass ich ärgerlich auf ihn bin, weil er sich zum wiederholten Mal etwas Gutes tut, während ich gefühlt »nie« rauskomme, merke ich, dass es überfällig ist, mir selbst wieder mehr Freiräume zu schaffen. Sowohl sein Verhalten als auch meines ist nicht unser wahres Wesen, doch die Auseinandersetzung mit dem Thema Geben und Nehmen und das schrittweise Integrieren unserer Eigenheiten bringt uns immer näher dorthin.

### Irrtum 3: »Ohne ihn kann ich nicht leben«

Tatsächlich? Wenn dem so ist oder es sich für dich so anfühlt, dann befindest du dich in einer tiefen emotionalen Abhängigkeit – und weit entfernt von wahrer Liebe. Es ist bei Frauen weit häufiger als bei Männern zu beobachten, dass der Partner Dreh- und Angelpunkt des eigenen Lebens geworden ist. Das eigene Wohlbefinden ist eng mit dem Verhalten und den Stimmungen des Partners verknüpft. Ist der Partner gut drauf, sind wir glücklich. Verhält er sich in unseren Augen abweisend, sind wir verunsichert und reagieren auf irgendeine Art und Weise. Sei es, indem wir herausfinden wollen, was los ist, oder indem wir zum Beispiel noch aufmerksamer sind als sonst. Was auf jeden Fall passiert, ist, dass du sein Verhalten persönlich nimmst und auf dich beziehst. In diesem Moment gibst du die Verantwortung für dich selbst und für dein (Wohl)Befinden an jemand anderen ab. Dein Partner muss sich plötzlich verantwortlich fühlen dafür, wie es dir geht – und das geht meistens schief. Denn selbst wenn ein Mann sich phasenweise daran erfreuen kann, dich glücklich zu machen, wird er sich langsam zurückziehen, wenn er das Gefühl bekommt, dass du dazu selbst nicht in der Lage bist. Und spätestens wenn er sich dafür verantwortlich fühlt, dich gar unglücklich gemacht zu haben, geht er auf Abstand. Denn diese Verantwortung ist zu viel, die musst du selbst übernehmen.

Auch wenn wir diesem Bild von Liebe in unserer Gesellschaft kaum entkommen können: Das ist nicht Liebe. Der amerikanische Arzt Charles L. Withfield bringt es auf den Punkt, wenn er sagt, dass sich eine Co-Abhängigkeit dadurch entwickelt, dass wir die Verantwortung für unser Leben und unser Glück anderen Menschen überlassen.*

Ursprünglich wurde der Begriff Co-Abhängigkeit im Zusammenhang mit Alkoholismus verwendet. In der Arbeit mit alkoholabhängigen Menschen zeigte sich, dass diese oft nur ein Teil eines dysfunktionalen Systems sind: Der Partner, der mit einem Suchtkranken zusammenlebt, zeigt oft in Bezug auf den abhängigen Menschen ähnliche Muster und Verhaltens-

---

* Charles Withfield, Healing the Child within.

weisen wie der substanzabhängige Partner. Da es sich im Fall einer Co-Abhängigkeit nicht um eine Substanz handelt, sondern um eine gefühlte Abhängigkeit, kann hier von emotionaler Abhängigkeit gesprochen werden. In meiner Arbeit begegnen mir sehr viele Frauen, auf die dies zutrifft. Sie stecken in komplizierten und leidvollen On-Off-Beziehungen fest, ziehen Partner mit durchaus narzisstischer Persönlichkeitsstruktur an oder kämpfen um einen Ex-Partner, der sie abserviert und obendrein schlecht behandelt hat. »Ich weiß, dass er mir nicht guttut, aber ich liebe diesen Mann!« Ich habe diesen Satz so oft gehört und selbst auch schon verwendet, darum soll diese Facette zwischenmenschlicher Beziehungen hier Raum bekommen.

Emotional abhängige oder co-abhängige Frauen scheinen auf den ersten Blick die Leidtragenden in einer destruktiven Paarbeziehung zu sein. Die Opfer, die so viel ausbaden und investieren und dabei ihr letztes Hemd geben, um dem Partner zu helfen, von seiner Sucht los- und mit dem Leben klarzukommen. Diese Frauen geben alles und bekommen am Ende trotzdem weder Dank noch Anerkennung, was ihnen weiteren Grund zur Klage gibt. Sie kämpfen oft an allen Fronten, finanziell, gesundheitlich, emotional, und gehen dabei weit über ihre Grenzen hinaus. Sie leiden unter dem unberechenbaren oder schlechten Verhalten des Abhängigen, unter seiner Unzuverlässigkeit oder seinem ruinösen Umgang mit Geld und versuchen, auszugleichen und zu unterstützen, wo sie nur können.

In Wahrheit sind sie aber nicht die Leidtragenden einer solchen Beziehung und auch nicht die Opfer. Sie stehen auf der gleichen Stufe wie der Süchtige und haben dasselbe Thema: Genauso wenig, wie der Süchtige sich mit seinem Leben und seinen Ängsten auseinandersetzt, sondern sich lieber in die Sucht flüchtet, anstatt sich seiner Eigenverantwortung zu stellen und sein Leben zu gestalten, genauso wenig kümmert sich die Co-Abhängige um ihr Leben. Ihr ganzes Leben dreht sich um den Süchtigen, dessen Leben sich ebenso um seine Sucht dreht. Beide schauen also weg und erleben sich als abhängig.

Eine solche Abhängigkeit erlernen Menschen schon sehr früh in dysfunktionalen Herkunftsfamilien. Wächst ein kleines Mädchen beispielsweise mit einem süchtigen Vater und einer co-abhängigen Mutter auf, dann muss es erleben, dass beide Eltern so sehr mit sich selbst beschäftigt sind, dass sie nicht mehr ausreichend für das Kind da sein können. Möglicherweise gelingt es den Eltern zwar, eine Grundversorgung mit Nahrung, Kleidung etc. zu gewährleisten, aber die emotionalen Bedürfnisse des Kindes bleiben unerfüllt. Es nimmt sich selbst als Belastung und Überforderung wahr, nicht wert, Liebe und Nähe zu bekommen. Um diesen Schmerz nicht fühlen zu müssen, weil er überwältigend wäre, und da sich das Kind automatisch mitverantwortlich fühlt für die Gefühle der Eltern, versucht es, Kontrolle zu erlangen. Zum Beispiel mit dem Versuch, die Eltern zu entlasten und ihnen noch mehr Kummer zu ersparen. Der verzweifelte Versuch, Vater oder Mutter glücklich zu machen, ist Ausdruck des immer erfolglosen Bemühens sicherzustellen, dass die Eltern zur Verfügung bleiben. Das Kind lernt, dass sein Wert und sein Glück von anderen Menschen abhängen und entwickelt die Überzeugung: »Wenn es mir gelingt, meine Mutter, meinen Vater zu retten, dann bin auch ich gerettet.«

Ein solches Schicksal ist kein Einzelfall. Wenn einer betroffenen Frau ihre Lage bewusst wird, ist es mitunter ein langer Weg, den sie zu gehen hat, bis sie sich selbst annehmen kann, wie sie ist, mit all ihrem Schmerz und ihrer Angst. Häufig ist einer Betroffenen jedoch nicht klar, dass sie sich überhaupt in einer emotionalen Abhängigkeit befindet, denn das Setting, in dem sie lebt, entspricht ja der Lebensrealität, die sie von Kindesbeinen an als normal erlebt hat. Für sie sind Selbstaufopferung oder Leidensfähigkeit Tugenden, die zur Liebe dazugehören, beziehungsweise zu dem, was sie für Liebe hält, weil sie nichts anderes kennengelernt hat.

### Emotionale Abhängigkeit oder Seelenpartnerschaft?

Gerade in Zeiten, in denen der Begriff »Seelenpartner« so in Mode ist, begegnen mir verstärkt Frauen, die um Hilfe bitten im Umgang mit ihrem »Seelenpartner«. »Ich bin völlig verzweifelt, aber wir gehören einfach zusammen«, beginnen dann die Gespräche. Oder mit: »Ich weiß ja, dass er mir nicht guttut, aber ich liebe ihn!«.

Nichts von alledem ist eine Seelenpartnerschaft. Eine Seelenpartnerschaft oder Wachstumsbeziehung ist nicht an eine bestimmte Person gebunden. Es muss nicht der Eine sein, auf Teufel komm raus. Eine Wachstumsbeziehung kennzeichnet sich vielmehr durch den Umgang miteinander, der in dieser Beziehung herrscht. Beide Partner begegnen sich in Freiheit, liebevoller Eigenverantwortung und auf Augenhöhe. Sie dienen einander, indem sie sich als Projektionsfläche zur Verfügung stellen, ohne jedoch auf die Filme einzusteigen, die der Partner projiziert. Sie lassen sich gegenseitig berühren, an den schmerzhaftesten Punkten, um selbst zu heilen und aneinander zu wachsen.

Einer Frau, die sich an ihren (Ex-)Partner klammert, fehlt das Vertrauen in sich und in den Partner, dass alles, was sich entwickelt, immer zu ihrer beider Besten ist. Eine Frau, die den anderen entgegen seinem Willen festhalten, binden oder von ihrer Sicht der Dinge, zum Beispiel von der Tragweite dieser »Seelenpartnerschaft«, überzeugen will, handelt nicht im Namen der Liebe, sondern getrieben von den eigenen Verlustängsten.

Ich erlaube mir, so deutlich und so direkt zu sprechen, weil ich mir wünsche, dass du aufwachst, falls diese Schilderungen auf dich zutreffen. Ich hing jahrelang in dieser Schleife, obwohl ich mich selbst niemals als emotional abhängig bezeichnet hätte. Ja, mein Großvater war Alkoholiker, aber bis auf zwei meiner verflossenen Partner hatte keiner der Männer, in die ich verliebt war, ein Drogen- oder Alkoholproblem. Ganz im Gegenteil, der überwiegende Teil war sehr zuverlässig und entspannt. Mein geschiedener Mann zum Beispiel reagierte mit viel Verständnis auf meinen Wunsch, nie mehr als zwei Bier zu trinken, da mir betrunkene Männer Angst und Beklemmungen machten. Von daher spielte das Thema Sucht und Abhängigkeit in meinem Leben keine Rolle, so dachte ich. Erst jetzt, nach so eingehender Beschäftigung mit diesem Thema und all den Erfahrungen, die ich gemacht habe, und wo ich selbst immer näher bei mir ankomme, erkenne ich die süchtige bzw. abhängige Struktur in meinem Leben – und in den Leben all der betroffenen Frauen.

Ich war suchend, süchtig nach Beziehung und abhängig davon, dass ein Mann mich auf-wertet, mir meinen Wert definiert, weil ich selbst dazu nicht in der Lage war. Und in Trennungssituationen oder den Momenten, in denen ich meinen »Stoff« nicht bekam und ein Mann sich von mir zurückzog, reagierte ich tatsächlich manchmal wie ein Junkie auf Entzug. Ich war außer mir, am Boden zerstört und startete völlig kopflos Aktionen, die an Peinlichkeit und Würdelosigkeit kaum zu überbieten waren.

Einmal bin ich mit dem Zug von Wien in die Nähe von Frankfurt gereist, weil ich um einen Mann kämpfen wollte, der mir einen Korb gegeben hatte. Während der Zugfahrt bastelte ich aus Filz und Watte einen »Keinohrhasen«, den ich ihm gemeinsam mit dem Kinderbuch »Weißt du eigentlich, wie lieb ich dich habe?« kommentarlos und als Zeichen meiner Liebe übergeben wollte. Nach einer stundenlangen und höchst aufwühlenden Reise kam ich abends bei strömendem Regen am Bahnhof an. Mir war speiübel, und ich war mir selbst nur noch peinlich. Ich schämte mich für meine Penetranz und hoffte zugleich so sehr, dass es ein Happy End für uns geben würde. Als mir besagter Mann durch Zufall auf dem Weg zu seiner Wohnung mit dem Auto entgegenkam, wäre ich am liebsten im Boden versunken, so sehr fühlte ich mich fehl am Platz. Ich starrte verzweifelt geradeaus und verlangsamte nicht mal meinen Schritt, als er an mir vorbeifuhr, weil ich solche Angst hatte vor seiner Reaktion. Denn in der Tiefe meines Herzens wusste ich längst, dass die Würfel gefallen waren. Ich deponierte Hase und Buch vor seiner Haustür – nicht ohne sicherheitshalber zu klingeln, vielleicht war er ja wie durch ein Wunder doch zu Hause und der Mann im Auto jemand anders! – und machte mich auf den Weg zurück zum Bahnhof. Allerdings schaffte ich es nicht, in den Zug zu steigen. So ließ ich den einzigen Zug sausen, der noch in derselben Nacht einen direkten Anschluss nach Wien hatte. Ich saß bei Eiseskälte auf einer Bank vor dem Bahnhof, weil ich darauf hoffte, dass der Mann möglichst bald nach Hause kam, meine Zeichen sah, in Liebe entbrannte und mich vom Bahnhof abholte.

Um es abzukürzen: Er holte mich tatsächlich ab, nach ungefähr einer Stunde, denn ich hatte Glück und er hatte sich nur eine Pizza vom Italiener geholt. Natürlich war er nicht plötzlich verliebt, sondern eher überrascht und befremdet. Ich verbrachte das Wochenende bei ihm und band mich ihm regelrecht auf den Bauch, in der Hoffnung, so noch Gefühle oder einen Bindungswunsch bei ihm zu wecken. Mit einem Nervenzusammenbruch zögerte ich meine Abreise noch von Sonntag auf Montagmorgen hinaus, dann setzte er mich auf dem Weg zu einem Arbeitstermin am Frankfurter Bahnhof ab, und ich fuhr wieder nach Hause. Noch vom Bahnhof meldete ich mich bei der Arbeit krank, und die folgende Woche lag ich mit Sinusitis und eitriger Angina im Bett.

Ja, diese Geschichte könnte auch aus einer romantischen Komödie oder einem tragisch-komischen Liebesfilm stammen, aber Liebe ist das nicht. Zugegeben, diese Aktion rangiert auch unter den Spitzenreitern meiner persönlichen Hitliste für schräge Aktionen, aber ich erzähle sie trotzdem. Warum?

Weil mir erst vor wenigen Tagen eine neue Klientin gegenübersaß, die verschämt herumdruckste: »Weißt du, ich mach manchmal echt komische Sachen. Ich kenn' mich dann selbst nicht mehr, und eigentlich ist mir das so peinlich, dass ich das gar niemand erzählen will. Aber bei dir habe ich irgendwie das Gefühl, du kennst sowas auch und verstehst es vielleicht sogar und kannst mir da irgendwie helfen, aber es ist wirklich sehr peinlich…« Dann erzählte sie mir eine Geschichte, in der sie sich ähnlich irrational verhalten hatte wie ich mich damals. Das berührte mich sehr und verdeutlichte mir nochmals, wie oft Scham Frauen hindert, sich zu zeigen. Diese Klientin war nicht die Erste. Mir sind schon viele Frauen begegnet, die sich schämen dafür, dass sie sich manchmal irrational verhalten, und sich dabei selbst kaum wiedererkennen. Und weil sie sich schämen und keine Ahnung haben von den Hintergründen, die solch ver-rücktes Benehmen verursachen, kehren sie solche »Verhaltensausreißer« unter den Tisch – und damit eine Chance auf eine nachhaltige Lösung.

Deshalb möchte ich dich ermutigen: Es ist keine Schande, sich irrational zu verhalten. Vielen Frauen geht es ähnlich. Du bist damit nicht allein. Es ist ein verletzter, verängstigter Teil in dir, der angetriggert wird und den du nie zu regulieren gelernt hast. Schäme dich nicht länger dafür, wenn dieser Teil sich meldet. Feiere stattdessen! Feier dich, dass du am Leben bist, dass du so vieles bereits überlebt hast und dass sich dieser verletzte, verzweifelte Teil in dir überhaupt zeigt! Freu dich darüber, denn jetzt kann er gehört und gesehen werden von dir. Schenke diesem Teil und dir selbst die dringend nötige

Aufmerksamkeit, die ihm und dir so lange verwehrt war. Gerade weil du, wenn du dich auch nur ansatzweise in diesem Kapitel wiederfindest, selbst viel zu wenig gesehen und gehört wurdest. Weil viel zu lange andere Menschen deinen Wert und deine Bedeutung bestimmt haben.

Die Zeit ist reif, dass du dir die Macht über dein Leben wieder zurückholst. Du selbst bestimmst über deinen Wert, dein Glück oder Unglück, niemand sonst. Du kannst lernen, dich durch all diese alten Muster und Glaubenssätze hindurch wieder selbst anzunehmen und zu lieben. Befriede die Dramen deiner Kindheit, indem du sie anerkennst, anstatt sie zu verdrängen, und als erwachsene Frau Verantwortung für dich und dein Wohl übernimmst.

Erst dann bist du in der Lage, aufrichtig zu lieben. Denn solange du dir selbst nicht mit Liebe und Wertschätzung begegnest, kannst du weder einen anderen Menschen wahrhaft lieben noch dessen Liebe annehmen.

Solange du glaubst, einen Partner zu brauchen, damit dein Leben vollständig und erfüllt ist, bist du von Liebe weit entfernt. Solange sich dein Leben darum dreht, den Mann fürs Leben finden zu müssen, macht die Liebe einen großen Bogen um dich. Du musst bei dir selbst beginnen. Nur dort entsteht Liebe.

## 3. Was deine Freundinnen sagen und warum das nichts bringt

Der Mann einer Freundin, ein Wirtschaftspsychologe, zweifelt am Erfolg dieses Buches. Er vertritt die Meinung, dass Frauen, die ihre Beziehungen nicht gebacken bekommen, in erster Linie nach der Bestätigung suchen, dass sie ja alles richtig machen und allein der Mann Schuld daran trägt, dass eine Beziehung nicht zustande kommt. Tatsächliche Ursachenforschung oder gar in die Eigenverantwortung zu gehen und sich vielleicht sogar mit schmerzhaften Themen auseinanderzusetzen, davor schrecken diese Frauen zurück, so seine Überzeugung.

Es gibt solche Frauen, da bin ich mir sicher. Aber ich bin mir genauso sicher, dass du, wenn du dieses Buch bis hierhin gelesen hast, eine großartige, starke und absolut mutige Frau bist, die eine wirkliche Veränderung in ihrem Leben will und dafür auch bereit ist, so manch bittere Pille zu schlucken. Mag sein, dass bei der einen oder anderen Geschlechtsgenossin der Leidensdruck noch nicht ganz so groß ist und sie lieber eine Extra-Runde dreht auf dem Singlemarkt in der Hoffnung, dass vielleicht doch mit dem nächsten Mann alles besser wird. Denen sei gesagt: Es wird nicht besser. Nirgendwo im Außen lassen sich die Ursachen oder gar die Lösungen für unsere Probleme finden. Zwar gibt es zahllose Möglichkeiten, sich von diesen Problemen abzulenken, sie zu verdrängen und nicht spüren zu müssen, aber langfristig haben all diese Mechanismen und Verrenkungsversuche einen hohen Preis.

Für alle anderen kommt jetzt ein sehr herausforderndes Kapitel, denn, da gebe ich meinem Bekannten, dem Wirtschaftspsychologen, recht: Bestätigung ist ein zentrales Thema in unserem menschlichen Dasein. Und das ist Segen und Fluch zugleich.

## Warum wir uns bei Freundinnen ausweinen

Ich kann nicht mehr zählen, wie oft ich mich verzweifelt bei einer Freundin ausheulte, weil mich mal wieder ein Mann mehr oder minder höflich abserviert hatte, obwohl alles recht vielversprechend aussah. Jeder Korb verletzte mich, und obwohl ich trotzdem mit der Zeit relativ souverän damit umgehen konnte, blieb ein enttäuschter Beigeschmack.

Nicht jede Trennung stürzte mich in ein Drama. Ja, manche trafen mich schmerzlich und stürzten mich in ein Tränenmeer und bitterlichste Enttäuschung. Der traurige Regelfall war aber irgendwann, dass ich auf die interessierte Frage einer Freundin, wie es denn laufe mit Stefan, Thomas, Robert, Johannes oder sonst einem Mann, von dem ich beim letzten Treffen begeistert erzählt hatte, lediglich antworten konnte: »Ach, das hat sich schon wieder erledigt.« Wenn meine Freundin dann wissen wollte, warum, wusste ich nie eine Antwort. Der weitere Verlauf des Gesprächs war jedoch fast immer abhängig von meiner Stimmung. Je unglücklicher und trauriger ich war, desto weniger wollte ich die Situation wahrhaben und umso mehr versuchte ich, jede Interaktion mit besagtem Mann so zu interpretieren, dass eventuell doch noch Hoffnung auf eine Beziehung bestand. Und meine Freundin machte mit. Stundenlang analysierten und bewerteten wir jedes Wort und jeden Smiley einer SMS, rätselten über die Bedeutung einer Abschiedsumarmung und zerbrachen uns den Kopf darüber, ob ich irgendwelche Dinge missverstanden oder übersehen hatte oder zu forsch, zu abweisend, zu offensiv oder zu desinteressiert gewirkt haben könnte. Das Ergebnis war stets eine von zwei Optionen: Entweder bestand noch Hoffnung, ich müsse nur deutlicher werden, ein klärendes Gespräch suchen, abwarten, die Karten auf den Tisch legen. Oder der Typ war ein bindungsunfähiges Arschloch und ich im Grunde viel zu gut für ihn und nur wieder an den Falschen geraten. Und wenn irgendwann keine Hoffnung mehr bestand, dann gab es eben nur noch Option zwei.

*Wir wollen dazugehören*

Am Ende solcher Gespräche fühlte ich mich jedes Mal besser. Meine Lage schien nicht mehr ganz so aussichtslos, ich fühlte mich getröstet und aufgebaut. Egal, wie verzweifelt ich zu Beginn der Unterhaltung auch geweint hatte, egal, wie unglücklich oder ratlos ich war, meine Freundin verstand mich, und nach jeder dieser Krisensitzungen fühlte ich mich innig verbunden mit ihr.

Genau das sind Sinn und Nutzen einer Freundschaft. Wir wollen uns gut fühlen, sicher, verstanden und geborgen. Denn eines unserer menschlichen Grundbedürfnisse ist die Zugehörigkeit zu einer Gruppe. Dies liegt uns im Blut, weil für unsere Vorfahren in Höhlen und Wäldern die Gruppenzugehörigkeit überlebensnotwendig war. Sie schützte vor wilden Tieren und stellte die Ernährung sicher. Zusammenhalt war lebensnotwendig, der Ausschluss aus der Gruppe kam einem Todesurteil gleich. Und selbst heute noch sind unsere Menschenkinder die wehrlosesten und »unfertigsten« Säuger, die zur Welt kommen. Unsere Urerfahrung ist, dass unser Überleben abhängt davon, ob sich andere Menschen um uns kümmern oder nicht. Deshalb entwickeln wir schon von frühsten Kindesbeinen an Strategien, um uns das Wohlwollen unserer Bezugspersonen zu sichern, und tun sehr viel dafür, um zu einer Gruppe gehören zu können.

Wann immer Menschen miteinander zu tun haben, geschieht Gruppenbildung. Entsprechend dem individuellen Verhalten, den individuellen Zielen und Bedürfnissen finden sich Menschen zusammen, die Ähnlichkeiten aufweisen. Auch innerhalb einer Gruppe bilden sich ähnliche Werte und Ziele heraus. Das heißt nichts anderes, als dass eine Frau, um zu deinem *inner circle* gehören zu können, dir in entscheidenden Punkten ähnlich ist.

In einer Lebenssituation, in der wir durch Zurückweisung oder Trennung vom Partner Schmerz empfinden, können Freundinnen diesen lindern, indem sie uns daran erinnern, dass es noch immer eine bestehende Gruppe gibt. Dabei ist es egal, ob diese nur dich und deine beste Freundin umfasst oder eine ganze Clique, zu der du auf jeden Fall gehörst und in der du Trost, Sicherheit und Verständnis erfahren kannst.

*Wir wollen Bestätigung*
Ein anderes Grundbedürfnis ist das Streben nach Bestätigung. Daher kombinieren wir den Wunsch nach Bestätigung und das Bedürfnis nach Zugehörigkeit und suchen uns ein

Umfeld, das beides abdeckt. Wir treten einem Tennisclub bei oder dem Reitverein und versammeln Menschen um uns, die unsere Ansichten und Interessen teilen, bei denen wir uns verstanden fühlen und die uns durch ihr eigenes Verhalten bestätigen, dass wir okay sind, so wie wir sind. Es gibt wissenschaftliche Untersuchungen, die zeigen, dass sich in einem Pool aus einhundert Menschen nach kurzer Zeit unterschiedliche Gruppen bilden und sich Menschen je nach Interessen, Erfahrungen oder Wertvorstellungen zusammenschließen. Wie machtvoll das Bedürfnis nach Zugehörigkeit tatsächlich sein kann, zeigt sich im Negativen zum Beispiel an diversen Mutproben, die bereits Kinder absolvieren, um in der Schule kein Außenseiter zu sein. Wie wohltuend eine Gruppenzugehörigkeit ist, erleben wir im Kreise unserer Freunde und Freundinnen und mit Menschen, mit denen wir uns gut verstehen, die uns ähnlich sind.

Der Haken daran: Der Erfahrungsschatz und die Verhaltensstrategien unserer Freundinnen unterscheiden sich nur wenig von unseren eigenen. Dadurch können sie bei auftretenden Problemen auch keine wirklich neuen Ansichten oder andere Lösungsansätze bieten als die, auf die wir selbst auch gekommen wären. Das bedeutet, dass deine Freundinnen für dich zwar der größte Trost auf Erden sein können, aber Impulse, die deiner Weiterentwicklung dienen, kannst du dort nicht finden. Zum einen, weil deine Freundinnen und deren Glaubenssätze und Ansichten den deinen viel zu ähnlich sind – sonst wärt ihr nicht befreundet. Zum anderen, weil deine Freundinnen nichts unternehmen würden, was zur Folge hätte, dass du andere Erfahrungen machst als bisher, denn dann würdest du ja plötzlich nicht mehr zur Gruppe gehören. Deine Freundinnen lieben dich, und darum werden sie alles dafür tun, dir zu versichern, dass du in Ordnung bist, wie du bist, und weiterhin dazugehörst. So hart es klingt: Tatsächliches Wachstum ist hier nicht möglich.

Diana* und Steffi verbindet eine innige Freundschaft – und ähnliche frustrierende Erfahrungen mit Männern. Stell dir nun vor, dass Steffi beginnt, ihre Themen zu lösen, sich kurz darauf verliebt und diese Begegnung in eine ernsthafte Beziehung mündet. Nun möchte Steffi ihre Begeisterung über diese wachsende Partnerschaft mit Diana teilen. Diana jedoch fühlt sich plötzlich zwischen den Stühlen. Sie ist einerseits skeptisch und zweifelt vielleicht sogar daran, dass diese Beziehung gut geht. Weil sie es »gut meint«, möchte sie Steffi vor einer weiteren Enttäuschung schützen, ihr ins Gewissen reden, sie warnen oder sie zumindest bitten, die Situation »erst mal nicht überzubewerten«. Womöglich wurde Diana gerade selbst das Herz gebrochen, sie leidet und hat kein Ohr für Steffi. Andererseits schämt sie sich und fühlt sich schuldig, weil sie für Steffi scheinbar keine gute Freundin mehr ist und nicht aus ganzem Herzen deren Begeisterung teilen und mitempfinden kann. Diana erkennt nicht, dass die Zweifel nur aufgrund ihrer eigenen Erfahrungen an ihr nagen und sie in diesem Moment ihre eigenen Ängste und Befürchtungen auf Steffi projiziert. Steffi wiederum bekommt den Eindruck, dass

---

* Die Fallbeispiele in diesem Buch haben sich so oder so ähnlich in meinem Umfeld und/oder meiner Arbeit abgespielt. Selbstverständlich sind die Namen geändert, um die Privatsphäre der Betreffenden zu wahren.

Diana sich nicht wirklich für sie freut. Beide Frauen erfahren keine Bestätigung mehr voneinander.

Ich bin mir sicher, dass fast alle Frauen eine solche Situation schon mindestens einmal erlebt haben. Egal, ob in der Position von Diana oder in der Position von Steffi. Plötzlich steht die Freundschaft vor einer großen Zerreißprobe. Entweder, weil wir wie Diana mit ansehen müssen, wie die ehemalige Leidensgenossin uns abhängt, zurücklässt. Sie bricht auf in eine neue Erlebenswelt, bei der wir nicht mehr mitreden können. Wir sind mit unangenehmen Gefühlen wie Verlustängsten, Eifersucht oder Neid konfrontiert. Unser eigener Mangel, unsere gefühlte Unzulänglichkeit werden deutlich spürbar, und es gibt nur wenige Möglichkeiten, dem zu entgehen. Eine Möglichkeit ist, mitzuziehen und uns selbst weiterzuentwickeln. Eine andere ist, die Freundschaft einschlafen zu lassen und sich auf andere Menschen zu konzentrieren, in deren Gesellschaft wir uns wieder bestätigt fühlen.

Oder die Freundschaft zerbricht, weil wir wie Steffi unsere Verliebtheit unbeschwert genießen wollten, anstatt uns kritische Stimmen anzuhören, die ebenfalls unsere eigenen Ängste und bisherigen Erfahrungen wachhalten und unseren inneren Kritiker zum Ausdruck bringen. Die Sache ist nun: Wenn Steffi ihre neue Beziehung eingegangen ist, ohne sich mit ihren »Altlasten« auseinanderzusetzen und ihre bisherigen Themen zu integrieren, dann werden sich diese auch in der neuen Beziehung entfalten und sie vor die altbekannten Probleme und Herausforderungen stellen. Ihr Mangel an Selbstwert, ihre Unsicherheit, ihr fehlendes Vertrauen, ihre Angst vor Nähe, was auch immer sie in ihrem Rucksack mit sich herumträgt, sie nimmt es mit in die neue Beziehung.

Wendet sie sich in dem Moment, in dem die ersten Schwierigkeiten auftauchen, an Diana, ihre bisherige Vertraute, dann stärkt dies wieder die Verbindung der beiden Frauen. Sie können erneut füreinander da sein, Diana wird als Trösterin und Ratgeberin gebraucht, und Steffi erfährt genau die Qualitäten, zum Beispiel Gefühle von Sicherheit und Verständnis, die ihr in der Paarbeziehung fehlen. Beide bekommen die Bestätigung voneinander, die sie benötigen, um sich wohl zu fühlen. Allerdings KANN ihr Diana nicht wirklich weiterhelfen, weil sie ja selbst über kein Verhaltensrepertoire verfügt, das sie nachhaltig in Beziehung bringt. Und so drehen sich Diana und Steffi im Kreis und hindern sich – unbewusst – gegenseitig an Entwicklung und Veränderung.

## Wir lügen, um Leid zu mindern

Psychologen der Harvard University haben in einem Experiment 80 Kinder mit einer Situation konfrontiert, die soziales Feingefühl benötigt: In einem arrangierten Setting mühte sich eine Frau kläglich damit ab, ein kreatives Kunstwerk herzustellen. Für unterschiedliche Versuchsgruppen reagierte die Frau auf zwei unterschiedliche Weisen: Einmal sagte sie, dass ihr völlig egal sei, wie schlecht das Ergebnis ist. Das andere Mal zeigte die Frau deutlich, wie unglücklich und traurig sie über das Ergebnis war. Die Forscher verglichen die Reaktionen der Kinder in beiden Versuchsgruppen und fanden heraus: Die Kinder, in deren Anwesenheit die Frau deutlich zu verstehen gab, wie unzufrieden und unglücklich sie über ihre misslungene Arbeit war, griffen deutlich häufiger zu aufmunternden Notlügen als die Kinder in der »egal«-Gruppe.

Deine Freundinnen lieben dich so sehr, dass sie dir niemals sagen würden, dass du schreckliche Bilder malst. Ganz abgesehen davon, dass deine Freundinnen möglicherweise selbst keine erfolgreichen Maler sind.

### Neue Besen fegen besser

Wenn du dir also tatsächlich eine Veränderung in deinem Beziehungsverhalten und die Chance auf eine erfüllte und erfüllende Partnerschaft wünschst, dann brauchst du Menschen, von denen neuer Input kommen kann. Menschen, die dir völlig neue Perspektiven oder Handlungsalternativen aufzeigen können. Frauen, die deinen Horizont mit komplett anderen Beziehungserfahrungen ergänzen und erweitern. Und ja, dafür musst du deine Komfortzone verlassen. Denn wie Beziehungen gelingen, erfährst du nur schwer bei deinen Single-Freundinnen. Dafür musst du ins Gespräch kommen mit Menschen, die erfolgreich in Beziehung leben.

Natürlich bedeutet das nicht, jetzt die bestehenden Freundschaften einfach aufzugeben. Deine Freundinnen haben eine wichtige Funktion. Vielmehr ist es eine Ermutigung, deinen Freundeskreis zu erweitern und in Kontakt zu gehen mit Frauen, die in einer solchen Beziehung leben, wie du es dir erträumst. Dass du in diesem Moment diese Zeilen liest, ist auf jeden Fall ein Zeichen dafür, dass etwas in dir offen ist für einen neuen Weg.

(An dieser Stelle möchte ich all meinen Freundinnen und Wegbegleiterinnen überall auf der Welt danken für ihre Geduld. Ich liebe euch, jede Einzelne von euch, ganz egal, ob ihr noch in meinem Leben seid oder ob sich unsere Wege schon vor langer Zeit getrennt haben. Ich möchte mich bei euch bedanken für eure Freundschaft, euer Ohr und eure Geduld, meine endlosen Gedankenschleifen zu ertragen. Ihr habt mich getröstet und aufgebaut, mich bestätigt und bestärkt und wart – und seid – mir Halt, Anker, Leuchtturm und Seelenschwestern, und das werde ich euch nie vergessen.)

## 4. Dein Partner hat dich zu Recht verlassen

Glaubst du noch immer, dass es mit dir nichts zu tun hat, dass du Single bist, obwohl du es gerne anders hättest? Glaubst du noch immer, einen Traummann zu brauchen oder finden zu müssen, damit dein Leben erfüllt und ganz ist? Fühlst du dich noch zu Unrecht im Stich gelassen vom Mann deiner Wahl? Fühlst du dich als Opfer seiner Willkür, beraubt um die Chance, ihm zu beweisen, wie schön das Leben mit dir hätte sein können? Wie gut ihr in Wahrheit zusammengepasst hättet? Leidest du noch am gebrochenen Herzen und haderst mit der Ungerechtigkeit des Lebens, das dir einmal mehr nicht gönnte, glücklich zu werden? Würdest du am liebsten die Zeit eures Kennenlernens zurückdrehen, nochmal von vorne anfangen und dann aber alles ganz anders machen – oder zumindest an den scheinbar entscheidenden Stellen?

Dann ist es Zeit, sich damit anzufreunden, dass du völlig zu Recht Single bist oder verlassen wurdest.

## Du kommunizierst immer, ob du willst oder nicht

Wir Menschen leben in einem permanenten Austausch mit unserer Umwelt. Nicht nur unser Atem stellt eine dauerhafte Verbindung unseres Inneren mit dem Außen dar, ein ununterbrochenes Wechselspiel, vom Moment unserer Geburt an bis zum Tod. Ganz ohne Worte kommunizieren wir durch Körpersprache, Mimik oder Gestik miteinander. Sogenannte »nervöse« Flecken im Gesicht verraten einen Anstieg unserer Pulsfrequenz und etwas über den Grad unserer Aufgeregtheit genauso wie ein abgewandter Blick oder eine verschlossene Körperhaltung etwas über unsere Aufnahmebereitschaft.

Eine Studie von Mehrabian und Ferris, »Inference of Attitude from Nonverbal Communication in Two Channels«*, besagt, dass bei einer Präsentation vor Gruppen 55 Prozent der Wirkung durch nonverbale Signale erreicht werden, also zum Beispiel durch Gesichtsausdruck, Handbewegungen, Körperhaltung der sprechenden Person oder andere körperliche Ausdruckswege.

Weitere 38 Prozent werden durch die Stimme vermittelt. Du selbst hast vermutlich schon erlebt, dass ein Mensch, vielleicht sogar am Telefon, nur ein einziges Wort zu sagen brauchte und du sofort erfassen konntest, wie seine Stimmung ist, ob es ein

* Mehrabian, Albert, Ferris, Susan R., Journal of Consulting Psychology, Vol 31(3), Jun 1967, 248–252

Problem gibt oder irgendwas faul ist und die Person nicht mit der Sprache herausrückt. Winzigste Nuancen in der Stimmfarbe geben uns Aufschluss darüber, ob ein Mensch von dem überzeugt ist, was er sagt, ob er sich sicher fühlt oder nicht. Eine einzige Betonung kann uns Informationen über die innere Haltung unseres Gesprächspartners geben. Mitfühlend, aufrichtig, belehrend: Wir sind in der Regel sofort in der Lage, »zwischen den Zeilen« zu lesen und zu erkennen, ob uns jemand authentisch begegnet oder bloß eine Rolle ausfüllt.

Nur knapp sieben Prozent unseres Kommunikationsinhaltes transportieren wir über das gesprochene Wort. Wenn sich daher ein anfangs interessierter Mann von dir abwendet, obwohl du dir erklärtermaßen eine Liebesbeziehung wünschst und er dich zu Beginn eures Kennenlernens für die begehrenswerteste Frau seines Universums hielt, dann ist es höchste Zeit anzuerkennen, dass du mit rund 93 Prozent deines Seins etwas anderes kommuniziert hast. Das klingt im ersten Moment hart, aber es nutzt dir überhaupt nichts, dich länger gegen diese Wahrheit zu sperren. Indem du deinen Widerstand aufgibst und anerkennst, dass du zu einhundert Prozent dafür verantwortlich bist, was du auf bewusster und unbewusster Ebene vermittelst, öffnen sich für dich ganz neue Türen. Wenn du dir nämlich bewusst machst, wer du wirklich bist, und ganz zu dir stehen kannst, wenn du dich deinen Ängsten und vermeintlichen Schwächen wahrhaftig stellst und diese löst und integrierst, kannst du ein authentisches Selbstbild entwickeln. Dann kannst du auf allen Ebenen entsprechend kommunizieren, so dass es bei dem Mann deiner Wahl auch genauso ankommt.

Dies ist nun nicht mit Kontrolle zu verwechseln. Es geht nicht darum, durch Kameraübungen oder reine Selbstbeherrschung zum Beispiel deine Körpersprache kontrollieren zu wollen. Abgesehen davon, dass das nichts bringt – vielleicht ist dir schon mal ein Redner oder Verkäufer aufgefallen, dessen Bewegungen oder Einstiegssätze in ein Gespräch so einstudiert wirkten, dass es sofort deinen Widerstand weckte –, trägt das nur dazu bei, die Kluft zwischen deinem Inneren und dem nach Außen Transportierten zu vergrößern und damit deinen inneren Druck zu verstärken.

Mir geht es darum, dass du dich wieder mit deiner Essenz verbindest und in Kontakt kommst mit deiner wahren Natur. Mit deinem ursprünglichen und natürlichen Vertrauen in dich selbst, mit deiner Selbstwirksamkeit, mit deiner Lebensfreude und all dem Potential, das in dir schlummert. Und dieser Kontakt kann nicht durch Kontrolle entstehen oder durch die Verdrängung der wunden Punkte. Eine weitere Lage Verbandsmaterial auf die schon blut- und eiterdurchtränkten Mullbinden zu packen, unter denen deine tiefsten Ängste und dein tiefster Schmerz gären, macht keinen Sinn. Ich möchte dich stattdessen einladen und ermutigen, den Verband abzunehmen und dich dem zu stellen, was sich darunter verbirgt. Selbst die schlimmste Wunde kann gereinigt und verarztet werden und heilen. Und sogar, wenn das betroffene Körperglied selbst nicht mehr gerettet werden kann und du es opfern musst, bewahrt dich dieser Schritt vor einem Tod durch Blutvergiftung. Erhalte dich darum am Leben und nimm an, was deine gegenwärtige Situation dich lehren möchte.

## Der Partner als Spiegel

Eine Liebesheirat, wie wir sie uns heute vorstellen, ist geschichtlich betrachtet ein relativ junges Phänomen. Erst Mitte des 18. Jahrhunderts formulierte der Philosoph und Autor Jean-Jacques Rousseau in einem seiner Werke die Forderung, dass statt Pflichterfüllung Zuneigung die Basis einer Lebensgemeinschaft sein sollte. Obwohl in der darauffolgenden Romantik diese Idee immer populärer wurde, änderte sich an den tatsächlichen Kriterien für die Partnerwahl nur wenig. Status, Vermögen und Herkunft bestimmten nach wie vor, wer sich zusammentat. Versorgung, finanzielle Absicherung, Erhaltung des Stammbaums, Wahrung und Mehrung von Grundbesitz und dergleichen waren die Grundlagen einer Ehe. Auch wenn diese Form der Zweckehe mit Beginn der Frauenbewegung zum Ende des 19. Jahrhunderts zunehmend angeprangert wurde, beweist ein Blick in unsere jüngere Geschichte, dass selbst in den 50er Jahren des letzten Jahrhunderts in einem von zwei Weltkriegen gebeutelten Deutschland Versorgungsehen absoluter Standard waren.

Mittlerweile gibt es formal tatsächlich die Ehe für alle, die eine Heirat jenseits aller Konventionen erlaubt, aber die Entscheidungskriterien für eine Partnerschaft – und vor allem die Argumente gegen eine Trennung – beziehen nach wie vor sachliche Erwägungen wie finanzielle Absicherung oder Erhalt der Immobilie mit ein. So romantisch, wie wir glauben, sind wir Menschen noch lange nicht.

Die Fiktion Liebe, die sich in gerade mal 300 Jahren ihren Weg in unsere Gesellschaft gebahnt hat, erscheint angesichts unserer Menschheitsgeschichte wie ein frisch geschlüpftes Küken. Um die Möglichkeit und Freiheit einer Liebesbeziehung wirklich voll leben zu können, müssen wir uns mit dem Begriff »Liebe« neu auseinandersetzen und auch die Funktion einer Partnerschaft neu definieren.

Wenn äußere Zwänge und sachliche Entscheidungskriterien als Grundlage für eine Beziehung wegfallen, sollten wir uns mit unseren inneren Zwängen, Ängsten und Verstrickungen befassen und hier für Klärung sorgen. Sonst sind die Beziehungen, die wir eingehen, ebenfalls Zweck- oder Versorgungsverbindungen, nur auf emotionaler Ebene. Wir Frauen haben dank der Emanzipation zunehmend äußere Freiheit erlangt und durften in unsere Eigenverantwortung hineinwachsen – wählen gehen, einer beruflichen Tätigkeit ohne Erlaubnis des Ehemannes nachgehen (seit 1977), ein eigenes Konto führen (seit 1957) u. v. m. – und wurden dadurch unabhängiger. Nun ist es unsere Aufgabe, innere Freiheit zu erlangen und auch emotional unabhängig zu werden.

Ein wichtiger Schritt hierfür ist, den Partner aus der Verantwortung zu entlassen, für unsere Gefühle oder unsere Empfindungen zuständig zu sein. Vielmehr müssen – und dürfen! – wir lernen, dass wir selbst für unser seelisches und emotionales Wohl verantwortlich sind, genauso wie für unser Weh. Diese Eigenverantwortung gibt uns die Macht, unser Leben authentisch zu gestalten, und dem Partner unseres Herzens die Freiheit, unbelastet an unserer Seite zu stehen. In dem Moment, in dem wir unseren Partner nicht mehr brauchen, um glücklich zu sein oder uns wohl zu fühlen, legen wir die neue Grundlage für Beziehung. Der Partner fungiert lediglich als Spiegelbild unserer selbst. Er zeigt uns auf, was wir für liebenswert halten und was wir ablehnen, wo unsere wunden Punkte liegen und worauf wir unsere Aufmerksamkeit richten.

Mit wachsender Bewusstheit können wir uns so immer weiter aus emotional abhängigen Beziehungsmustern herauslösen und eine lebendige Wachstumsbeziehung eingehen. In dieser lernen beide Partner permanent voneinander und wachsen gegenseitig aneinander, so dass das volle Potential des Einzelnen zur Entfaltung kommen kann und zudem etwas völlig neues Gemeinsames entsteht.

Du kannst lernen, die Beziehung zum Mann deines Herzens als Wegweiser zu nutzen und mit ihrer Hilfe dein Bewusstes und dein Unbewusstes in Einklang zu bringen. Es lässt sich so vieles über deine Beziehung zu dir selbst, über deine Glaubenssätze, Überzeugungen und Kindheitsprägungen ableiten, dass es völlige Verschwendung wäre, diese Möglichkeit zu Einsicht und Erkenntnis nicht zu nutzen.

In Wahrheit bist du zu keiner Zeit Opfer irgendwelcher Umstände. Du bist nicht zu bedauern, weil du scheinbar ein unglückliches Händchen bei der Wahl deiner Männer bewiesen hast. Alles in deinem Leben ist genau so, wie es ist, weil du selbst den Samen dazu gelegt hast. Deine Lebensumstände drücken aus, worauf du die meiste Zeit deine Aufmerksamkeit richtest. Anstatt unbequeme Gefühle zu verdrängen, kannst du beginnen, das anzunehmen, was dir deine Beziehungssituation gerade spiegelt, ohne es gleich zu bewerten. Wenn du bereit bist hinzuschauen, was deine gegenwärtige Situation über dich selbst aussagt, kannst du sehr viel lernen über

dein eigenes Vermögen und Unvermögen, über deine Kon-
fliktvermeidungsstrategien und vor allem über deine Schatten. Denn genau so, wie wir beim ersten Kennenlernen in den
besten und begehrenswertesten Eigenschaften des Partners –
oder in den Eigenschaften, die wir für begehrenswert halten –
uns selbst in unserer positivsten Version wiederfinden, spiegelt der weitere Verlauf der Beziehung unsere Schatten und
die Untiefen unserer Seele.

## Das Gesetz der Anziehung

Dein Bewusstsein fungiert hierbei wie ein Erfüllungsgehilfe,
denn deinem Bewusstsein ist völlig egal, was du dir wünschst.
Es unterscheidet nicht zwischen Dingen, die dir Freude bereiten oder Schmerzen verursachen. Geliefert wird, womit
du dich gedanklich und emotional die überwiegende Zeit beschäftigst. Wenn tief in dir eine Angst vor Zurückweisung
schlummert, wirst du, vor allem gerade dann, wenn du dich
nach Kräften bemühst, sie zu unterdrücken oder zu vermeiden, Situationen anziehen, in denen du Zurückweisung be-
fürchten musst – und auch erleben. Denn dein Bewusstsein
nimmt wahr: »Ah, sie beschäftigt sich mit Angst vor Zurückweisung – dann bekommt sie mehr davon!«

Mein erster Schwiegervater drückte das gern bildlicher aus:
»Der Teufel scheißt immer auf einen Fleck!« Wir alle kennen
Tage oder Phasen, an denen nichts glattläuft und sich die Un-
wägbarkeiten und Probleme immer höher auftürmen. Das
liegt nicht etwa daran, dass sich das Schicksal plötzlich gegen uns verschworen hat, sondern daran, dass wir, ausgelöst

durch eine unvorhergesehene Situation, unsere Aufmerksamkeit verstärkt auf weitere potentielle Gefahrenquellen richten und diese zu vermeiden suchen. Dabei verkrampfst du immer mehr, und deine Laune rutscht in den Keller, du wirst immer reizbarer und ungeduldiger. Unser Bewusstsein nimmt wahr: »Ah, heute also viele Momente, die den Puls in die Höhe treiben, viel Ungeduld, viel Anspannung – bitte schön!«

Umgekehrt kennst du ganz sicher auch Phasen, in denen alles gut geht. Dann fühlst du dich auf der Sonnenseite des Lebens, du hast Glück bei allem, was du tust. Du begegnest freundlichen Menschen, bekommst ein überraschendes Lächeln geschenkt, ein Kollege lädt dich auf einen Kaffee ein, ein Termin fällt aus, und du hast plötzlich Zeit, um ein wenig die Sonne zu genießen. Du surfst völlig heiter und gelassen durch den Tag, fühlst dich wohl, sicher und leicht – und auch davon liefert dein Bewusstsein dir mehr.

Einfach nur die Situation auszublenden, die du vermeiden möchtest, und dich mit anderen Dingen abzulenken, nutzt dabei nichts. Je mehr Energie du aufwenden musst, um an etwas NICHT zu denken, umso größer ist die Wahrscheinlichkeit, dass du genau das bekommst, denn es geht hier nicht um deine bewussten Gedanken. Vielmehr geht es um deine tiefsten Überzeugungen und Glaubenssätze. Auf dieser Ebene ziehst du an, was dir entspricht. Dein Leben präsentiert dir genau die Erfahrungen, die deine innersten Überzeugungen bestätigen. Selbst wenn du vom Kopf her etwas anderes willst.

Übertragen auf deine Beziehungssituation bedeutet das: Du erlebst mit dem Mann an deiner Seite oder einem potentiellen Partner die Situationen, die auf tiefster Ebene deinen Überzeugungen entsprechen.

*Beziehungsunfähige Männer und solche,*
*die das Interesse verlieren*

Wenn du immer wieder an Männer gerätst, die scheinbar beziehungsunfähig sind, keine engere Bindung mit dir eingehen möchten oder bereits das Interesse an dir wieder verloren haben, noch bevor ihr überhaupt offiziell ein Paar seid, dann spiegelt dir das: Auf einer tieferen Ebene hast du selbst schon lange vorher das Interesse an dir verloren. In dieser Schleife hing ich selbst die meiste Zeit meines Lebens. Ich war andauernd verliebt, und die meiste Zeit davon unglücklich, verstrickt in leidvollem Ringen um das Herz eines Mannes.

Wenn die Männer, die du anziehst, sich mit dir auf nichts Ernsthaftes einlassen möchten, bist du selbst nicht bereit für eine Beziehung und schreckst vor einer engen Bindung zurück. Natürlich nicht ohne Grund. Was gerne als Blockade oder Problem bezeichnet wird, die man schnellstmöglich loswerden möchte, war ja irgendwann früher einmal eine wertvolle Schutzstrategie. Es als solche anzuerkennen und in seiner alten, nicht länger notwendigen, sondern hinderlichen Funktion zu würdigen hilft dabei, es zu integrieren.

Janas Eltern haben sich früh getrennt. Jana blieb mit ihren zwei Geschwistern bei der Mutter und hatte kaum mehr Kontakt zu ihrem Vater. Jana und ihre Geschwister waren viel alleine, denn die Mutter musste arbeiten gehen, um den Lebensunterhalt für alle zu bestreiten. Die drei mussten früh selbstständig werden und im Haushalt mit anpacken, um die Mutter zu entlasten. Jetzt, Anfang dreißig, lernt Jana, obwohl sie sehr attraktiv ist, kaum Männer kennen, und wenn, dann nur welche, die – in ihren Augen – unverbindlich bleiben möchten.

Die Strategie: Jana fühlt sich schuldig, weil sie den Weggang ihres Vaters nicht verhindern konnte, verdrängt aber den Schmerz und die Trauer darüber, um die Mutter nicht noch mehr zu belasten. Zudem lernt sie, dass Männer unzuverlässig sind und eine Frau im schlimmsten Fall alleine mit drei Kindern sitzen lassen. Darum beschließt Jana, extra genau zu prüfen, wer als potentieller Partner in Frage kommt. Um sich vor dem Schmerz des Verlustes und davor zu bewahren, dass sie dasselbe Schicksal ereilt wie ihre Mutter, hängt Jana die Messlatte so hoch, dass kein Mann ihre Kriterien auch nur ansatzweise erfüllen kann. Wenn dann trotzdem einmal ein Mann auf sie zugeht, kann Jana diese Annäherung kaum aushalten, weil sie nicht gelernt hat, dass sie so, wie sie ist, genügt. Für den Vater war sie nicht genug, um zu bleiben, und die Mutter war so belastet, dass Jana auch hier ihr Innerstes verbergen und schon frühzeitig funktionieren musste, um diese zu unterstützen.

Das Problem: Jana schützt sich vor männlicher Unzuverlässigkeit und vor Verlustangst. Als Kind hat ihr das geholfen, in einer emotional schwierigen Situation zu überleben und sich anzupassen. Als erwachsene Frau steht ihr dieser Schutz nun im Weg und hindert sie daran, eine Partnerschaft einzugehen, denn selbst der engagierteste Mann muss an ihren Kriterien scheitern.

Solange Jana jedoch ihre alten Ängste und Überzeugungen nicht bearbeitet und innerlich ihr Verhältnis zu Vater und Mutter nicht geklärt hat, so lange wird sie im Außen Situationen anziehen, die ihren alten Schmerz immer und immer wieder wachrufen. Erst wenn sie ihre ursprünglichen Glaubenssätze in Bezug auf Männer, Liebe, Nähe und Beziehung transformiert und sie das Erlebte integriert hat, anstatt es zu verdrängen oder zu kompensieren, ist sie in der Lage, auch im Außen andere Erfahrungen zu machen.

Wenn du also unglücklich bist mit den Männern und den Beziehungssituationen, die du anziehst, dann nutzt es nichts, die Männer auszuwechseln. Wenn du nachhaltig etwas verändern möchtest, musst du dich mit den tieferen Ebenen deiner Partneranziehung auseinandersetzen.

Du kannst dich fragen: Was fürchte ich? Welche Erfahrungen habe ich mit Nähe gemacht? Wann und warum habe ich das Interesse an mir selbst verloren? In welchen Situationen neige ich dazu, mich hintanzustellen? Wie authentisch drücke ich mich aus?

*Weit entfernt lebende Männer*

Ein weit entfernt lebender Mann ist eine wunderbare Projektionsfläche für sehnsuchtsvolle Träume. Die räumliche Distanz und die Tatsache, dass ihr keinen gemeinsamen Alltag lebt, eröffnet dir den Raum, um in den schönsten Phantasien zu schwelgen und dir auszumalen, wie romantisch und perfekt das gemeinsame Leben sein könnte. Beachte den Konjunktiv! Du kannst dich in eine schönere und bessere Welt träumen. Deine Idealvorstellungen von deinem Partner – und

von dir selbst in dieser Partnerschaft – werden keinem All-
tagstest unterzogen, denn die zeitlich begrenzten Treffen sind
Highlights, bei denen jeder nur seine Schokoladenseite zeigen
möchte, um die gemeinsame Zeit nicht »kaputt« zu machen.

Wenn du Partner anziehst, mit denen du aufgrund einer
großen räumlichen Distanz keinen gemeinsamen Alltag haben kannst und die du auch nicht langsam und behutsam auf
unterschiedlichen Ebenen kennenlernen kannst, dann kann
ein Teil in dir selbst keine Nähe aushalten und fürchtet sich
vor zu viel Gemeinsamkeit. Frage dich ehrlich, welche Vor-
teile dir der große Abstand bringt und weshalb du Angst vor
Nähe hast. Frage dich, wie gut du dich in einer Beziehung ab-
grenzen und für dich selbst sorgen kannst.

*Vergebene Männer*

Wenn du vergebene Männer anziehst, liegen Freud und Leid
für dich nahe beieinander. Einerseits hast du vordergründig einigen Anlass, um zu leiden. Der Mann deines Herzens
steht nicht zu dir und hat nur eingeschränkt Zeit für dich.
Außerdem kannst du auch für ihn leiden, denn er ist an eine
Frau gebunden, die er nicht mehr liebt und mit der er nicht
glücklich ist. Deren Verhältnis ist offensichtlich stark beschädigt, sonst würde er sie ja nicht betrügen, und du passt aus
deiner Sicht eindeutig besser zu ihm. Du dagegen tust ihm
gut, bist pflegeleicht und inspirierend, aufregend, belebst ihn
neu und gibst ihm Kraft für seinen Alltag und für sein an-
strengendes Versteckspiel. Ich habe schon oft Frauen gesehen,
die vor Mitleid mit ihrem vergebenen Herzensmann zerflie-
ßen – und dabei übersehen, dass SEIN Leidensdruck offen-

sichtlich nicht ganz so groß ist. Zumindest nicht groß genug, um eine Veränderung herbeizuführen und sich zu trennen. Auf der anderen Seite kannst du ausschließlich die Sonnenseiten einer Beziehung genießen. Romantische Abendessen in abgeschiedenen Restaurants, heimliche, intensive Treffen, vielleicht luxuriöse Kurzurlaube, die Begleitung des Liebsten auf Geschäftsreisen. Deine Kreativität darf sich voll entfalten bei den Versuchen, irgendwo unentdeckt gemeinsame Zeit zu verbringen. Deine Gefühle sind permanent in Aufruhr, denn als Geliebte lässt sich der Zustand der Verliebtheit sehr lange ausdehnen – die Herausforderungen des Alltags mit seiner schmutzigen Wäsche, dem Haushalt, der Kindererziehung, gemeinsamer Verantwortung und gegenseitigen Verpflichtungen bleiben dir (und ihm) erspart. Du musst mit dem Mann deiner Wahl deutlich weniger Regeln oder Vereinbarungen definieren, musst seine Erschöpfung und seine Unzulänglichkeiten nicht ertragen, genauso wenig wie du selbst dich wirklich zeigen musst. So darfst du eine Rolle spielen und dich hinter einer Funktion verstecken. Denn in einer Dreiecksbeziehung geht es nicht um Liebe, sondern um ein gegenseitiges Brauchen. Der Ehemann braucht dich, um seine leere Ehe aufrechterhalten zu können, ohne sich vor sich selbst oder seiner Frau zeigen zu müssen mit seinen Sehnsüchten, Wünschen und Bedürfnissen. Die betrogene Ehefrau braucht dich indirekt, um am Bild ihrer Ehe festhalten zu können und der Wahrheit nicht ins Auge sehen zu müssen, dass die Ehe so, wie sie momentan gelebt wird, gescheitert ist. Und du brauchst einen vergebenen Mann, um dich selbst in der Vorstellung einer Liebesbeziehung zu verlieren und deinen Status als begehrenswerte Prinzessin zu sichern, anstatt dich auf die Nähe einer echten Partnerschaft einzulassen.

Wenn du vergebene Männer anziehst, kannst du dich fragen:

An wen bist du bereits vergeben? Welcher Mann ist die unangefochtene Nummer eins in deinem Leben? Wessen Gunst fürchtest du zu verlieren, wenn du dich auf eine ernsthafte Beziehung mit einem Partner einlässt? Welchen Platz nimmt dein Vater in deinem Leben ein?

Über viele Jahre war ich immer mal wieder die Geliebte an der Seite eines liierten Mannes. Vordergründig störte mich das fehlende Commitment kaum, denn ich fühlte mich sehr souverän und obendrein schlau, dass ich mich nicht in die Niederungen einer gewöhnlichen Paarbeziehung herabließ. Ich genoss das Leben auf dem hohen Ross der Geliebten, die weiß, dass sie begehrt wird. Ich kam mir dadurch sehr stark und reif vor. Ich hatte wunderschöne Affären, in denen der Mann meiner Wahl und ich gefühlt ununterbrochen auf der Sonnenseite des Lebens tanzten. Seine Partnerin lebte im Ausland, und so mussten wir uns im Alltag nicht einmal verstecken. Die Existenz der Frau im Hintergrund war lediglich leiser Ansporn, die gemeinsame Zeit noch schöner und intensiver zu gestalten. Die Regeln, nach denen unsere Idylle funktionierte, blieben unausgesprochen, doch völlig klar: Wir haben keine gemeinsame Zukunft, und daran würde sich nichts ändern. Ich versuchte nicht, mehr Raum in seinem Leben einzunehmen als den, den er mir zugestand, um ihn nicht zu bedrängen und zu riskieren, dass er sich trennt. Konkret hieß das, dass ich keine Klamotten oder eine Zahnbürste in seiner Wohnung hinterließ, dass er mich keinen Familienmitgliedern vorstellte, dass wir keine Pläne machten, die weiter reichten als bis zum nächsten Wochenende, und dass wir uns auch nicht über unsere Lebensentwürfe oder Zukunftsvisionen unterhielten. Es hieß auch, dass wir uns gegenseitig nicht in wichtige Entscheidungen einbezogen. Im Gegenzug dafür behandelte er mich wie eine Königin, und ich fühlte mich selten so wertgeschätzt wie in der Zeit mit Simon*. Als er mich einmal abends auf seine Dachterrasse führte, die er extra mit Kerzen und Lichterketten dekoriert hatte, mir meinen Lieblingswein kredenzte und leise aus der Musikanlage meine Lieblingsmusik tönte, war ich völlig überwältigt und fühlte mich wie im Film. Und genau das war es auch: ein Film. Eine Inszenierung. Wir zelebrierten unsere gemeinsame Zeit und inszenierten große Gefühle vor traumhafter Kulisse, um von der Realität abzulenken. Ich schwelgte in dieser Traumwelt und wollte um jeden Preis die Begehrenswerte bleiben.

Kurz zuvor trat mein Vater nach 23 Jahren zum ersten Mal in mein Leben. Das setzte ziemlich viel in Gang und aktivierte auf ganz unterschiedlichen Ebenen verborgene Ängste.

Ich wuchs ohne ihn auf, dafür mit einem Bild, das mir meine Mutter über ihn vermittelt hat: Ein sturer und zugleich kaltherziger Mann, der in den USA lebt, sich nicht für mich interessiert und nicht einmal seinen finanziellen Pflichten nachkommt und Unterhalt zahlt. Meine Vorstellung von ihm

---

* Simon existiert und ist ein Ex-Partner, sein Name ist aber natürlich geändert, genau wie bei allen anderen Männern, mit denen ich zu tun hatte und die ich hier im Buch erwähne.

war also alles andere als ideal oder verklärend, und ich hatte kein großes Interesse daran, ihn kennenzulernen. Das änderte sich, als ich nach einer stationären Therapie etwas aus meinem Leben machen, studieren und dafür auch meinen Vater finanziell in die Pflicht nehmen wollte. Denn nun offenbarte sich, was meine Mutter mir bislang verschwiegen hatte: Er zahlte schon seit Jahren Unterhalt. Ich war wie vor den Kopf gestoßen und fühlte mich von meiner Mutter verraten. »Ich hatte doch all die Jahre die Kosten, darum habe ich das Geld behalten«, war ihr Statement zur Situation. Die Wut auf meine Mutter war grenzenlos, nicht wegen des Geldes, sondern weil sie das Bild, das sie mir über meinen Vater eingepflanzt hatte, nie korrigierte, obwohl sich Sachverhalte geändert hatten. So nahm ich Kontakt zu meinem Vater auf und erlebte die nächste Überraschung: Mein Vater und die gesamte amerikanische Familie empfingen mich so überschwänglich wie ein verlorenes Schaf, das endlich zurück zur Herde gefunden hat. Zwar erlebte ich meinen Vater im telefonischen Kontakt schnell als fordernd, aber ich freute mich darauf, seiner Einladung zu folgen und ihn persönlich kennenzulernen.

Der Besuch in den Staaten war dann jedoch eine massive Herausforderung. Ich hatte so viele offene Fragen und erlebte, dass mein Vater nicht bereit war, sie zu beantworten – und mir der Mut fehlte, hartnäckig zu bleiben. Und wenn er hin und wieder doch Auskunft gab, war seine Version der Vergangenheit das völlige Gegenteil von dem, was meine Mutter erzählt hatte. Ich war zutiefst verwirrt, wusste nicht mehr, wem ich glauben konnte, und tendierte aber – wegen der Unterhalts-Geschichte – zu meinem Vater. Trotzdem krachten mein Vater und ich in diesen drei Wochen immer wieder zusammen – wir waren uns fremd und aus unterschiedlichen Kulturen, so erklärte ich mir die Situation. Ich entsprach in kaum einem Punkt seinen Vorstellungen eines »good girl«. Eines Tages gerieten wir in Streit, weil ich ihn kein zweites Mal zum Kirchgang begleiten wollte. Mein Vater brüllte und knallte mit den Türen und redete einen Tag lang kein Wort mit mir. Ich war völlig fassungslos und zutiefst verunsichert. War ich nicht seine Tochter, über die er sich eben noch so gefreut hatte? Konnte ich diesen Status, seine Liebe, Gunst und Anerkennung so schnell wieder verlieren? Mein Vertrauen war erschüttert, und schon kamen weitreichende Zweifel. Auf wen konnte ich mich überhaupt noch verlassen? Hatte meine Mutter vielleicht doch recht mit den Dingen, die sie über meinen Vater sagte? Hatte mein Vater seine Freude vielleicht nur vorgetäuscht und wollte im Grunde gar nichts mit mir zu tun haben? Ich war zutiefst verunsichert, hatte Angst, meinen frisch gewonnenen Vater gleich wieder zu verlieren – und versuchte, diese Angst möglichst schnell wieder zu verdrängen.

Aber Töchter müssen sich, um zu Frauen zu werden, von ihren Vätern lösen. Der Schritt in eine Partnerschaft bedeutet Abschied von den Eltern. Laut Bert Hellinger[*] bedeutet Hochzeit das Ende der Jugend. Das wollte ich auf keinen Fall, denn ich wollte Papas Prinzessin bleiben – und vergab damit unbewusst den Platz an meiner Seite, so dass ich für eine Be-

---

[*] Deutscher Psychoanalytiker und Autor, hat mit seinen klassischen Familienaufstellungen nach Hellinger die systemische Aufstellungsarbeit und ihre Weiterentwicklung maßgeblich beeinflusst.

ziehung auf Augenhöhe mit einem Mann überhaupt nicht zur Verfügung stand.

### Lieblose Männer

Ein Mann, der dich lieblos oder mit wenig Wertschätzung behandelt, kann dies nur, weil du ihm dies gestattest. Egal, wie rotzig oder gemein er mit dir umgeht, egal, wie verachtend oder demütigend: Er kann dies nur tun, weil du ihm durch dein Verhalten bestätigst, dass es für dich in Ordnung ist. Vielleicht magst du an dieser Stelle einwenden, dass es für dich überhaupt nicht in Ordnung ist! Dass du darunter leidest und ihm auch immer wieder sagst, dass du einen anderen Umgang möchtest. Solange du eine lieblose, geringschätzige oder abwertende Behandlung duldest, signalisierst du, dass mit dir so umgegangen werden darf. Wenn du solche Männer anziehst, dann glaubst du unbewusst, dass du es nicht anders verdienst. Darum solltest du dich fragen:

Welchen Wert gebe ich mir selbst? Wer hat bisher in meinem Leben bestimmt, was ich wert bin? Wer ist dafür verantwortlich, wie es mir geht? Wie liebevoll gehe ich mit mir selbst um? Wo verberge oder verbiege ich mich selbst und zeige mich nicht? Vor welchen Konsequenzen fürchte ich mich, wenn ich Grenzen setze? Vertraue ich mir selbst?

### Männer mit wenig Zeit und vielen Interessen

Männer mit wenig Zeit und vielen Interessen sind mit allem Möglichen beschäftigt. Beruf, Hobbys, Sportverein, Freiwillige Feuerwehr, Freunde, Familie. Sie sind immer aktiv, immer eingespannt, werden überall gebraucht und sind scheinbar unersetzbar. Sie tanzen auf vielen Hochzeiten, kommen kaum zur Ruhe und fühlen sich dabei sichtlich wohl. Nur für dich bleibt keine Zeit oder nur wenig. Auf jeden Fall nicht genug. Also, nicht so viel, wie du gerne hättest. Solche Männer spiegeln dir deine eigene Neigung, dich durch möglichst viel Aktivität vom Wesentlichen abzulenken und Gefühle zu vermeiden. Sie spiegeln dir, dass du zu wenig Zeit mit dir selbst verbringst und stattdessen mit deiner Aufmerksamkeit ständig woanders bist. Beim betreffenden Mann, bei Freunden, auf jeden Fall irgendwo im Außen. Dann bist du nicht in Kontakt mit dir selbst und spürst überhaupt nicht mehr, was du brauchst oder was dir guttut – und erwartest vom Mann, dass der sich mehr um dich kümmert.

Du kannst dich deshalb fragen: Welche Gefühle und Ängste versuche ich zu vermeiden? Was müsste ich anschauen, wenn ich meine Aufmerksamkeit auf mich selbst lenke?

*Raucher und Männer mit anderen Süchten*
Der Glimmstängel ist eine Art gesellschaftlich heruntergespielter Hilferuf. Die Werbung vermittelt dem Raucher, ein Zug an der Kippe brächte unbegrenzte Freiheit, Lebensfreude, endlose Weiten. Wer darauf anspringt, zeigt damit, dass ihm all das tatsächlich fehlt und er in diesem Moment auch nicht in der Lage ist, sich diese Gefühle anderweitig zu beschaffen als durch ein krebserzeugendes Gemisch aus Nikotin, Tabak, Teerstoffen u. v. m. Anstatt sich mit der gegenwärtigen Situation konstruktiv auseinanderzusetzen und aktiv zu gestalten, nimmt sich ein Raucher eine kurze »Auszeit« und flüchtet für eine Zigarettenlänge lediglich in die Illusion von grenzenlo-

ser Freiheit und einer besseren Welt. Er holt scheinbar für einen Moment Luft, um dann im alten Trott wieder über die eigenen Grenzen zu gehen und weiter zu funktionieren. Dabei vernebelt er seine wahren Gefühle und drückt sie mithilfe der Zigarette wieder zurück in die Tiefen seiner Seele und seines Herzens, denn um überhaupt zum Glimmstängel greifen und sich selbst vergiften zu können, muss sich ein Mensch von seinem gesunden Körpergefühl abschneiden und den Kontakt zu seinem Inneren unterbrechen. Wer wach und bewusst ist, schadet seinem Körper nicht.

Wenn du Raucher anziehst, dann gibt es einen Teil in dir, den du selbst lieber verdrängst, anstatt dich bewusst und mit aller Konsequenz damit auseinanderzusetzen. Dann hast auch du die Tendenz, eher innerlich zu flüchten in eine Ecke, in der du die Situation besser aushalten kannst, anstatt aktiv etwas zu verändern. Du kannst dich fragen:

Welcher Wahrheit möchte ich nicht ins Gesicht sehen? Was verberge ich selbst lieber unter einem trüben Schleier, anstatt es in aller Klarheit zu beleuchten? In welchen Situationen breche ich den Kontakt zu mir selbst ab und möchte nicht mehr hören, was mir meine innere Stimme sagen will?

Auch wenn der Mann deiner Wahl anderweitig abhängig ist, von Tabletten, Spiel, Sex oder was auch immer, liegt darunter eine Angst, sich der Realität zu stellen und Verantwortung zu übernehmen für notwendige Veränderungen. Du kannst dich fragen:

Wovor habe ich Angst? Welche Gefühle und Schritte möchte ich lieber vermeiden, indem ich mich auf den Süchtigen konzentriere?

## Das Gesetz des Ausgleichs

Unser ganzes System ist auf Ausgleich angelegt. Unser Herz schlägt durch das permanente Zusammenspiel von Systole und Diastole, dem Zusammenziehen und der Erschlaffung des Herzmuskels. Auf das Einatmen muss zwangsläufig das Ausatmen erfolgen, sonst ersticken wir. Die Psychosomatik befasst sich mit dem Phänomen, dass wir Menschen aufgrund psychischer oder emotionaler Belastung körperliche Symptome entwickeln. Vor dem Hintergrund eines ganzheitlichen Menschenbildes lässt sich also auch sagen, dass unser emotionaler »Körper« sich Ausgleichsmöglichkeiten sucht, notfalls sogar auf physischer Ebene. Wenn wir in unserem Inneren so sehr von uns abgeschnitten sind, dass wir überhaupt nicht mehr spüren, was uns guttut und was uns schadet, sind wir zwangsläufig weit davon entfernt, unmittelbar darauf reagieren zu können und eine gute Selbstfürsorge zu betreiben. Dies führt dann dazu, dass sich immer mehr Situationen und Gefühle anhäufen, die uns zu schaffen machen, ohne dass wir in der Lage wären, sie konkret zu benennen. Getrieben vom Anspruch, funktionieren zu müssen, gehen wir im Job über unsere Grenzen, missachten unsere Wünsche in Beziehungen, ignorieren unser Bedürfnis nach genügend Schlaf oder gesunder Nahrung und verlieren so immer weiter den Kontakt zu uns selbst. Und je weniger wir spüren, was wir in Wahrheit bräuchten, umso mehr Raum bekommt alles andere und überlagert unser Inneres. So wird es für uns noch schwieriger, in Kontakt mit dem zu kommen, was wir eigentlich brauchen. Wenn sich die Seele dann irgendwann nicht mehr helfen kann, holt sie sich Unterstützung vom Körper, um ihre Bedürfnisse erfüllt zu bekommen. Der wird dann stellvertretend krank, und meist funktioniert das ja auch: Je nach Schwere des Körpersymptoms erlauben wir uns eine kurze Pause, damit sich Körper – und Seele – erholen können. Wenn wir aber weitergaloppieren im alten Trott, vergeben wir die Chance zu erfahren, was unsere Seele uns gerade sagen möchte. Um einen Ausgleich herzustellen, müssten wir die durch Krankheit erwirkte Zwangspause nutzen und nicht nur auf körperlicher Ebene innehalten, sondern auch unsere Lebenssituation im Gesamten betrachten. Still werden. Lauschen. Auf die Botschaft hinter dem Symptom.

Auch in der Liebe ist unser Innerstes um Ausgleich bemüht. Licht existiert nicht ohne Schatten. Wir alle sind nicht nur gute Menschen. In uns gibt es auch unangenehme und unbequeme Gefühle. Manchmal sind wir neidisch, kleinlich, wütend, missgünstig, besserwisserisch, habgierig, schadenfroh, selbstgefällig, überheblich, geschwätzig, unzuverlässig und noch vieles mehr.

Nun haben wir alle, oder zumindest die meisten von uns, von klein auf gelernt, dass unsere Gefühle und Eigenschaften bewertet werden. Es gibt welche, die gut sind und von denen jeder immer mehr haben möchte: Freude, Begeisterung, Lachen, Zuneigung, Sicherheit, Großzügigkeit zum Beispiel. Und es gibt welche, die schlecht sind, für die wir uns schämen müssen und die wir um Himmels willen nicht zeigen, geschweige denn ausleben sollten. Und so entwickelt sich über die Zeit ein verzerrtes und optimiertes Bild unseres Selbst heraus, indem wir versuchen, die »guten« Eigenschaften und

Gefühle auszudrücken und die »schlechten« bestmöglich zu verstecken oder sogar zu verleugnen aus Angst, dass sie uns zu einem schlechteren Menschen machen. Dadurch geraten wir in eine emotionale Schieflage. Je mehr wir unsere Schatten verdrängen oder verleugnen, desto mehr spalten wir einen Teil von uns selbst ab. Weil wir aber eine Ganzheit sind, findet unser Unterbewusstsein einen Weg, diesen abgespaltenen Teil zurückzuholen: Es projiziert ihn ins Außen. Auf diese Art kann wieder eine Einheit hergestellt werden, und die innere Schieflage erfährt einen Ausgleich.

Beispielsweise gerät dadurch die stets liebenswürdige, hilfsbereite, aufopferungsvolle Frau immer an Männer, die sie nach Strich und Faden ausnutzen und am Ende nicht einmal Danke sagen. Solange sie selbst ein Bild von sich entwirft, in dem sie die Reine, Unschuldige, Gute ist und in dem ihre eigenen Schatten negiert werden, wird sie solche Männer anziehen, weil sie den Ausgleich im Außen braucht. Erst wenn sie selbst es schafft, in ihrem Inneren für Ausgleich zu sorgen, und sich zum Beispiel eingesteht, dass sie nicht annähernd so selbstlos ist, wie sie sich gerne gibt, sondern in Wahrheit schwache Menschen benutzt, um sich selbst dadurch, dass sie ihnen hilft, besser zu fühlen, kann sie mit anderen Männern in Resonanz gehen. Sie muss sich bewusst machen, dass auch in ihr Anteile schlummern, die nicht nur »gut« sind, ohne sich selbst dafür zu verurteilen. Außerdem muss sie ihre gefühlte Schwäche anerkennen, ihre Unsicherheit, ihre eigene Übergriffigkeit, die sie an den Tag legt, wenn sie anderen oft sogar ungefragt hilft, und integrieren. Ihren Schatten im Inneren braucht sie dann nicht mehr im Außen durch einen Partner auszugleichen.

Anna ist es ein Dorn im Auge, dass der Mann ihrer Wahl finanziell von ihr abhängig ist und mit Geld nicht umgehen kann. Die finanzielle Situation ist der Anlass für permanenten Streit, und egal, was sie unternimmt, nichts fällt bei ihrem Partner auf fruchtbaren Boden. Kein Gespräch vergeht, in dem Anna nicht das Klagelied über ihre Existenzangst anstimmt. Aus der Sicht des Ausgleichsgesetzes wäre die Lösung: Anna müsste sich eingestehen, dass sie selbst schon seit Jahren von einem Mann träumt, der durch seinen Reichtum all ihre finanziellen Sorgen beseitigt, anstatt selbst Verantwortung dafür zu übernehmen. Wenn sie anerkennt, dass sie selbst durchaus bequem genug ist, um über ihre Verhältnisse zu leben, und gerne erfolgreicher und wohlhabender erscheinen will, als sie ist, könnte sie, anstatt sich für ihre Schatten und den zugrundeliegenden inneren Mangel zu schämen, die Verantwortung für ihren Reichtum selbst übernehmen. Sie könnte sich mit den Ursachen ihrer Existenzangst und ihres Mangelgefühls auseinandersetzen. Dann bräuchte sie zum Beispiel ihre Neigung zur Verschwendung nicht mehr auf ihren Partner auslagern. Wenn sie selbst für inneren Ausgleich sorgt, könnte sie endlich auch einen Mann anziehen, der ein entspanntes Verhältnis zu Geld hat.

Die Eigenschaften und Gefühle, die wir bei uns selbst am meisten ablehnen, die wir negieren und verdrängen, werden uns im Außen präsentiert, um uns zu vervollständigen. Darum kannst du das, was dich beim Mann deiner Wahl am meisten verletzt, wütend macht oder dich auf irgendeine Art in Wallung bringt, als erstklassigen Kompass nutzen zu deinem eigenen Schatten. Das, was uns beim Partner aus der

Haut fahren lässt, hat immer auch etwas mit uns selbst zu tun. Entweder, weil wir an diesem Punkt ganz genauso sind wie er, uns genauso verhalten, es uns aber niemals eingestehen würden, weil es nicht dem Idealbild entspricht, das wir von uns selbst haben. Oder aber wir wären an diesem Punkt furchtbar gerne genauso wie unser Partner, würden uns nur zu gerne auch einmal ebenso rücksichtslos, egoistisch, berechnend, kaltschnäuzig oder wie auch immer verhalten, erlauben es uns aber nicht und drücken diesen Wunsch weg, weil er so gar nicht in das Bild passt, das wir aufrechterhalten wollen.

Wenn also die Männer, die du anziehst, nicht dem entsprechen, was du eigentlich möchtest, dann ist es höchste Zeit, dich zu fragen, an welchen Punkten diese Männer dich unbewusst ausgleichen müssen.

Solange du nämlich beispielsweise einen Partner brauchst, der an deiner statt für den Status in deinem Leben sorgt, bist du nicht nur bei deiner Partnerwahl eingeschränkt auf Männer, die dir diesen Status verschaffen. Du bist zudem auch gezwungen, für den gewünschten Status faule Kompromisse zu machen und beispielsweise einen langweiligen Gesprächspartner zu akzeptieren. Für eine Partnerschaft auf Augenhöhe musst du bereit sein, für dich selbst in den Ring zu steigen und in deinem Leben für Ausgleich zu sorgen. Das macht dich nämlich nicht nur emotional unabhängiger, sondern erweitert auch das Spektrum der potentiellen Partner.

Das heißt nun nicht, dass solche Ausgleichsbeziehungen nicht funktionieren. Sehr viele Ehen und Partnerschaften werden noch nach diesem zweckmäßigen Prinzip geschlossen. Zwei Menschen verbinden sich auf der Basis, dass der eine das hat und gibt, was der anderen gerne haben möchte, und umgekehrt. Solche Verbindungen können sogar sehr lange halten. Nur von Liebe können wir in diesen Fällen in meinen Augen nicht mehr sprechen, und ich bin mir sicher, dass das auch nicht die Art von Beziehung ist, die du dir in der Tiefe deines Herzens wünschst. Wenn du dich also nach einer authentischen Liebesbeziehung sehnst, dann kommst du nicht darum herum, dir genau anzuschauen, wodurch du im Außen einen Ausgleich erfährst. Nutze die Gelegenheit und nimm deine gegenwärtige Situation zum Anlass, um zu lernen, in eine innere Balance zu kommen und alles, was in dir schlummert, wertfrei anzunehmen. Du brauchst dich für nichts schämen, was da zu Tage tritt, und selbst wenn du dich schämst und du eine Eigenschaft negativ bewertest, ist auch das in Ordnung. Entscheidend ist, dass du sie zulässt. Dass du dir selbst die Erlaubnis gibst, alles zu fühlen, was da in dir liegt, gärt und endlich gesehen werden möchte. Erkenne alles an, so schlimm und niederschmetternd es sich auch anfühlen mag.

Meine Beziehung zu Richard war in dieser Hinsicht sehr herausfordernd. Wir kannten uns erst kurze Zeit, als ich auf sein Drängen hin meinen Job und meine Wohnung kündigte, um zu ihm zu ziehen. Just in dem Moment, als ich dabei war, meine Zelte abzubrechen, spürte er meine Zweifel und meine Verunsicherung und trat auf die Bremse. Jetzt fühlte ich mich in meiner Angst bestätigt und wollte zugleich den Beweis antreten, dass sie unberechtigt ist, indem ich entgegen aller sich häufenden Widerstände darauf drängte, den Umzug durchzuführen. Von Vorfreude aufeinander keine Spur mehr. In seinem Leben angekommen, hatte ich von seiner Seite her alle Freiheiten, um mir ein schönes Dasein einzurichten und uns ein gemütliches Nest zu bauen, aber ich fühlte mich permanent ausgegrenzt, allein gelassen und vor allem nicht gesehen. Ich forderte von Richard mehr Gemeinsamkeit, mehr Interesse, mehr von allem. Nichts war genug. Als Richard dann zudem immer mehr Drogen konsumierte und Alkohol trank, gab es für mich kein Halten mehr. Ich wollte ihm helfen, ihn verändern, und ich begann, ihn zu verurteilen und zu missachten, war nur noch nörglerisch und vorwurfsvoll. Er wiederum machte mich und mein Verhalten verantwortlich für seinen vermehrten Drogenkonsum. So verwickelten wir uns immer mehr in einer zerstörerischen Abwärtsspirale, und ich schaffte es kaum, mich aus dieser Verbindung zu befreien.

Als wir uns schließlich getrennt hatten, brauchte ich Jahre, um mich davon zu erholen, weil ich sie als so schmerzhaft erlebte und am liebsten verdrängte. Erst als ich mir selbst eingestanden habe, dass ich von Anfang an nicht gut auf mich geachtet und meine Zweifel lieber übergangen habe, anstatt zum Beispiel für mehr Kennenlern-Zeit zu sorgen, begann Frieden einzuziehen. Erst als ich anerkennen konnte, dass ein Teil in mir tatsächlich eine steife und langweilige Spaßbremse war, die zu jeder Zeit die Kontrolle behalten wollte, und ich mich gar nicht mehr erinnern konnte, wann ich das letzte Mal berauscht vom Leben ausgelassen gefeiert hatte, konnte ich meinen Groll auf Richard – und mich selbst – loslassen. Er hat mir lediglich in pervertierter Form gespiegelt, welche Anteile ich selbst unterdrückt und nicht gelebt hatte. Und außerdem hat er mir meine emotionale Abhängigkeit deutlicher vor Augen geführt als je ein Mann zuvor.

Ich weiß, wie unangenehm es sich anfühlt, die Opferrolle aufzugeben und Vorwürfe an den Partner zurück zu sich zu nehmen. Vorwürfe helfen scheinbar, damit wir uns besser fühlen. In Wahrheit erheben wir uns über den anderen, versuchen zu kontrollieren und machen ihn obendrein verantwortlich für unser Wohl. Es steckt schon im Wort: Wir werfen dem Partner unsere Angelegenheit vor. Vor die Füße, vor den Kopf, vor den Latz, ganz egal. Wir ignorieren dabei, dass der andere das gar nicht haben möchte – sonst würde er uns ja die Hände entgegenstrecken und der Vor-Wurf wäre eine Über-Gabe. Nein, mit aller Kraft werfen wir von uns weg, was uns missfällt, hin zum Partner. Er soll sich gefälligst damit auseinandersetzen, was wir nicht haben wollen, weil es unseren Seelenfrieden und unser Selbstbild stört. Er soll sich nun darum kümmern und dafür sorgen, dass es uns wieder besser geht. Und schon haben wir die Ebene der Liebe verlassen und befinden uns wieder in Eltern-Kind-Rollenspielen.

Erlaube dir darum, alle Facetten deines Seins anzuerkennen. Erlaube dir all deine Eigenschaften und Gefühle frei von Bewertung. Nutze deine gegenwärtige Situation als Chance und Spiegel, um all das in dein Leben zu integrieren, was du bislang auf den Mann deiner Wahl ausgelagert hast. Begreife das Ergebnis deiner Anziehungskraft als zuverlässigen Wegweiser zu deiner persönlichen Ganzheit.

## Der Zwang zur Wiederholung

Rebekka wechselt ihre Partner häufig, doch diese ähneln sich sehr. Es sind alles stolze, temperamentvolle afrikanische Männer, die wenig verlässlich sind und tun und lassen, was sie möchten. Ihre Einnahmequellen und auch ihr Aufenthaltstitel im Land sind nicht immer klar, und Rebekka unterstützt ihre Partner mit Geld, auch wenn sie selbst nur knapp über die Runden kommt. Nach kurzer Zeit tauchen die Männer dann unter, sind plötzlich nicht mehr erreichbar, und niemand kann ihr sagen, wo der Mann ihrer Wahl nun ist: im Gefängnis, abgeschoben oder bei einer neuen Freundin in einem anderen Stadtviertel. Rebekka stellt fest, dass sie niemanden aus seinem Freundeskreis wirklich kannte und keine Möglichkeit hat, mit diesem Mann in Kontakt zu treten, wenn er nicht – was nie passiert – wieder aus der Versenkung auftaucht.

Diese Situation kennt Rebekka von klein auf. Ihr Vater hat gerne getrunken, war dann laut und fröhlich, und verließ die Familie, als Rebekka noch ein junges Mädchen war. Seither besteht kein geregelter Kontakt mehr. Der Vater meldet sich alle Jubeljahre, oft angetrunken und ein bisschen rührselig, um in Erinnerungen zu schwelgen und um ein bisschen Geld zu bitten, das Rebekka ihm schickt, um zu verhindern, dass der Vater seine Miete nicht bezahlt und aus der Wohnung fliegt.

Was Rebekka mit ihren Männern erlebt, ist ihr also bestens vertraut. Sie kennt Männer nur als unzuverlässige, sporadische Größe in ihrem Leben und hat gelernt, damit zu leben. Wirkliche Nähe, einen verlässlichen Partner, der auf sie eingeht und ihr mit Wertschätzung begegnet, hat Rebekka nie kennengelernt.

Solange sich Rebekka nun nicht mit der Beziehung zu ihrem Vater auseinandersetzt und ihre damit verbundenen Gefühle integriert, anstatt sie zu verdrängen, hat sie wenig Chancen, andere Männer anzuziehen als die, die ihrer Verletzung entsprechen. Denn solange diese kindliche Verletzung in ihr gärt, inszeniert Rebekka immer wieder unbewusst die gleiche, altbekannte Situation, in der Hoffnung, die Geschichte endlich einmal umschreiben zu können. Erst wenn Rebekka zum Beispiel einen Kontakt zu ihrem inneren Kind herstellt, sich seiner annimmt und lernt, sich selbst gegenüber eine liebe- und verantwortungsvolle Erwachsene zu sein, und sich dadurch innere Sicherheit gibt und ihr Selbstvertrauen stärkt, muss sie ihre leidvolle Erfahrung nicht mehr wiederholen.

Solange wir uns also nicht aktiv und bewusst mit unseren Verletzungen, Ängsten und verdrängten Gefühlen auseinandersetzen, erhalten wir auch unsere damit verbundenen kindlichen Gefühle der Ohnmacht und der Hilflosigkeit. Diese wiederum versetzen uns in den vertrauten Zustand, ausgeliefert zu sein und keinen Einfluss auf die jeweilige Situation zu haben. Dieser Zustand ist nur schwer auszuhalten und schürt gleichzeitig unsere Hoffnung, dass »diesmal« alles anders ist, die Geschichte ein anderes Ende nimmt, wir uns auf den geliebten Menschen verlassen können und uns endlich jemand beweist, wie wertvoll wir sind. So wiederholen wir permanent dieselben leidvollen Beziehungserfahrungen, in der Erwartung, dass mit unserem neuen Gegenüber endlich alles anders und besser wird.

## Deine Lernaufgabe

*Ein junges Ehepaar zieht in ein neues Haus. Nach der ersten Nacht sitzen die beiden am Frühstückstisch. Die junge Frau sieht aus dem Fenster und beobachtet die Nachbarin, die gerade Wäsche zum Trocknen auf die Leine hängt. »Sieh nur, die Wäsche ist ja ganz grau!«, macht sie ihren Ehemann aufmerksam. Zwei Tage später beobachtet die junge Frau erneut, wie die Nachbarin ihre Wäsche aufhängt, und wieder fällt ihr der Grauschleier auf, den die Wäsche hat. »Sieh nur! Schon wieder graue Wäsche! Erstaunlich, vielleicht hat sie sich schon so daran gewöhnt, dass sie das nicht bemerkt? Ob ich ihr mal sagen soll, dass sie ein anderes Waschmittel nehmen muss?« Kurz darauf sitzt das junge Paar wieder beim Frühstück. Die Nachbarin hängt die Wäsche auf, und die junge Frau schüttelt den Kopf: »Das ist ja wirklich unglaublich! Sieh nur, ihre Wäsche ist schon wieder grau. Ich glaube, ich muss ihr wirklich einmal zeigen, wie man seine Wäsche richtig weiß bekommt ...« Eine Woche später hängt die Nachbarin erneut ihre Wäsche auf, und erstaunt ruft die junge Frau ihrem Mann zu: »Sieh nur! Sie hat ihre Wäsche endlich ordentlich sauber bekommen! Wie kam es jetzt wohl dazu, dass sie das endlich gelernt hat?« Da antwortet der junge Mann: »Ich habe gestern unsere Fenster geputzt.«*

Wir sind so oft überzeugt von der absoluten Wahrheit unserer Wahrnehmung, dass wir keine Sekunde darüber nachdenken, dass diese getrübt sein könnte. Dabei ist längst belegt, dass nur ein Bruchteil der Informationen und Sinnesreize, die permanent auf uns einprasseln, auch tatsächlich in unserem Bewusstsein landet – der Großteil wird vorher herausgefiltert, und nur das, was für uns relevant ist, kommt an. Und was ist nun relevant? Natürlich das, was dich vor unmittelbaren Gefahren warnt, einen Stressreiz darstellt oder sonstwie von dem abweicht, woran du dich gewöhnt hast.

So kann es passieren, dass im Filter einer Frau, die mit häuslicher Gewalt groß wird und auch entsprechende Partner wählt, der ganz alltägliche Wahnsinn hängen bleibt und es dagegen als relevant und alarmierend vermeldet wird, wenn ihr Partner eine Woche lang zugewandt und liebevoll ist. Für sie ist diese Situation nämlich so fremd und dadurch unberechenbar, dass es Stress verursacht. Eine andere Frau mit anderem Hintergrund – und anderem Filtersystem – würde beispielsweise entgegengesetzt auf einen liebevollen Mann reagieren und zöge bei psychischer oder emotionaler Gewalt sofort Konsequenzen. Ich wähle dieses Beispiel ganz bewusst, um darzustellen, wie trügerisch unsere Wahrnehmung sein kann und wie sehr große Unterschiede sich zeigen können, wenn unterschiedliche Menschen dieselbe Situation bewerten.

Das Drehbuch deines Lebens entsteht in deinem Kopf. Verabschiede dich von der Vorstellung, dass du ein Opfer bist und vom Mann deines Herzens zu Unrecht verlassen wurdest. Hadere nicht länger mit den Umständen der Trennung und hör auf, dir den Kopf zu zerbrechen, was du falsch gemacht hast – oder hättest richtig machen müssen. Versuche nicht länger, deine aktuelle Situation irgendwie zu kontrollieren oder den Schmerz darüber, dass es dir nicht gelingt, zu unterdrücken. All das hast du dein Leben lang gemacht. Das beherrschst du tadellos und brauchst es darum nicht länger zu üben.

An dem Punkt, an dem du jetzt stehst, geht es darum, etwas völlig Neues zu wagen. Es geht darum, deine Aufmerksamkeit aus dem Außen, vom Partner deiner Wahl abzuziehen und ihn lediglich als Spiegel zu betrachten, der unbeteiligt das Bild zurückwirft, das sich vor ihm ausbreitet.

Unsere kleine Tochter hat vor kurzer Zeit den Spiegel entdeckt. Anfangs hielt sie das Mädchen, das sie darin erblickte, tatsächlich für ein anderes Kind und sie versuchte ein paar Mal, in Kontakt mit ihr zu kommen. Sie war auch offensichtlich irritiert, dass das Kind im Spiegel so völlig identisch und ohne Zeitverzögerung »reagierte«, ganz anders als sie das im Umgang mit anderen Menschen erlebt. Denn dort lächelt üblicherweise erst ein Mensch den anderen an, worauf dieser dann ebenfalls zu lächeln beginnt. Es dauerte ein bisschen, aber irgendwann erkannte sie freudestrahlend sich selbst im Spiegel. Ab diesem Zeitpunkt unternahm sie keine Versuche mehr, dem Mädchen im Spiegel die Mütze vom Kopf zu ziehen oder ihr Gesicht zu ertasten. Sie zog sich selbst die Mütze ab und erfreute sich daran, so die wuscheligen Locken ihres Spiegelbildes freizulegen.

Dein Partner hat genau diese Funktion. Er spiegelt dich selbst. Er reflektiert dein befreites und sorgloses Lachen genauso wie dein schmerzverzerrtes Gesicht und ist dabei weder die Ursache des einen noch des anderen. Was immer du in ihm erblickst, hat seinen Ursprung in dir selbst.

Selbstverständlich lässt sich diese Haltung auch missverstehen. Ich möchte damit nicht sagen, dass du von nun an alles mit dir machen lassen und immer »den Fehler« bei dir suchen sollst. Der Haken ist doch, dass wir allzu oft bereit sind, weit über unsere Grenzen zu gehen und Situationen und Verhaltensweisen des Partners auszuhalten oder zu ertragen, obwohl es uns nicht gut damit geht. Die gängigen Lösungsstrategien sind dann entweder, so lange den eigenen Unmut hinunterzuschlucken, bis er eines Tages nur einen winzigen Auslöser braucht, um eruptionsartig zu explodieren, und verheerende Schäden anrichtet. Oder Kontrolle auszuüben und zu versuchen, den Partner dazu zu bringen, sich anders zu verhalten. Beides sind aber keine wirksamen Strategien, denn sie lösen nicht das zugrunde liegende Problem. Den Partner als Spiegel zu betrachten heißt, dir deiner Selbstverantwortung bewusst zu werden. Es heißt, die Lebensumstände, in denen du dich gerade befindest, anzunehmen, zu erkennen, was du selbst dazu beigetragen hast, dass die Lage ist, wie sie ist. Und es bedeutet vor allem, deine gegenwärtige Situation als Lernaufgabe anzunehmen, die dir zeigt, welche Anteile in dir selbst noch gesehen und integriert werden wollen. Es geht darum, dir selbst einen Rahmen zu geben, den du vielleicht noch nie zuvor hattest. Einen verlässlichen, sicheren, liebevollen Rahmen, innerhalb dessen du alles annehmen kannst, was sich zeigt.

Der Mann deiner Wahl hat dir mit aller Macht und Härte vor Augen geführt – gerade wenn von ihm in deinem Leben weit und breit keine Spur zu sehen ist –, in welcher Phase du steckst, und dir damit ein großes Geschenk gemacht. Er hat deine emotionale Abhängigkeit, dein verletztes inneres Kind ans Licht geholt, deine Ängste und Unsicherheiten, deinen gefühlten Minderwert. Er hat dich spüren lassen, wie es um deine Beziehung zu dir selbst bestellt ist, und ermöglicht dir dadurch, dich selbst zu heilen und wieder in Kontakt mit deiner wahren Natur zu kommen. Er unterstützt dich dabei, zu wachsen und zu einem authentischen Sein zu gelangen. Ja, er tut das auf eine denkbar unbequeme Art und Weise, aber offensichtlich war das notwendig. Denn die sanfte Tour hat bislang nicht funktioniert, sonst hieltest du jetzt nicht dieses Buch in Händen. Dein Partner musste dich verlassen, damit du ganz werden kannst. Damit dir bewusst wird, wie sehr du dich emotional auf ihn stützt, wie sehr du emotional von ihm abhängig bist und dadurch unfrei in deinen Taten und Gedanken. Und damit du das ändern kannst und – vielleicht zum allerersten Mal – die kraftvolle, strahlende Frau entfaltest, die in Wahrheit in dir steckt.

All diesen emotionalen Schlamm, durch den du jetzt watest, vom Grund deines Seelensees aufzuwühlen ist das Beste, was der Mann deiner Wahl für dich tun konnte. Nimm dieses Geschenk an. Ähnlich einer Muschel, die ein eingedrungenes Sandkorn in eine glänzende, kostbare Perle verwandelt, kannst auch du deine momentane Situation für dich nutzen und das, was dir jetzt so schmerzhaft gespiegelt wird, in einen unbezahlbaren Schatz transformieren.

## 5. Deinen Traumpartner gibt es wirklich!

Nein, diese Überschrift ist kein Missverständnis. Sie ist mein voller Ernst. Ich bin mir ziemlich sicher, dass in dir auch nach all dem, was du bis jetzt gelesen hast, noch immer die Sehnsucht schlummert, irgendwo da draußen den Partner deiner

Träume zu finden. Wäre es nicht wundervoll, ihm zu begegnen?

Bitte nimm dir einen Moment Zeit und stell dir diesen Menschen vor. Führe dir alle Eigenschaften vor Augen, die dein Traumpartner mitbringen muss, um dich glücklich zu machen. Verzichte an dieser Stelle auf die Beschreibung seiner optischen Erscheinung und konzentriere dich bitte ganz auf seine inneren Werte und sein Verhalten dir gegenüber.

## Wünsch dir deinen Mann!

Wünsche dir jetzt deinen Mann! Beschreibe auf den folgenden Zeilen all die Eigenschaften, die dir wichtig sind – und sei um Himmels willen nicht ausgerechnet jetzt bescheiden! Nutze die Gelegenheit und sei radikal ehrlich. Du musst dich niemandem gegenüber rechtfertigen für die Dinge, die du dir – vielleicht bisher nur insgeheim – von einem Partner wünschst. Er soll treu, ehrlich oder spontan sein? Er soll dir nach einem anstrengenden Arbeitstag die Füße massieren oder das Badewasser für dich einlassen und ein Glas Wein bereitstellen? Er soll einfühlsam zuhören, wenn du Kummer hast? Er sollte Spaß daran haben, mit dir gemeinsam zu kochen? Er soll offen für Neues sein? Fühle in dich hinein und erlaube dir alles.

Nun möchte ich eine der größten Persönlichkeiten der Geschichte ins Spiel bringen. Mahatma Gandhi hat es geschafft, vollkommen gewaltlos die Unabhängigkeit eines ganzen Landes voranzubringen. Nahezu jedem Menschen auf der Welt ist er bekannt als einer der erfolgreichsten Friedensaktivisten überhaupt. Wie er das geschafft hat, deutet eines seiner populärsten Zitate an:

>>*Sei du selbst die Veränderung, die du dir wünschst*
*für diese Welt.*<<

Darum gilt ab sofort: Sei dir selbst der Partner, den du dir wünschst.

Du sollst selbst zu dem Partner werden, von dem du immer geträumt hast. Du selbst sollst es richten. Wenn du wirklich etwas ändern und künftig bessere Beziehungserfahrungen machen willst, hast du keine andere Wahl.

Wende dich ab jetzt dem einen Menschen zu, mit dem du die längste und intensivste Beziehung deines Lebens führst und führen wirst. Wende dich demjenigen zu, von dem du jetzt schon weißt, dass er dich durch dick und dünn begleiten wird in guten wie in schlechten Zeiten. Den du niemals loswirst und der dich niemals verlassen wird, egal, was du tust. Das bist du selbst. Nimm dir Zeit und spüre nach, was diese Zeilen mit dir machen. Führe dir vor Augen, dass diese Beziehung, diese Partnerschaft schon immer bestand. War sie so intensiv, wie du es dir wünschst? War diese Partnerschaft so spontan und lebendig? So wohlig wärmend, wie du es dir erträumst? Nein? Das macht nichts. Denn ab sofort kannst du dies verändern. Erforsche und entdecke deinen Traumpartner. Lasse dich ein auf ein wirkliches Abenteuer – lerne dich selbst kennen. Entdecke neugierig und achtsam, was alles in dir schlummert. Lebe die Art Beziehung, die du immer erträumtest, mit dir selbst! Du bist es wert!

Wie klingt das für dich? Verspürst du aufkeimendes Interesse? Oder bist du enttäuscht, weil von keinem anderen Menschen die Rede ist, sondern »nur« von dir?

Glaube mir, bis die Beziehung zu meinem letzten Ex in die Brüche ging, war ich felsenfest davon überzeugt, dass ich eine wirkliche Traumpartie bin und bereits so viel an mir gearbeitet hatte, dass Selbstliebe »überhaupt kein Thema« mehr war. Natürlich liebe ich mich selbst, dachte ich. Und lag falsch. Denn »im Leben zurecht« oder »gut durchs Leben« zu kommen ist etwas völlig anderes, als sich selbst zu lieben.

Selbstliebe war in meiner Kindheit und Jugend kein Thema. Kaum jemand in meinem Umfeld hat Selbstliebe von Kindesbeinen an gelernt oder vorgelebt bekommen. Wie auch? Unsere Eltern, Großeltern und die Generationen davor hatten nicht ansatzweise die Möglichkeiten zur Entfaltung, die uns heute zur Verfügung stehen. Noch vor zwei Generationen ging es in den Weltkriegen ums nackte Überleben, da hatte der Schutz durch Gruppenzugehörigkeit deutlich mehr Priorität als die eigene Befindlichkeit. Wenn soziale Kontrolle die eigene Existenz sicherstellte, dann arrangierte man sich damit – oder kehrte zumindest eine fügsame Fassade nach außen und litt im Verborgenen. Und wer in Zeiten des Mangels erst auf sich selbst, dann auf die anderen schaute, war ein Egoist. Wenn nicht genug für alle da ist und jeder zu kurz kommt und neidvoll auf den anderen schielt, dann ist der, der sich selbst der Nächste ist, eine Bedrohung für den Rest, denn er gefährdet im schlimmsten Fall deren Überleben.

Dabei enthält das oft für Nächsten- oder Feindesliebe strapazierte Bibelzitat »Liebe deinen Nächsten wie dich selbst« einen weiteren wichtigen Aspekt: WIE DICH SELBST. Es geht also überhaupt nicht darum, einen anderen Menschen oder den Partner über sich zu stellen oder die Liebe dadurch auszudrücken, dass du die eigenen Grenzen, Wünsche und Bedürfnisse hintanstellst. Es geht auch nicht darum, den anderen so zu behandeln, wie du selbst gerne behandelt werden möchtest. Vielmehr enthält der Satz den Auftrag zur Selbstliebe und die Aufforderung, den anderen aus dieser Selbstliebe gespeist genauso liebevoll, achtsam und wertschätzend zu behandeln, wie wir auch mit uns selbst umgehen. Selbstliebe ist die Grundlage, auf der eine erfüllte Partnerschaft gelingen und wachsen kann.

### Leuchtfeuer – Werde selbst zum Partner deiner Träume!

Mit der Art, wie du mit dir selbst umgehst, gibst du dem Mann deiner Wahl eine Orientierung dafür, wie er mit dir umgehen soll. Wenn du einen authentischen, wertschätzenden Kontakt mit dir selbst pflegst, dann kann dir ein Mann nur auf dieser Ebene begegnen – andernfalls wird er für dich völlig uninteressant. Du selbst bist der lebendige Leuchtturm, der einem Mann sagt, was geht und was nicht. Was dir Freude macht und was nicht, was dir guttut und was nicht. Und zwar nicht, weil du es dem Mann deines Herzens sagen oder erklären musst, ganz zu schweigen von einfordern oder erbetteln. Sondern weil er es im Zusammensein mit dir hautnah erleben kann.

Die Hirnforschung bestätigt mittlerweile: Das menschliche Gehirn lernt nachhaltig nicht durch Vorbeten und Nachsagen. Es lernt durch Erfahrung. Für uns müssen Inhalte erfahrbar werden, damit wir sie wirklich aufnehmen und verinnerlichen können und sie keine bedeutungslosen Phrasen bleiben, mit denen wir nichts anfangen können. Auf das Verhältnis zwischen Mann und Frau übertragen, bedeutet dies, dass wir einen wertschätzenden, liebevollen, authentischen Umgang miteinander nicht dadurch erlernen, dass wir darüber reden, sondern dass wir unsere Worte mit Leben füllen. Ihnen sollten Taten folgen, damit sie erfahrbar werden. Das beginnt bei uns selbst.

Es ist an der Zeit, dass du bis in deine letzte Zelle verinnerlichst, dass du genug bist. Dass es nicht »nur« um dich allein geht, sondern dass du der wertvollste und kostbarste Mensch bist, mit dem du es jemals zu tun haben kannst. Du musst, du darfst aufwachen aus dem Traum, dass dein Leben nur mit einem Partner rund wird. Denn dein Leben wird nicht mit Partner wunderschön und erfüllt, wenn es das nicht auch schon vorher ohne Partner war.

Deine Beziehungsbilanz zeigt, dass es genau dort noch Nachholbedarf gibt. Du hättest auf der Suche nach Hilfe nicht zu diesem Buch gegriffen und bis zu dieser Stelle gelesen, wenn du nicht ganz tief in deinem Inneren bereits wüsstest, dass es so wie bisher nicht mehr weitergehen kann. Lange genug hast du dich selbst verraten und kleiner gemacht, als du bist, und bist bitter enttäuscht worden. Das ist nun vorbei, wenn du willst, denn jetzt beginnt die eigentliche Ent-Täuschung – das Ende deiner Täuschung. Du brauchst keinen Traumpartner im Außen. Was du brauchst, ist eine starke, erfüllte und erfüllende Partnerschaft mit dir selbst.

Lege deine wahre Größe frei und werde zu der toughen, herzlichen und unabhängigen Frau, die du in Wirklichkeit bist. Belebe deine natürliche Anziehungskraft neu, indem du endlich damit aufhörst, dein Glück im Außen zu suchen. Sag »Ja!« zu dir mit aller Konsequenz.

Daher: Blättere bitte zurück zu deiner Wunschliste von eben. Lies dir in Ruhe jeden einzelnen Punkt durch. Nimm aber jetzt dabei die Erwartungsbrille ab und lasse deinen Traummann außer Acht. Mach dir bewusst, dass du selbst ab sofort für die Erfüllung jedes einzelnen Wunsches auf dieser Liste verantwortlich bist.

Wenn du niedergeschrieben hast, dass dein Traummann spontan sein soll, dann frage dich, wo du selbst zum letzten Mal so richtig spontan warst. Wann hast du dich zum letzten Mal selbst überrascht mit einer verrückten Handlung oder einer von deiner Gewohnheit abweichenden Entscheidung?

Wenn da steht, dass er einfühlsam sein soll, dann forsche nach, wann du dir selbst gegenüber zuletzt wahrhaft einfühlsam warst. Wann hast du zuletzt bei dir selbst Furcht oder Traurigkeit zugelassen, ohne diese Gefühle gleich wieder wegzudrücken?

Für alles, was du dir von deinem Traumpartner wünschst, gibt es eine direkte Entsprechung in deinem Leben. Jede einzelne Eigenschaft oder Verhaltensweise kannst du auch ohne Mann ganz für dich selbst in deinem Leben etablieren und so deine innere Partnerschaft stärken. Sogar für Sinnlichkeit und den Austausch von Zärtlichkeit ist in deiner neuen Partnerschaft Raum, nur dass du statt Streicheleinheiten vom Partner zu bekommen, dich nun dem direkten Körperkontakt mit dir selbst stellst. Ich denke, du hast den Punkt: Es dürfte schwer sein, einen Wunsch in deiner Liste zu finden, für den du tatsächlich einen Traummann im Außen brauchst.

Trage darum in die folgende Liste ein, wie du die Wünsche an deinen Traumpartner in Zukunft auf deine neue Lebenspartnerschaft übertragen möchtest. Lass deiner Kreativität freien Lauf und bleib gelassen – Spontaneität muss zum Beispiel nicht bedeuten, morgen alle Zelte abzubrechen und auf dem Jakobsweg zu pilgern, sondern kann auch sein, einmal pro Woche einen neuen Weg zum Supermarkt zu wählen.

..................................................................................................................

..................................................................................................................

..................................................................................................................

..................................................................................................................

Herzlichen Glückwunsch! Ich gratuliere dir voller Freude zu deiner neu übernommenen Eigenverantwortung und deiner Lebenspartnerschaft! Du kannst stolz auf dich sein. Das ist ein wichtiger und mutiger Schritt! Du hast dich so tief auf dich selbst eingelassen, dass du nun einen neuen Lebensabschnitt beginnst und in eine neue, aufregende Beziehung mit dir gehst. Das ist ein Grund zum Feiern!

Im zweiten Teil des Buches bekommst du oft Gelegenheit, diese Beziehung achtsam zu erforschen und zu stärken. Damit du dafür wirklich ungestört bist und nicht durch andere Baustellen abgelenkt wirst, wartet allerdings vorher noch eine weitere Herausforderung auf dich.

### Lass los!

Jetzt wird es ernst, und du hast vermutlich erahnt, dass es darauf hinausläuft: Du musst deinen Ex loslassen, falls du dieses Buch liest, um ihn oder einen anderen konkreten Mann zu erobern. Du musst dich innerlich davon verabschieden, diesen Menschen jemals zurück in dein Leben zu bekommen.

Wenn du dieses Buch liest, ohne einen konkreten Mann vor Augen zu haben, sondern lediglich von der Sehnsucht nach einem Lebenspartner bis hierhin geführt wurdest, dann musst du jetzt diesen Beziehungswunsch loslassen. Du musst dich innerlich von der Vorstellung verabschieden, jemals einen Partner zu finden und mit ihm durchs Leben zu gehen.

Du bist bestens gewappnet für diesen Schritt, und die Fronten sind klar. Der Mann deiner Wahl kann und will im Moment nichts mit dir zu tun haben. Er legt keinen Wert auf Kontakt. Daran wird sich nichts ändern, egal, was du tust. Vielmehr weißt du mittlerweile, dass du ihn mit jedem Versuch der Kontaktaufnahme noch weiter von dir wegtreibst. Und das willst du nicht, richtig?

Du weißt inzwischen genug über das männliche Bindungsverhalten und vor allem über dich selbst, um deinem Ex nicht länger nachzulaufen oder noch aktiv nach einem neuen Partner zu suchen. Dir ist klar, dass du nichts mehr tun kannst. Du hast keine Kontrolle mehr über die Situation. Aber du hast dich selbst und eine Partnerschaft, die sehnlichst darauf wartet, wiederbelebt und neu gestärkt zu werden. Damit dies gut gelingt, musst du an dieser Stelle Farbe bekennen und mit aller Konsequenz für dein neues Leben einstehen: Du musst den Kontakt zu deinem Ex abbrechen und deinen Wunsch nach einem Mann in deinem Leben radikal loslassen.

## Kontaktsperre

Hier geht es keinesfalls darum, ihn aus deinem Leben zu löschen und alle Zeichen einer gemeinsamen Vergangenheit auszuradieren. Mit gelöschten Nachrichten oder einer gesperrten Telefonnummer ist niemandem geholfen. Damit agierst du lediglich auf einer falschen Ebene aus, was in deinem Herzen bearbeitet gehört, denn das sind nur Buchstaben und Ziffern auf einem Display. Ich meine mit Kontaktsperre, dass du ab sofort keine Versuche mehr unternimmst, um auf irgendeine Weise in seinem Leben in Erscheinung zu treten. Also: keine Anrufe mehr, keine Nachrichten, keine »zufällige« Begegnung in seinem Lieblingslokal. Wenn du auf sozialen Netzwerken unterwegs bist, likest oder kommentierst du seine Beiträge nicht mehr. Du unternimmst rein gar nichts mehr, um eine Verbindung herzustellen oder seine Aufmerksamkeit auf dich zu lenken. Inzwischen weißt du – und dein Gefühl hat es dir vielleicht schon lange verraten, nur hast du diese Stimme damals noch ignoriert –, dass du in der Vergangenheit das Bedürfnis deines Ex-Partners nach Rückzug und mehr Distanz gnadenlos ignoriert hast. Du hast erkannt, was du selbst dazu beigetragen hast, um ihn in die Flucht zu schlagen, und warum er keine andere Wahl hatte, als sich immer weiter von dir zu entfernen.

»Ja, ja, das habe ich erkannt!«, denkst du jetzt vielleicht ungeduldig. »Und genau das möchte ich ihm mitteilen, damit wir wieder weitermachen können.« Ertappt?

Wenn du das tust, gerätst du wieder in die alte Falle. Darum reite ich so ausführlich darauf herum und benenne all die Dinge, die sich so unangenehm anfühlen. Lass ihn in Ruhe. Lass ihn los. REDE nicht über irgendwelche Erkenntnisse mit ihm, sondern lass ihn am eigenen Leib ERLEBEN, dass sich für dich etwas verändert hat. Dass du wieder zu deiner alten Größe zurückgefunden hast – oder zumindest auf dem Weg dorthin bist. Und bis dato verschone ihn mit all den Bedürfnissen und Ängsten des kleinen Mädchens, für die er ohnehin der falsche Adressat ist.

Was mir damals Kraft gegeben hat, diesen radikalen Kontaktabbruch wirklich durchzustehen, war neben allem, was ich hier mit dir teile, ein Gedanke: »Wenn er der Mann an meiner Seite sein soll, dann finden wir wieder zusammen, auch wenn ich jetzt komplett loslasse und mich ganz um mich kümmere. Und wenn wir kein Paar mehr werden, nur weil ich jetzt mich selbst zur wichtigsten Person in meinem Leben mache und mich achtsam und liebevoll mit mir selbst auseinandersetze, dann ist das kein großer Verlust, auch wenn es sich im Moment so anfühlt.«

Setze einen wirklichen Schlusspunkt und konzentriere dich dann voll und ganz auf dich selbst, mit allem, was sich noch zeigt. Mit Schlusspunkt ist jedoch kein Trotz oder ein beleidigtes Schweigen gemeint. Gib deinen Ex tatsächlich frei.

Wenn du keinen konkreten Mann in deinem Leben hast, sondern lediglich auf der Suche nach deinem Traumpartner bist, dann ziehe auch hier einen Strich drunter. Melde dich ab von den Dating-Portalen, auf denen du registriert bist. Lösch deine Profile dort, kündige deine entsprechenden Abos. Gib alles auf, was du bislang zur aktiven Suche unternommen hast. Nimm dich raus aus dem Spiel. Ab jetzt geht es um dich.

Und sei gewarnt an dieser Stelle: Unser Ego ist trickreich. Es wird dir zahllose »wichtige« oder »harmlose« Gründe liefern, um doch wieder Kontakt aufzunehmen. Rein beruflich oder weil du noch Sachen von ihm hast, die du plötzlich auf keinen Fall mehr in der Wohnung haben willst. Zum Zeitvertreib, um doch noch mal den Marktwert auf einem Portal zu testen, einfach nur zum Spaß etc. Vergiss es! Das sind Vorwände. Wenn du nachgibst, sitzt du wieder im alten Karussell. Willst du das?*

* Wenn du alleinerziehende Mutter bist, mag ich dir an dieser Stelle mitgeben: Die Kontaktsperre bezieht sich auf das Mann-Frau-Verhältnis als Liebespaar. Kinder haben ein Recht auf ihren Vater, und ihr Zugang zu ihm darf nicht erschwert oder belastet werden durch das, was sich zwischen euch als Paar abgespielt hat. Darum: Sei besonders achtsam und ehrlich mit dir selbst, um das Kind weder als Vorwand noch als Druckmittel zu benutzen und darüber noch offene, partnerschaftliche Rechnungen zu begleichen. Bleib in deiner Eigenverantwortung.

## Das letzte Wort

Ein weiterer kraftvoller Schritt auf dem Weg zurück in deine Würde und natürliche Größe steht dir nun bevor: Sprich das letzte Wort. Damit befreist du dich aus deiner bisherigen Opferrolle, in der du lediglich auf seinen Rückzug bzw. seinen Trennungswunsch reagiert hast. Du verzichtest auf Vorwürfe, Tränen und Betteln, bist nicht länger Spielball seiner Entscheidungen, sondern übernimmst aktiv Verantwortung für dein Leben. Schreibe ihm eine letzte Nachricht. Eine Nachricht, die die Verbindung zwischen euch löst und wieder auf null setzt. Eine Nachricht, die jeglichen Krampf zwischen euch entspannt und keine negativen Emotionen mehr festhält. Eine Nachricht, in der du all deine neugewonnenen Erkenntnisse zum Ausdruck bringen kannst – und zwar in ihrer ganzen Tragweite und ohne lange oder rührselige Erklärungen. Entschuldige dich für dein Verhalten in der letzten Zeit. Lass ihn wissen, dass alles okay für dich ist und du seine Entscheidung respektierst. Teile ihm mit, dass auch du jetzt Zeit für dich brauchst, und wünsche ihm alles Gute.

Verzichte ganz bewusst darauf, mit dieser Nachricht irgendetwas anderes erzeugen zu wollen als sein erleichtertes Aufatmen. Verzichte auf Theatralik und darauf, ihm ein schlechtes Gewissen zu machen. Spiele auch nichts herunter, lass die Masken fallen und ent-lasse ihn aus der Verantwortung, dafür zuständig zu sein, ob du leidest oder glücklich bist.

Vielleicht gelingt es dir, diese Freigabe als ein Liebesgeschenk zu betrachten. Als Zeichen, dass du ihn wertschätzt und respektierst und ihm darum den Raum gibst, den er benötigt.

Falls du ein paar Beispiele brauchst, wie so etwas aussehen kann:

»Lieber Alex, es tut mir leid, dass ich mich in den letzten Tagen so unmöglich benommen habe. Ich respektiere deine Entscheidung und brauche jetzt auch erst mal Zeit für mich selbst. Alles Gute, Jessica«

»Lieber Alex, bitte entschuldige, dass ich so penetrant und hartnäckig war die letzten Tage. Ich kann verstehen und akzeptieren, wie du dich entschieden hast, und ich bin gut damit beraten, mich in nächster Zeit um mich und meine Baustellen zu kümmern. Danke fürs Aufzeigen, alles Gute, Jessica«

»Lieber Alex, es tut mir leid, wie ich mich benommen habe. Ich sehe, dass ich echt einiges falsch gemacht habe, und kann deine Entscheidung wirklich verstehen. Jetzt brauche auch ich erst mal Zeit für mich, um mich um all das zu kümmern, was sich da so gezeigt hat, und wünsche dir von Herzen alles Gute, Jessica«

»Wow, da hab ich ja ganz schön was abgefackelt in den letzten Tagen... Es tut mir leid, dass ich dich so bedrängt habe und du Sachen ausbaden musstest, für die du nichts kannst. Ich akzeptiere deine Entscheidung und brauche jetzt erst mal Zeit für mich. Mach's gut! Jessica«

Nicht mehr, nicht weniger. Ohne Drama, dafür klar und beherzt. Ob du für diese Nachricht eine SMS wählst, eine Mail oder einen klassischen Brief, bleibt dir überlassen. Das Wichtigste ist: Schreibe nur in einem starken Moment, in dem du dich gut und mutig fühlst. Um für den unmittelbaren Augenblick Kräfte zu wecken, kann es helfen, die Thymusdrüse zu aktivieren. Klopf dir dazu mit den Fingerspitzen oder der

Faust sanft auf dein Brustbein, schließe dabei die Augen und atme tief aus und ein. Stell dir vor, wie du die Kriegerin in dir wachrufst, und verbinde dich mit kraftvoller, weiblicher Größe. Dann schreibst du und schickst deine Nachricht ab.

Bevor ich selbst damals diesen Schritt unternahm, tigerte ich stundenlang durch die Wohnung. Denn mit dieser Nachricht würde ich ja nicht nur den Kontakt abbrechen. Mit dieser Nachricht würde ich ein für alle Mal die Hoffnung begraben, dass ich irgendwie auf den Mann meines Herzens Einfluss nehmen könnte. Ich stand meiner völligen Ohnmacht gegenüber. Die Vorstellung, die Kontrolle endgültig abzugeben und keine einzige Taste auf der Klaviatur der emotionalen Erpressung mehr anzuschlagen, machte mir riesige Angst. Fieberhaft suchte ich nach irgendeinem Schlupfloch, einem noch so dünnen Faden, an dem ich mich festklammern konnte und der sicherstellen sollte, dass mein Ex im Zweifelsfall doch wieder auf meinen Kontaktwunsch eingeht. Plötzlich wurde mir bewusst, welche vermeintlichen Trumpfkarten ich alle in meinem Ärmel hatte – und die ich in der Vergangenheit auch zu spielen bereit war –, nur um dem Mann meiner Wahl entgegen seinem Willen doch noch ein letztes Gespräch, ein letztes Treffen abzuringen. Von Geschenken, die man enttäuscht oder wütend zurückfordern oder zurückbringen kann, über Tränen oder hartnäckigsten Telefonterror bis hin zu körperlichen Beschwerden und Nervenzusammenbruch war alles dabei. Doch welchen Wert haben solche Begegnungen, wenn sie zustande kommen aus Mitleid oder Hilflosigkeit und nur weil ich so lange gezerrt hatte, bis mein Gegenüber einknickte und nachgab? Von Liebe war all das weit entfernt, obwohl mir das erst wirklich klar wurde, als ich vor der Wahl stand, meinen Ex endgültig loszulassen oder weiterhin gegen verschlossene Türen zu rennen und etwas einzuklagen, das ich freiwillig von diesem Menschen im Augenblick nicht bekomme würde.

Ein Bekannter eines Verflossenen hat einmal in lockerer Runde zu mir gesagt: »Weißt du, wir haben eine Katze, die ist so blöd, die hängt an einem dran wie eine Klette. Ich kann mit der machen, was ich will, sogar nach ihr treten, die kommt immer wieder. Die ist so blöd, je weiter ich die werfe, desto schneller kommt sie zurück!« Alle lachten damals, und ich fand den Erzähler doof und hatte Mitleid mit der Katze. Inzwischen habe ich verstanden, was er mir damit sagen wollte: Ich war die Katze. Und trotzdem gelang es mir nie, etwas anderes zu tun, als immer schneller und immer verkrampfter zu dem Menschen zurückzulaufen, der mich gerade nicht wollte. Mit Schaudern fielen mir all die Momente ein, in denen ich verzweifelt und würdelos gebettelt oder gedroht hatte, wenn ein Mann sich emotional von mir entfernt und den Kontakt abgebrochen hatte. Wie ich ins Telefon geheult oder Streit inszeniert hatte, ihn mit körperlicher Schwäche erweichen, sein Mitleid wecken oder ihn auf irgendeine Art wieder enger an mich binden wollte.

Wollte ich das wirklich noch einmal? Glaubte ich tatsächlich noch immer, dass ich diesmal erfolgreich sein würde mit diesem Verhalten, obwohl mir die gemachten Erfahrungen zeigten, dass dies niemals auf Dauer funktioniert? Mein Herz kannte damals die Antwort schon, und auch dein Herz weiß darum. Ich entschied mich endlich für wahre Liebe und ließ los.

Nachdem ich meine letzte Nachricht an ihn abgeschickt hatte, fühlte ich mich besser. Ich hatte das Gefühl, zum ersten Mal seit vielen Jahren in meinem Beziehungsverhalten etwas komplett anders gemacht zu haben als bisher. Das allein fühlte sich gut und kraftvoll an!

Falls du bemerken solltest, dass du nun ständig um dein Telefon schleichst und auf seine Reaktion wartest, dann schalte es ganz bewusst aus und lege es weg. Das klingt so lächerlich unspektakulär, ist aber enorm hilfreich.

# ZWEITER TEIL

# HEILUNG IST SEXY!

## 6. Keine Liebe ohne Selbstliebe

An dieser Stelle kannst du einmal tief durchatmen. Ich möchte dir sagen, wie stolz ich auf dich bin und – viel wichtiger – wie stolz du bereits jetzt auf dich selbst sein kannst. Vielleicht verspürst du auch einen Anflug von Angst, was denn nun passieren soll, jetzt, wo du deinen Beziehungswunsch und den Mann deines Herzens tatsächlich losgelassen hast. Was, wenn du ihn für immer verlierst? Wenn er vielleicht in der Zwischenzeit eine andere Frau kennenlernt und sich neu verliebt? Vielleicht zweifelst du noch immer und fragst dich, ob du nicht doch hättest um ihn kämpfen sollen …

Möglicherweise fühlst du dich auch entmutigt und hilflos, weil du nicht weißt, wie du jemals den gefühlten Berg abtragen sollst, der sich nun vor dir auftürmt. Vielleicht macht sich ein Hauch von Resignation breit, weil du keine Ahnung hast, was du mit all den gewonnenen Erkenntnissen anfangen sollst.

Ich würde dir jetzt gerne gegenübersitzen und dir in die Augen blicken, wenn ich dir versichere, dass du damit nicht alleine bist und dass es sehr viele Frauen gibt, die an diesem Punkt stehen. Denn du sollst wissen, dass ich es wirklich ernst meine mit dem, was ich dir sage, und dass ich an dich glaube. Auch ich war bereits an diesem Punkt. Es fühlte sich an, als stünde ich vor einem riesigen Abgrund, dessen Boden ich nicht sehen konnte. Ich hatte nur noch Angst und spürte zugleich, dass mir jeglicher Rückweg abgeschnitten war und ich keine andere Wahl mehr hatte, als zu springen.

Ich weiß nicht, wie lange dein freier Fall dauern wird, wie hart der Aufprall wird und was du findest, wenn du am Boden angekommen bist, aber als eine Frau, die über den Abgrund gesprungen ist, kann ich dir versichern, dass du das Schlimmste bereits hinter dir hast. Dass du den Sprung auf jeden Fall überlebst. Und dass Adrenalin im Körper sogar richtig Spaß machen kann.

Ich bin bereit, wenn du es bist!

Los geht's!

## Ressourcen aufbauen

Du hast dich dazu entschlossen, deinen Partner beziehungsweise deinen Partnerwunsch loszulassen und ihn – zumindest vorerst – in deinem Leben keine Rolle mehr spielen zu lassen. Wenn deine Gedanken fast schon gewohnheitsmäßig zu ihm wandern, musst du diese nun ganz gezielt in eine andere Richtung lenken. Du musst deine Aufmerksamkeit zurückholen, bildlich gesprochen an die Leine nehmen und ihr ein anderes

Ziel geben. Das neue Ziel deiner Aufmerksamkeit bist ab sofort du selbst.

*Dein Fokus*

Zur Feier dieses besonderen Schrittes bitte ich dich, loszugehen und dir ein Armband zu kaufen. Eines, das dir richtig gut gefällt und das du ab sofort jeden Tag mit Freude tragen kannst. Gönne dir das Vergnügen und erlaube dir, dich selbst zu beschenken. Gehe ganz nach deinem persönlichen Geschmack. Die Beschaffenheit und der Preis dieses Armbandes bleiben dir überlassen. Wichtig ist nur, dass es über keinen Verschluss verfügt. Stattdessen soll es sich ganz leicht und ohne Fummelei über dein Handgelenk streifen lassen. Dieses Armband ist nämlich nicht nur ein Geschenk von dir an dich selbst, sondern es wird ein wichtiges Hilfsmittel auf dem Weg dahin sein, deine Aufmerksamkeit ganz gezielt bei dir zu halten. Denn Achtung: Fortan wirst du es nämlich jedes Mal von einem Handgelenk auf das andere wechseln, wenn du dich dabei ertappst, mit deinen Gedanken zu deinem Ex zu wandern! Und das geht am einfachsten und unauffälligsten, wenn du dazu nicht lange an einem Verschluss herumnesteln musst. Am Anfang könnte es passieren, dass du das Armband viel häufiger wechseln musst, als dir lieb ist. Deshalb empfiehlt sich eines, mit dem du schnell eine Routine entwickeln kannst.

Diese Übung unterstützt dich dabei, den Fokus aufrecht und dein Bewusstsein wach und präsent zu halten, anstatt in kräftezehrende und obendrein sinnlose Grübeleien zu verfallen. Außerdem verdeutlicht dir diese kleine Bandwechselroutine deinen ganz persönlichen Fortschritt. Ich kann dir nämlich versprechen, dass der Tag kommen wird, an dem dir plötzlich auffällt, dass du das Band schon seit Stunden am selben Handgelenk trägst und es kein einziges Mal wechseln musstest. Egal, wann dieser Augenblick eintreten wird: Er wird köstlich sein und dich freudig staunen lassen. Du kannst dich darauf freuen!

Zögere also den Kauf des Armbands nicht hinaus, sondern erledige ihn am besten zeitnah. Nutze die Gelegenheit zudem gleich zur Selbstbeobachtung.

*Wie viel Zeit gibst du dir für den Kauf deines Schmuckstücks? Quetschst du den Einkauf in einen ohnehin schon vollen Terminkalender? Gehst du ins erstbeste Geschäft, um die Aufgabe schnellstmöglich hinter dich zu bringen? Wie viele Gedanken machst du dir über den Preis des Armbands? Halten sich ökonomische und ästhetische Gesichtspunkte bei deiner Auswahl die Waage? Wie fühlt es sich an, sich selbst zu beschenken? Schmückst du dich gern? Wäre es eine unnötige Verschwendung, das Armband von der Verkäuferin hübsch verpacken zu lassen?*

Bitte halte auf den folgenden Zeilen deine Reflexionen schriftlich fest. Wenn du vorher weiterliest und dein Armband nicht unmittelbar jetzt besorgen kannst, sondern erst etwas später, kehre bitte nach dem Einkauf nochmals zu diesen Zeilen zurück.

*Annehmen, was ist*

Das neue Ziel deiner Aufmerksamkeit bist nun du selbst. Sobald du dein Armband trägst, wirst du bemerken, dass du plötzlich verdammt viel Zeit hast, wenn du dich gedanklich nicht mehr mit deinem Ex beschäftigst. Und dass es umso schwerer ist, genau das nicht zu tun, wenn du deinem Geist keine sinnvolle Alternative dazu anbietest.

Jetzt, wo du deinem ganzen Leben eine neue Richtung gibst, weil du dir endlich die Aufmerksamkeit schenkst, die du verdienst und auch brauchst, darfst du vieles anders machen als bisher. Es geht hier nicht um Berechnung oder Herzlosigkeit, sondern um pure Fürsorge. In deinem Fall: Selbstfürsorge. Du darfst das. Du bist es wert. Auch wenn du es im Moment noch nicht fühlen kannst.

Nutze die freie Gedankenzeit, die du jetzt hast, um dich selbst zu beobachten. Frage dich liebevoll und ohne Wertung, worauf du Lust hast, was du gerne essen möchtest, wie du deine Zeit verbringen willst, und sei offen für alles, was sich zeigt.

Nun ist es möglich, dass eine solche Selbstbeobachtung keine klaren Antworten oder besonders angenehme Gefühle hervorbringt. Vielleicht fühlst du dich verwirrt und orientierungslos, vielleicht hast du auch auf gar nichts Lust und willst dich einfach nur mit Liebeskummer ins Bett verkriechen. Vielleicht hat die nun auch von dir vollzogene Trennung von deinem Ex ein riesiges Loch hinterlassen, und du fühlst dich wie der einsamste Mensch auf der Welt.

Als mein Partner damals – für mich völlig überraschend! – Schluss gemacht hat, brach eine Welt für mich zusammen. Er ging nicht mehr ans Telefon und antwortete auf keine meiner Nachrichten. Irgendwann ertappte ich mich sogar, dass ich nur noch anrief, um ihm endlos auf die Mailbox zu sprechen, denn ich ging schon gar nicht mehr davon aus, dass er meinen Anruf persönlich entgegennehmen würde. Trotzdem hoffte ich natürlich auf irgendeine Reaktion von ihm. Irgendein Zeichen, das mir sagte, es bestünde noch Hoffnung. Ich wünschte mir so sehr, dass es ihn berühren oder erweichen würde, wie sehr ich litt, weil es für mich ein Ausdruck dafür war, wie sehr ich ihn liebte. Vergeblich. Alle meine Kontaktversuche liefen ins Leere. Ich weinte, grübelte, weinte wieder, starrte in die Luft, aß fast nichts mehr und rannte durch die Gegend wie ein Zombie, wenn ich überhaupt das Haus verließ. Ich konnte kaum mehr schlafen und starrte permanent auf mein Handy. Nach ein paar Tagen in diesem emotionalen Ausnahmezustand war ich so erschöpft, dass ich mein Bett kaum mehr verlassen wollte. Ich meldete mich bei der Arbeit krank und vergrub mich komplett.

Richtig bitter wurde es aber erst, als ich beschloss, alles auf eine Karte zu setzen und meinen Ex zurückzuerobern, indem ich genau das Gegenteil von dem tat, was ich intuitiv hätte tun wollen – ihn loszulassen. Denn jetzt klaffte plötzlich eine riesige Lücke in meinem Leben. So, als hätte mir jemand das Herz herausgerissen – an dieser Stelle war nur noch ein Loch. Und ehe ich mich versah, kam Bewegung ins Spiel. Vielmehr kam Bewegung in mein Leben, denn das Loch begann sich zu füllen mit Schmerz. Plötzlich war ich konfrontiert mit all meinen Minderwertigkeitsgefühlen und meinem verinnerlichten Mangel. Fiese Glaubenssätze ätzten leiser und lauter in meinem Kopf:

- Ich werde niemals wieder einen Mann abbekommen
- Ich bin es nicht wert, dass man mit mir zusammen ist
- Ich bin nicht liebenswert
- Ich bin es nicht wert, nur für mich allein lecker zu kochen, aufzuräumen, schöne Kleidung zu tragen
- Niemand kümmert sich um mich
- Egal, was ich mache, es ist immer falsch
- Ich bin nicht gut genug
- Ich bin ganz auf mich allein gestellt

Plötzlich war ich wieder fünf Jahre alt ...

Um ehrlich zu sein: Wenn ich irgendwie die Kraft hätte aufbringen können, diesen Schmerz in eine dunkle Kiste zu verdrängen, dann hätte ich es vielleicht getan. Aber ich war zu erschöpft. Zu erschöpft von den jahrelangen emotionalen Achterbahnfahrten. Von den zahllosen Körben. Von all den Enttäuschungen. Ich war so müde und abgekämpft, fühlte mich vollkommen nackt und verwundet und wusste, dass ich aufgeben musste. Aufhören, gegen den Schmerz zu kämpfen. Dass ich mich all diesen unangenehmen Gefühlen, die in mir hochschwappten, ergeben musste. Irgendein Teil tief in mir war weise genug, um zu wissen, dass ich nur Frieden finden konnte, wenn ich mich all dem stellte, was jetzt gesehen werden wollte. Also gab ich mich hin. Ich ließ all die Glaubenssätze, Ängste und Minderwertigkeitsgefühle bei mir ankommen. Ich nahm das kleine, hilflose Mädchen Jessica mit seiner Trauer und Einsamkeit endlich ernst.

Ich erzähle dir das, um dir Mut zu machen. Alle unangenehmen Gefühle, die sich jetzt in dir zeigen, sind gut. Wenn du ihnen den nötigen Raum gibst, erfahren sie Heilung und eine nachhaltige Veränderung.

## Das innere Kind

Im ersten Teil des Buches hast du sehr viel erfahren über dein inneres Kind und seine Verletzungen und Schmerzen. Du hast erkannt, welche Sehnsüchte und Erwartungen du bis jetzt unbewusst auf einen Partner projiziert und diesen damit überfordert und vergrault hast. Du weißt mittlerweile bestens Bescheid über die Mechanismen, mit denen du – erfolglos – versucht hast, deine eigenen Erfahrungen aus der Kindheit neu zu überschreiben. Das theoretische Wissen um die Zusammenhänge zwischen eigenen unerlösten Gefühlen und den enttäuschenden Erfahrungen mit Männern hat dir vermutlich einige hilfreiche Erkenntnisse gebracht. Aber die Erkenntnis alleine reicht nur selten aus, um tatsächlich für einen Richtungswechsel zu sorgen. Aus der Hirnforschung ist mittlerweile bekannt, dass das menschliche Hirn am besten durch Begeisterung lernt. Also dann, wenn Inhalte erlebt, erfahren, begriffen werden können, im wahrsten Sinn des Wortes. Darum begleite ich dich nun ganz konkret auf dem Weg, ein neues Kapitel in deinem Leben aufzuschlagen. Im Folgenden lernst du Schritt für Schritt, deine alten Wunden zu heilen, dich ganz anzunehmen und liebevoll für dich selbst zu sorgen. Du lernst also, ein liebevoller Erwachsener zu sein.

## Eltern nach deinem Geschmack

Indem du dich jetzt ganz bewusst dafür entscheidest, alle Gefühle anzunehmen, die über dich hereinbrechen, vollziehst du einen sehr wichtigen Schritt. Du verdrängst und negierst nicht länger, was sowieso in dir ist und gesehen werden möchte.

In Anbetracht der Vielzahl von Verletzungen und Zurückweisungen, die uns als Kind zugefügt wurden, besteht natürlich die Gefahr, den Mut zu verlieren. Vielleicht kommt dir der Berg, vor dem du stehst, zu groß vor. Oder du fragst dich, wie du denn nun noch etwas verändern sollst? Schließlich kannst du deine Vergangenheit nicht ungeschehen machen, und unter Garantie kannst du auch deine Eltern nicht ändern. Das stimmt. Deine Eltern sind und bleiben deine Eltern, selbst wenn sie schon verstorben sind. Sie haben getan, was sie konnten, und manches davon war vielleicht falsch oder scheint dir im Nachhinein nicht mehr richtig oder zu wenig. Deine Sehnsucht nach Angenommensein und nach bedingungsloser Liebe ist real, du kannst sie sogar körperlich fühlen. Aber auch wenn deine Eltern die richtige Adresse für diese Gefühle sind, sind sie mittlerweile nicht mehr dafür zuständig, denn du bist inzwischen eine erwachsene Frau.

Der Ausweg aus deinem Dilemma: Werde du selbst zu den Eltern, die du dir immer gewünscht hast. Lerne, dein inneres Kind so ernst zu nehmen und so gleichwürdig zu behandeln, wie du es dir von deinen eigenen Eltern immer gewünscht hättest. Erfülle dir deine tiefsten Sehnsüchte und gib dir alles, was der verletzte Teil in dir braucht, um zu heilen. Schenke dir selbst die Aufmerksamkeit, den liebevollen Zuspruch und all die Zeit, die du dir immer von deinem Vater oder deiner Mutter oder von beiden gewünscht hättest.

### Brief an die Eltern

Nimm dir nun Papier und Stift und sorge dafür, dass du mindestens die nächste Stunde komplett ungestört bist. Schalte dein Telefon aus.

Schreibe einen Brief an deine Mutter oder deinen Vater oder an beide. Öffne dein Herz und schreibe dir alles von der Seele, was du dir als Kind von ihnen gewünscht hättest oder noch immer von ihnen wünschst. Schreibe auf, was dir am meisten Angst oder Kummer bereitet hat. Schreibe auf, wenn du dir in irgendeinem Bereich besonders Mühe gegeben hast, um den Eltern zu gefallen. Schreibe alles auf, was dich bis heute an- und umtreibt.

Wenn du dann den Brief erneut durchliest, dabei aber die Anrede »Liebe Mama«, »Lieber Papa« – oder wie auch immer du deine Bezugsperson angesprochen hast – durch deinen eigenen Namen ersetzt, hast du eine ungefähre Richtschnur dafür, was dein inneres Kind in Zukunft von dir braucht.

Wenn also in deiner aktuellen Lebenssituation das nächste Mal Herzschmerz aufsteigt, dann versuche nicht, ihn wegzudrängen, und unternimm nichts, damit er schnell wieder verschwindet. Zieh dich stattdessen an einen Ort zurück, an dem du dich wohl und sicher fühlst. Das kann das Bett sein, die Wohnzimmercouch mit Kuscheldecke, die windgeschützte Ecke auf dem Balkon oder der Stamm der alten Eiche im Garten, völlig egal. Falls du gerade arbeitest, verlasse für eine halbe Stunde das Büro. Suche einen vertrauten Ort auf, an dem du dich bestmöglich entspannen kannst, und gib dort allem Raum, was jetzt in dir aufsteigt. Trauer, Wut, Hilflosigkeit, Einsamkeit, alles ist richtig und darf sein. Spür nach, ob dir das Gefühl bereits vertraut ist und wann es sich zum ersten Mal so richtig schlimm angefühlt hat. Erlaube deinem inneren Kind, sich bei dir so richtig auszuweinen, und sei einfach da.

Ich befand mich in der Ausbildung zur Kinesiologin, als ich im Rahmen eines Selbsterfahrungsseminars zum ersten Mal in Kontakt kam mit meinem inneren Kind. Bis zu diesem Zeitpunkt hielt ich mich für eine vom Leben arg gebeutelte Person mit starkem Überlebenswillen, die sich unter widrigsten Umständen ihren Platz im Leben erkämpft hat. Kurz gesagt, ich hielt mich für sehr erwachsen und sehr reflektiert. Ich hatte bereits einige unterschiedliche Therapien hinter mir und fühlte mich sattelfest und stabil genug, um einen derartigen Beruf zu ergreifen. Bis ich mein inneres Kind kennenlernte.

Ich hatte geglaubt, ich müsste den Kontakt zu meinem inneren Kind mühsam freilegen, und war mir sicher, dass es traurig und verlassen in irgendeiner Ecke herumsitzt. Was sich tatsächlich zeigte, überraschte und erschütterte mich gleichermaßen: Meine Kleine war höchst aktiv. Sie hatte in meinem Leben eindeutig die Hosen an, war mehr als präsent und traf so ziemlich alle Entscheidungen! In diesem Seminar erlebte ich schmerzlich, dass nicht mein inneres Kind das Problem war, sondern meine fehlende Präsenz als erwachsene Frau. Meine Kleine stand am Buffet und stopfte sich mit Essen voll, mit doppelt so viel Nachtisch wie normaler Mahlzeit und weit mehr, als mir bekam. Meine Kleine hing nachts noch todmüde mit den anderen am Kamin herum, weil sie nichts verpassen wollte, obwohl mir schon fast die Augen zu fielen. Und ich als Erwachsene stand schulterzuckend daneben, unfähig, Verantwortung zu übernehmen und dafür zu sorgen, dass ich meine Grenzen wahrte.

Als ich am nächsten Mittag wieder vor dem Buffet stand und ich meine innere Stimme fragen hörte: »Na, was sollen wir denn heute essen?«, hatte ich plötzlich meine Mutter vor Augen, die mich genau dasselbe fragte. Oder von mir als Neunjährige wissen wollte, auf welches Gymnasium ich denn gehen wollte. Schlagartig machte sich in mir Überforderung breit, und ich wusste, dass das der Teil in mir war, der viel zu früh irgendwelche Entscheidungen treffen musste und sich dabei nach jemandem sehnte, der Struktur und die damit verbundene Sicherheit vermittelte. Ich sehnte mich nach klaren Ansagen und Entscheidungen, die für mein Wohlergehen sorgten. Nun musste ich erkennen, dass ich als Erwachsene nicht in der Lage war, solche Entscheidungen zu treffen, und ich begriff das Ausmaß des Satzes: »Wir behandeln uns selbst genau so, wie wir als Kinder behandelt wurden.«

### Erwachse aus der Kinderrolle

Wenn du einem Mann hinterherläufst oder dich an ihn klammerst, dann bist das nicht du als erwachsene Frau, sondern der verletzte, verunsicherte Teil in dir, der sich seit Kindesbeinen an zurückgewiesen fühlt und sich verzweifelt nach

Liebe sehnt. Wenn du immer wieder in komplizierten On-Off-Beziehungen festhängst oder die Männer reihenweise in die Flucht schlägst, weil du viel zu schnell viel zu viel von ihnen willst, dann ist das dein inneres Kind, das hilflos und im Stich gelassen umherirrt und dringend eine andere Erfahrung machen muss als die bisherigen. Es braucht einen Menschen, der sich seiner endlich liebevoll annimmt. Der ihm zuhört, es ernst nimmt und aktiv Bedingungen schafft, in denen sich das Kind sicher und geborgen fühlt, so dass es endlich zur Ruhe kommen und Vertrauen entwickeln kann. Und dieser Mensch kann niemand anders sein als du selbst.

Du kannst dein inneres Kind befrieden, indem du ein entsprechendes Klima schaffst. Du kannst lernen, die liebevolle Erwachsenenrolle einzunehmen, nach der du dich selbst immer gesehnt hast. Ja, das ist eine Aufgabe, ganz besonders, wenn du nicht erfahren hast, wie Eltern authentisch und liebevoll zu ihren Kindern sind. Aber es ist machbar. Orientiere dich an dem, was du als Kind vermisst hast und übernimm Verantwortung für deine Wünsche und Bedürfnisse. So wie eine verantwortungsbewusste Mutter aus Liebe nicht zulassen würde, dass sich ihr Kind mit Süßigkeiten vollstopft, bis ihm schlecht ist, sondern leckere Alternativen zubereitet und anbietet. So, wie sie ihr Kind zu Bett bringen würde, wenn es müde ist, anstatt mit überflutetem Kopf und stierem Blick vor dem Rechner sitzen zu lassen. Oder wie sie es vom Rockzipfel eines Mannes wegholen würde, der von dem kleinen Mädchen völlig überfordert ist und nicht gut mit ihm umgehen kann.

Ein Partner kann unmöglich diese Verantwortung übernehmen. Und solange dein inneres Kind keinen sicheren Platz in dir gefunden hat, sondern sich, bildlich gesprochen, an die Hosenbeine eines fremden Mannes klammern möchte, wird dieser sich sofort zurückziehen. Hol also dein Kind zurück zu dir und gib deiner Kleinen selbst, was sie so dringend braucht. Beginne, dir selbst so wohlwollend und wertschätzend zu begegnen, wie du es dir bislang im Außen gewünscht hast. Auf diese Weise vermittelst du deiner Umwelt, was mit dir möglich ist und was nicht.

## 7. Mache es selbst, sonst macht es keiner: Eigenverantwortung übernehmen!

Es macht keinen Sinn, deine Zeit zu verschwenden und lange um den heißen Brei herumzureden: DU bist deines Glückes Schmied. Du bist die einzige Person, auf die es in deinem Leben ankommt. Das ist keine Aufforderung zum rücksichtslosen Egoismus, sondern es ist vielmehr eine Einladung zum aktiven Umweltschutz.

Denn wenn du selbst gut für dich und deine Bedürfnisse sorgen kannst, dann wirst du frei und unabhängig von der Bereitschaft anderer Menschen, dies für dich zu übernehmen. Und wenn deine Mitmenschen von dir nicht mehr gebraucht – oder missbraucht – werden für deine Zwecke, so schaffst du ein Klima um dich herum, in dem andere frei sein können. So sein können, wie es ihnen entspricht, ohne Angst haben zu müssen, dich zu enttäuschen oder deinen Erwartungen nicht gerecht zu werden.

Ich möchte deine allerletzten Zweifel daran zerstreuen, ob du nun wirklich das Heft deines Lebens in die eigene Hand nehmen darfst. Du darfst nicht nur, du musst! Es ist allerhöchste Zeit dafür. Beginne noch heute, dein Leben selbst aktiv zu gestalten. Denn ganz egal, welche schmerzlichen Erfahrungen du in der Vergangenheit gemacht oder welche Dramen sich abgespielt haben: Liebevolle Selbstfürsorge und Eigenverantwortung kannst du lernen. Dafür ist es niemals zu spät. Gib dir und deiner inneren Kleinen einen Rahmen, in dem ihr euch beide entfalten könnt. Übernimm Verantwortung für deine Wünsche und Bedürfnisse und lerne, dafür einzustehen.

### Schöpferin auf stabilem Fundament

Wenn du dich in deinem Leben umschaust, bist du dann wirklich glücklich mit dem, was du siehst? Kannst du zu dem, was du da so kreiert hast – und unabhängig von deinem Beziehungsstatus – aus tiefstem Herzen »Ja!« sagen? Bist du entspannt mit deiner finanziellen Situation? Magst du deinen Beruf, und macht er dir Freude? In welchem Zustand befinden sich dein Körper und deine Gesundheit? Gefällt dir, was dein Bewusstsein für dich geschaffen hat? Guck genau hin, denn es gibt einen Unterschied zwischen »Für mich reicht das ...« und »Oh ja, das rockt!«. Ich bin mir sicher, dass ich diesen Unterschied nicht weiter vertiefen muss, weil die Stimme in dir bereits gesprochen hat und du jetzt schon fühlst, wo du noch weit unter deinen Möglichkeiten liegst und wo alte Muster und Glaubenssätze wirken.

Um ins Tun zu kommen und dich deiner wahren Natur wieder anzunähern, gibt es unterschiedliche Möglichkeiten. Als ich damals mitten in der Krise steckte, begann ich mit der Erforschung meiner Grundbedürfnisse.

- Sorge dafür, dass du genug schläfst. Schaff dir hierfür deinen ganz persönlichen Rahmen, der dich sanft und sicher in den Schlaf begleitet. Schlaf ist ein kleiner Tod. Im Schlaf sind wir hilflos und verwundbar, geben die Kontrolle ab. Deshalb brauchen wir ein Gefühl von Sicherheit und Geborgenheit, um gut loslassen zu können. Wenn du zu Ein- oder Durchschlafstörungen neigst, dann sind das Indizien dafür, dass du in bestimmten Lebensbereichen diese Kontrolle nicht abgeben willst, weil dir das Vertrauen fehlt, die Situation gut regeln bzw. regulieren zu können. Wehre dich deshalb nicht länger gegen den Kontrollverlust, sondern erforsche, wovor du dich in der Tiefe fürchtest.
- Iss und trink das, was dir guttut. Denn worauf wir Lust haben, ist nicht zwingend das, was uns nährt, und besonders emotional herausfordernde Zeiten stellen unser Essverhalten auf den Kopf. Wenn es bei mir emotional eng wurde, habe ich bergeweise Süßes gefuttert – und sonst nichts. Industrieller Zucker, um meinem Leben die Süße zu verleihen, die ihm fehlte, während mein genereller Appetit fast verschwand.

An der Art, wie wir uns ernähren, können wir viel über uns selbst lernen, denn das Thema Essen ist emotional enorm aufgeladen. Ich kenne beispielsweise viele Frauen, die gelernt haben, dass Liebe durch den Magen geht. Dass wir aus

Liebe noch so manches mehr schlucken müssen, als uns selbst lieb ist, ein Löffelchen für Oma, ein Löffelchen noch für den Opa. Der leere Teller zählt, das Sättigungsgefühl ist nebensächlich.

Ich weiß auch, wie es sich anfühlt, wenn es mir viel zu aufwändig und anstrengend ist, mir ganz für mich allein etwas Leckeres zuzubereiten. Für mich lohnt sich das doch gar nicht. Ich allein bin mir das nicht wert. Darum möchte ich dich ermutigen: Erforsche dein individuelles Ernährungsverhalten. Was isst du? Wann isst du? Und wie nimmst du Nahrung oder Flüssigkeit zu dir? Auf dieser Entdeckungsreise geht es nicht darum, dass du einem bestimmten Trend hinterherjagst oder irgendwelche Ernährungsrichtlinien befolgst, von denen du glaubst, dass sie gut wären für dich. Es geht darum, ganz achtsam wahrzunehmen, was dir entspricht. Dein ganz persönlicher Geschmack, deine ureigensten Vorlieben, das kann Rohkost oder Fleischsalat sein. Erlaube dir zu spüren, was dir nachhaltig guttut. Was dich stärkt und deinen Geist wachhält. Erforsche, wie es dir geht, während du isst.

- Erforsche deine Rolle als Frau.

Jede Frau hat eine mehr oder weniger konkrete Idee davon, wie Frauen so sind. Geprägt durch unsere Mütter – und auch durch die Väter – erleben wir, wie Frauen sich verhalten bzw. verhalten sollen. Wir sehen an unseren Rollenvorbildern, was als schicklich oder anstrengend, notwendig oder überflüssig empfunden wird. So galt es beispielsweise bei den Frauen in meiner Herkunftsfamilie als überflüssiger Luxus, in sich selbst und die äußere Erscheinung zu investieren. Für derlei »Oberflächlichkeit« war auf der materiellen Ebene kein Geld vorhanden. Das Notwendigste musste reichen. Einmal pro Woche war Badetag, dazwischen genügte die Katzenwäsche mit Waschlappen und Seife, alles andere war Verschwendung. Sparen war angesagt, sowohl am Feuerholz für den Badeofen als auch am Wasser selbst. Wer meiner Großmutter ein Geschenk machen und sie verwöhnen wollte – weil sie sich selbst so etwas nicht gönnte –, konnte erleben, wie zum Beispiel der teure Badezusatz im Regal Staub ansetzte. Er fand nämlich keine Verwendung und wurde immer aufgespart für eine »ganz besondere Gelegenheit«, die niemals eintrat. Das reine Sein, sie selbst als Person, war solchen Luxus nicht wert. Und so blickte ich später selbst skeptisch bis ablehnend auf die »Luxusweibchen« dieser Welt, die mehrmals pro Jahr zum Friseur gingen oder sich täglich unter die Dusche stellten. Sie kamen mir so unglaublich verschwenderisch vor.

Außerdem erlebte ich Frauen immer als schwach und den Männern unterlegen, weshalb ich jahrelang große Schwierigkeiten damit hatte, mich selbst weiblich zu fühlen. Ich lehnte Weiblichkeit ab. Das ging sogar so weit, dass ich Zweifel an meiner sexuellen Orientierung hatte und phasenweise, um trotzdem Beziehung leben zu können, den maskulinen Part in einer gleichgeschlechtlichen Beziehung wählte.

Welche Bilder und Vorstellungen hast du davon im Kopf, wie Frauen im Allgemeinen sind – und wie sie im Speziellen sein sollten? Woher stammen diese Bilder? Wer waren und sind deine Vorbilder?

Die Auseinandersetzung mit diesen Punkten verschafft dir eine gute Basis und ein tieferes Verständnis dafür, was dich in deinem Wesenskern ausmacht. Begib dich auf Entdeckungsreise und nimm Stück für Stück deines Daseins unter die Lupe: Welche Haltungen und Glaubenssätze hast du übernommen? Mit welchen fühlst du dich wohl? Welche möchtest du loslassen? So kannst du, wie bei einer Zwiebel, eine Schicht nach der anderen abtragen und dein Licht wieder zum Leuchten bringen. Das passiert nicht von jetzt auf gleich, sondern braucht Zeit und Geduld, und das ist in Ordnung so. Die übernommenen Konzepte, Anpassungsstrategien und Schutzmechanismen, die jetzt dein Leben beschränken, haben vor vielen Jahren einmal dein emotionales Überleben gesichert. Es sind also nur auf den ersten Blick »Blockaden«, in Wahrheit waren es notwendige Hilfskonstrukte, die sehr gut funktioniert haben. Dafür verdienen sie Anerkennung, genauso, wie alles Anerkennung verdient, was dich ausmacht. Wenn du dich also in die Selbsterforschung begibst, verzichte unbedingt darauf, das, was du dabei entdeckst, zu bewerten.

Die Unterteilung in »gut« und »schlecht« schafft Leid. Nehmen wir als Beispiel die Einteilung von Gefühlen in gute und schlechte. Jeder von uns hat ein großes Repertoire an Gefühlen, die sehr willkommen sind und von denen wir gerne möglichst häufig mehr hätten: Freude, Begeisterung, Erleichterung. Wenn wir herzlich und ansteckend lachen, freuen sich die Menschen in unserer unmittelbaren Umgebung mit uns. Wut, Trauer oder Ärger gehören dagegen in den Köpfen vieler Menschen zu den eher unbeliebten Gefühlen. Diese Gefühle wollen wir nicht fühlen, geschweige denn offen mit anderen teilen. Sie verstecken oder verdrängen wir lieber, vor den Menschen um uns herum und vor allem vor uns selbst. Wer sich selbst erlaubt, alle Gefühle wertfrei anzunehmen, die kommen – und ja auch wieder gehen –, erfährt innere Freiheit. Alles darf sein, wie es ist, kein Gefühl ist bedeutsamer als ein anderes. Gefühle sind sowieso der permanenten Veränderung unterworfen und lassen sich nicht beständig konservieren. Diese Erkenntnis macht es mir leichter, mich in eine neutrale Beobachterposition zurückzuziehen. Deine Gefühle ändern sich ständig, sowohl in der Qualität als auch in der Intensität. Wenn auf deinem Weg der Selbsterforschung also Gefühle auftauchen, die dich beglücken und stolz machen, dann erfreue dich daran, solange es möglich ist. Wenn Gefühle entstehen, die dir Angst machen oder die sich unangenehm anfühlen, dann kannst du sie ganz genauso durchleben, wissend, dass sie nicht ewig bleiben werden.

Als ich einmal mit fürchterlichen Rückenschmerzen im Bett lag und mich kaum bewegen konnte, kam mein bester Freund, ein Yogi in der Tradition des Advaita Vedanta, vorbei. Ich jammerte, wie elend es mir ginge und wie schlimm die Schmerzen wären. Er antwortete: »Genieß es! Wer weiß, wie lange es anhält.« Darum: Erforsche wertfrei und ohne dich selbst in Schubladen zu stecken, die in Wahrheit nicht existieren.

## Selbstausdruck

Wenn du dir eine echte Liebesbeziehung mit einem Mann wünschst, dann darfst du dich an dieser Stelle fragen: Wie authentisch drücke ich mich aus?

### Dein Wohnraum

Als ich meinen Mann kennenlernte, lebte ich zur Untermiete in einer möblierten Altbauwohnung in Berlin Charlottenburg. Ich liebte diese Wohnung. Sie hatte eine perfekte Größe, war sonnig – alle Zimmer waren nach Süden ausgerichtet – und hatte sogar einen großen Balkon zum ruhigen und grünen Innenhof. Ich mochte das Knarzen des Holzdielenbodens und genoss das Tageslicht im Bad. Die Wohnung war komplett eingerichtet, Zimmerpalme, Besteck und Bettwäsche inklusive. Es war eine Liebe auf den ersten Blick, und ich fühlte mich auf Anhieb wohl in dieser Wohnung.

Mein Mann besuchte mich ein einziges Mal in dieser Wohnung. Wenn man es genau nimmt, war es nicht einmal ein richtiger Besuch, denn er kam nur kurz mit hoch, nachdem er mich am Tag nach meiner ersten Übernachtung bei ihm nach Hause gefahren hatte. Alle weiteren Treffen, die es zwischen uns gab, fanden bei ihm oder woanders statt. Erst als ich fünf Trennungen später und knapp ein Jahr nach unserem Kennenlernen aus dieser Wohnung ausgezogen war, besuchte er mich öfter und blieb auch über Nacht – obwohl ich im selben Haus und sogar im selben Stockwerk wohnte.

Der entscheidende Punkt war, dass meine erste Wohnung eben nicht MEINE Wohnung war. Ich lebte zwar darin und fühlte mich wohl, aber nichts in dieser Wohnung drückte mich und meine Persönlichkeit aus, nichts davon entsprach mir oder meinen Vorstellungen und Vorlieben. Alles war hübsch und zweckmäßig, nur eben ohne meine Seele. Hinzu kam, dass abgesehen vom Kleiderschrank alle Möbel angefüllt waren mit fremden Dingen. In den Bücherregalen standen Bücher, die ich selbst nicht gekauft hätte und – in ein paar hatte ich mich eingelesen – die mir auch nicht gefielen. Die Schreibtischschubladen waren zugeklebt, ebenso wie die Wohnzimmerregale, in denen von der Besitzerin geliebte Gläser ausgestellt waren, die mir nicht das Geringste bedeuteten. Anfangs spielte das für mich keine große Rolle, denn ich war lediglich zum Arbeiten in der Stadt und hatte wenig Gepäck dabei. Ich brauchte also ohnehin kaum Platz. Auch wenn ich selbst die Wohnung völlig anders eingerichtet hätte, nach meinem Budget und Geschmack, mit Möbeln, die meinen Anforderungen an Komfort oder Nachhaltigkeit entsprechen, so war ich doch froh und dankbar, dass ich an einem so schönen Platz sein konnte und vom Handtuch bis zum Gewürzregal alles für mich bereitstand. Für mich war diese Wohnung in meiner Lebenssituation eine Fügung des Schicksals und eine wunderbar unkomplizierte und bequeme Lösung. So war ich anfangs sehr glücklich damit.

Dabei sprach meine Wohnsituation Bände – und meine Beziehung spiegelte mir das. Denn schon nach knapp zehn Wochen trennte sich mein Mann mit der unausgesprochenen Begründung von mir: Ich sei nicht ich selbst. Nirgends um mich herum drückte ich mein Wesen, meine Essenz, meine Persönlichkeit aus. Ich fügte mich problemlos in ein fremdes Leben, in eine fremde Wohnung ein, meine Anpassungsbereitschaft hatte zu diesem Zeitpunkt kaum Grenzen, und es gab nicht viel, woran mein Herz wirklich hing. Ich hatte meinen Selbstausdruck geopfert. Und es war überhaupt kein Wunder, dass das für meinen Mann nicht besonders attraktiv war. Ich verfügte über keine Anziehungskraft, weil ich mich nicht zeigte und mich nicht in meine Umwelt fließen ließ.

Eine authentische Liebesbeziehung mit deinem Traummann erfordert, dass du selbst dich authentisch ausdrückst. Deine Wohnsituation ist ein Punkt, an dem du direkt ansetzen und überprüfen kannst, wo du in diesem Bereich stehst. Ist deine Wohnung genau so, wie du es dir wünschst? Entsprechen die Möbel deinem Geschmack, oder sind da Hinterlassenschaften von Ex-Partnern oder ehemaligen Mitbewohnern vorhanden, die überhaupt nicht zu dir gehören? Nach welchen Kriterien hast du die Einrichtung ausgewählt? Funktionalität? Preis? Begeisterung über ein spezielles Design?

Was kannst du sonst noch an deinem Wohnraum ablesen? Wie ordentlich oder unordentlich bist du beispielsweise – und wie gelassen oder verkrampft gehst du mit Ordnung oder Unordnung um? Wäre in deiner Wohnung überhaupt Platz für einen Mann, wenn er jetzt vor der Tür stehen und bei dir klingeln würde? Gäbe es einen freien Haken für seinen Mantel an der Garderobe, einen Platz auf deiner Couch, oder ist alles belegt und vollgestopft? Bist du dir selbst einen gemütlichen, angenehmen Wohnraum wert? Kannst du entspannt einen kurzfristig angekündigten Gast empfangen, oder musst du vor jedem Besuch erst einmal Ordnung schaffen, weil es dir unangenehm ist, wenn jemand sehen würde, wie es normalerweise aussieht?

Geh durch deinen Wohnraum und finde in jedem Zimmer drei Dinge, die dich überhaupt nicht mehr ansprechen, dir bei genauerer Betrachtung nicht mehr gefallen – oder vielleicht auch noch nie so hundertprozentig gefallen haben. Trenne dich von diesen Dingen. Und nein, trennen bedeutet nicht, sie in eine Kiste zu packen und in den Keller zu stellen. Dort sind sie nämlich nicht raus aus deinem System, sondern nur verschoben. Wenn du dich dabei ertappst, diese Dinge einfach nur aus deinem Blickfeld räumen, anstatt dich wirklich von ihnen trennen zu wollen, neigst du möglicherweise auch in anderen Bereichen deines Lebens dazu, Unbequemes zu verlagern, anstatt dich mit der gefühlten Endgültigkeit einer Trennung anzufreunden.

Du kannst dich fragen: Welche Gefühle verbinde ich mit Verlust? Welchen Wert haben Dinge für mich? Was macht ihren tatsächlichen Wert für mich aus, den ich nicht verlieren will? Was war mein schlimmster Verlust, und welche Schlüsse habe ich daraus gezogen?

Ganz wichtig dabei: Bewerte dich nicht! Es geht nicht darum zu urteilen, ob Ordnung besser als Chaos ist oder viel Platz angenehmer als wenig. Du solltest dich darin üben, dein Umfeld bewusst wahrzunehmen und zu überprüfen, inwieweit es sich mit deinem Inneren deckt. Denn nur wenn du das klar erkennst, kannst du Korrekturen vornehmen, im Außen ebenso wie im Inneren, um deinen authentischen Selbstausdruck zu fördern. Wie soll dein Traummann dich denn finden und erkennen, wenn die Art, wie du dich ausdrückst, nicht deinem Inneren entspricht? Dein Wohnraum ist darum auf ganz bodenständiger Ebene ein großartiges Erkenntnis- und Übungsfeld.

*Deine Kleidung*

Natürlich umfasst dein Selbstausdruck auch deine Kleidung. Dem Ausspruch »Kleider machen Leute« können wir uns aus unterschiedlichen Richtungen annähern. Eines bleibt dabei immer gleich: Auf ihre bloße Funktion lässt sich Kleidung schon längst nicht mehr reduzieren. Selbst bei Kleidung, die dies im Namen trägt, geht es um mehr als die reine Funktion. Denn: Du kommunizierst über deine Kleidung. Du setzt ein Statement, ob du willst oder nicht. Du drückst aus, worauf du Wert legst und was dir nicht so wichtig ist. Du drückst aus, was du dir leisten kannst oder willst. Aber nicht nur das: Deine Kleidung sagt etwas darüber, wie du gerne wärst. Unser Gehirn checkt innerhalb weniger Sekundenbruchteile, ob sich das, was unsere Kleidung transportiert oder transportieren soll, auch mit dem restlichen Erscheinungsbild und unserer Körpersprache deckt. Wir erkennen sofort, ob sich unser Gegenüber »verkleidet« hat oder sich wirklich wohl fühlt mit dem, was er oder sie trägt.

Selbst wenn du sagst: »Ich lasse mich nicht über meine Kleidung definieren, für mich zählen nur die inneren Werte!«, kommunizierst du über deine vielleicht abgetragenen Schuhe, geflickten Jeans oder das Mottenloch im Pullover. Die entscheidende Frage ist: Was MÖCHTEST du ausdrücken? Erlaubst du deinem potentiellen Partner, deine innere Schönheit bereits an deinem modischen Ausdruck abzulesen? Oder hast du – unbewusst – eine Hürde auf dem Weg zu dieser Erkenntnis eingebaut? Muss der Mann schon im Vorfeld beweisen, dass er sich »nicht abschrecken« lässt von deinem äußeren Erscheinungsbild?

Inspiziere deinen Kleiderschrank. Trenne dich von mindestens fünf Kleidungsstücken, die deinen wahren Wert und deine natürliche Schönheit nicht ausdrücken – oder dir auf einer anderen Ebene nicht mehr entsprechen. Das können Kleidungsstücke sein, die zerschlissen oder schäbig geworden sind, oder aber Teile, die du schon seit langem nicht mehr trägst, noch nie getragen hast oder die nicht mehr passen. Miste aus!

Als ich meinen jetzigen Mann kennenlernte, arbeitete ich nicht als Coach oder Kinesiologin. Ich hatte zu diesem Zeitpunkt meinen beruflichen Weg in dieser Hinsicht auf Eis gelegt und fühlte mich zu blockiert und mit mir selbst beschäftigt, um mit anderen Menschen arbeiten zu können. Stattdessen verfolgte ich die Idee, Drehbuchautorin zu werden, und machte gerade als Quereinsteigerin erste Schritte in der Filmbranche. Getrieben von Idealismus und dem Glauben, mich »hocharbeiten« zu müssen, absolvierte ich eine Filmproduktion nach der anderen und begnügte mich dabei mit einer Gage, die zum Leben kaum reichte. Aufgrund meines Übergewichts trug ich nur noch Röcke oder Kleider, denn in meine alten Hosen passte ich nicht mehr hinein, und für neue Jeans hatte ich kein Geld. Die einzige Jeans, die ich mir neu gekauft hatte, war binnen kürzester Zeit zerschlissen und abgetragen, und wann immer sie riss, trug ich sie zum Schneider um die Ecke, um sie flicken zu lassen. Eine Freundin hatte mir kurz zuvor einen alten Daunenmantel geschenkt, dessen Innenfutter bereits beschädigt war, aber bei der Arbeit im Aufnahmeleitungs-Team am Filmset (bei −15 Grad auf irgendeiner Wiese in Brandenburg) hielt er wunderbar warm, und ich musste mir keine Gedanken darüber machen, ob er Schlammspritzer oder einen Ölfleck abbekam. Von meinen alten Bergstiefeln begann sich die Sohle zu lösen, also klebte ich sie mit Gaffa* wieder fest. »Not macht erfinderisch!«, sagte meine Oma immer, und ich hielt diesen Glaubenssatz für eine große Tugend. Ich war stolz darauf, wie genügsam ich war und mit wie wenigen Mitteln ich zurechtkam. Ich war stolz darauf, wie hart ich arbeiten konnte und dass mich selbst die widrigsten Umstände nicht in die Knie zwangen. Mein Äußeres war mir völlig egal. Ich wollte überzeugen durch Tiefe und Leistung, Hausverstand und Herzlichkeit. Meine sichtbare Armut trug ich erhobenen Hauptes wie Insignien meines ehrbaren Charakters vor mir her. Was ich damit ausdrückte: Ich arbeite aus Überzeugung und für meine Ideale, nicht für Geld. Ich wurde als Kind groß damit, dass Geld zu besitzen oder reich zu sein sehr suspekt ist und man selten auf ehrlichem, anständigem Weg wohlhabend wird. Von daher war es für mich ein Zeichen meines unverdorbenen und aufrichtigen Charakters, dass ich »nicht käuflich« war und meine innere Schönheit nicht durch Äußerlichkeiten aufhübschen musste.

Ich war stolz auf meine Genügsamkeit und meine fehlenden Ansprüche. Vielmehr war das in meinen Augen der Preis,

---

* Gaffer = engl. Oberbeleuchter. Gaffa Tape ist ein unter Filmleuten sehr beliebtes und extrem haltbares textiles Klebeband

den ich zu zahlen hatte, um meine Träume zu verwirklichen. Ich sah mich als tolle Frau mit ziemlich viel auf dem Kasten, gebildet, weltoffen, tough und nach wie vor anziehend. Aus irgendeinem Grund zweifelte ich keine Sekunde an meiner natürlichen Attraktivität, auch wenn sich schon eine Weile kein Mann mehr ernsthaft für mich interessiert hatte. Im Gegenteil, ich war ein paar Mal abgeblitzt, aber ich fragte mich niemals, ob das etwas mit mir selbst zu tun haben könnte.

Als mein Mann und ich uns begegneten, fand ich ihn auf Anhieb sympathisch, aber er war überhaupt nicht mein Typ. Ein wenig kleiner als ich, übergewichtig, mit einem merkwürdigen Modegeschmack und einer Vorliebe für bunte Käppis. Allein sein Verhalten widersprach seinem optischen Eindruck. Er hatte Manieren und Geschmack, mochte guten Wein und gutes Essen. Er war – und ist – ein begnadeter und hoch talentierter Musiker, und niemand würde ahnen, dass er keine Noten lesen kann. »Er ist total nett, aber überhaupt nicht mein Typ«, erzählte ich einer Freundin. Heute weiß ich: Ich begegnete mir selbst. Ich blickte in meinen Spiegel. Ich sah sein Übergewicht mit all den damit verbundenen Themen, und gleichzeitig nahm ich es überhaupt nicht wahr. Es störte mich nicht im Geringsten, sondern erlaubte mir – unbewusst – vielmehr, mich selbst in meiner Haut pudelwohl zu fühlen, weil meine Körperfülle neben ihm nicht besonders auffiel. Meine schäbige optische Erscheinung. Meine Fähigkeit, den Ist-Zustand völlig auszublenden. All die menschlichen Qualitäten, die erst auf den zweiten Blick zu Tage traten. Ich konnte mich entspannen in seiner Gegenwart, denn neben seinen »Hochwasserhosen« fühlte ich mich in meinen abgetragenen Schuhen nicht abgewertet.

Mein Mann bewunderte mich damals für mein Körpergefühl und erwähnte immer wieder, wie sehr es ihm gefällt, wie wohl ich mich anscheinend in meinem Körper fühlte. Das eigentlich Kuriose daran war, dass ich keine Ahnung hatte, dass er damit meine dreißig Kilo Fett meinte, die ich mit mir herumschleppte. Denn in meiner persönlichen Wahrnehmung hatte ich lediglich ein paar Pfund zu viel auf den Hüften und weibliche Kurven. Ich war ein Vollweib. Dachte ich. Jetzt, wo die dreißig Kilo wieder weg sind und ich mein persönliches Idealgewicht habe und in meine alten Klamotten passe, staune ich darüber, wie verschoben meine Selbstwahrnehmung war. Wenn ich heute Bilder von damals betrachte, kann ich mich nur wundern, welche Anforderungen ich damals an einen Mann hatte – im Vergleich zu dem, was ich selbst bot. Außerdem sehe ich, dass mich diese Art Verzerrung oder Ausblendung der Realität schon von Kindesbeinen an begleitet, als Schutz vor seelischem Schmerz und unangenehmen Gefühlen. Zudem bin ich, nach mehreren Jahren innerer Arbeit, mit dreißig Kilo weniger und verheiratet mit meinem Ex, natürlich nach wie vor gefordert zu überprüfen: Passen mir meine alten Klamotten wirklich noch? Auf der rein körperlichen Ebene gibt es dafür ein klares »Ja«. Was aber ist mit der seelisch-emotionalen? Entsprechen die alten Sachen meinem neuen Lebensgefühl? Oder habe ich gar kein neues Lebensgefühl, sondern bin selbst wieder »ganz die Alte«? Was in mir hat sich verändert? Was möchte ich ausdrücken? Worin fühle ich mich wirklich wohl?

Und natürlich auch: Was bin ich mir wert? Verdiene ich, dass ich mich wertig kleiden darf? Kann oder darf ich es mir leisten, zu mir passende Kleidung zu kaufen und zu tragen? Kannst oder darfst du es dir leisten, dir die Kleidung zu kaufen, die dir entspricht? Verfügst du auf der materiellen Ebene über genug Geld? Und genauso aufschlussreich: Lebst du in einem Umfeld, das dir dies ermöglicht? Oder liebst du es farbenfroh, musst aber beispielsweise aus beruflichen Gründen immer schwarze, graue oder dunkelblaue Kleidung tragen? Fürchtest du, zum Gesprächsthema deiner Umgebung zu werden, wenn du dich so kleidest, wie du Lust hast?

*Dein Körper*

Lerne ebenfalls zu unterscheiden zwischen ego-gespeistem Aktionismus und innerem Antrieb aus dem Herzen heraus. Selbst ein komplettes Make-over deines bisherigen Lebens würde wirkungslos verpuffen, wenn es nicht seinen Ursprung in dir selbst hat, sondern aus einer bestimmten Absicht heraus geschieht. Vielleicht ist dir schon einmal aufgefallen, wie viele Frauen sich mit Make-up, falschen Wimpern, künstlichen Fingernägeln, Silikon-Brüsten, formender Unterwäsche und gefärbten Haaren auf die Suche nach dem Mann machen, der sie liebt, so wie sie sind? Was soll dabei denn herauskommen? Wenn wir etwas Falsches vortäuschen, wie können wir dann etwas Echtes erwarten?

Es gibt einen Unterschied zwischen dem Unterstreichen der eigenen Persönlichkeit, dem Betonen der individuellen Vorzüge und dem Kaschieren vermeintlicher Schwachstellen oder der Verleugnung oder Manipulation des Ist-Zustandes. Eine Frau, die ohne Make-up nicht mal den Müll vor die Tür tragen würde, ist zutiefst unfrei in ihrer persönlichen Entfaltung. Nun ist es eine Möglichkeit, einfach nicht mehr ungeschminkt aus dem Haus zu gehen und auch keinen unangekündigten Besuch zu empfangen. Jenseits von persönlichem Geschmack wäre jedoch eine weiterführende Lösung, sich mit den Ursachen des Sichverleugnens zu beschäftigen. Wieso kann ich mich nicht zeigen? Was passiert denn, wenn ich mich präsentiere, wie ich bin? Wie fühle ich mich ungeschminkt? Und dann: Dieses Gefühl aushalten. Annehmen. Kommen lassen statt wegdrücken. Ich weiß, dass sich das viel leichter schreibt oder liest, als es umzusetzen ist. Denn gerade auf Körperebene unterliegen Frauen einem besonders hohen Erwartungsdruck und finden an allen Ecken und Enden weibliche Perfektion. Die Werbung, die Modeindustrie, TV und Film, alle zeigen uns, was als schön gilt – auch wenn die meisten Bilder, die wir sehen, ohnehin mit Photoshop nachbearbeitet wurden. Selbst Mädchen im Grundschulalter eifern einem Körperideal hinterher, das in der Realität kaum existiert. Und so finden wir auf dieser Ebene die Bestätigung für die Glaubenssätze, die wir uns schon als Kind angeeignet haben – und gleichzeitig ein Feld, auf dem wir Kontrolle ausüben können und der gefühlten Machtlosigkeit entkommen. An der Oberfläche lässt sich viel machen, von getönten Haaren über gebleichte Zähne bis hin zur Fettabsaugung – alles geht. Wenn jedoch das Bewusstsein und die innere Realität unverändert bleiben, führen all diese Vertuschungs- und Umbaumaßnahmen zu keinem Ergebnis. Natürlich kommen strahlend weiße Zähne gut an. Wenn aber der restliche Lebenswandel nicht passt und die Zähne von Kaffee- oder Zigarettenkonsum unschön gelblich verfärbt sind, weil das Leben, das diese Person führt, so stressig ist, dass es ohne diese Aufputsch- oder Fluchtmittel nicht zu bewältigen wäre, dann drücken eben nicht nur die Zähne diesen Lebenswandel aus. Auch die Poren der Haut, die Fältchen um den Mund, Augenschatten oder Tränensäcke legen Zeugnis ab darüber, wie wir mit uns und unseren Ressourcen umgehen. Wie wichtig wir uns nehmen. Oder wie wenig wichtig.

Meine Schwachstelle waren viele Jahre lang meine Füße. Ich habe mich so sehr geschämt für sie, dass ich niemals barfuß unterwegs war. Ich habe selbst im Hochsommer geschlossene Schuhe getragen, damit niemand einen Blick auf meine Zehen werfen konnte. Nicht einmal Yoga habe ich mit bloßen Füßen gemacht. Ich fand meine Füße nicht schön. Ein Nagel war seit einem Unfall in Kindertagen schief gewachsen, ein anderer von Nagelpilz verunstaltet. Abgesehen davon habe ich sehr große bzw. lange, schmale Füße, an denen die schönsten Schuhe oft merkwürdig und unproportional aussehen. Meine Füße waren für mich mit so viel Stress behaftet, dass ich sie einfach am liebsten verbarg. Ich wollte mich nicht mit ihnen auseinandersetzen, und so dramatisch schien mein Problem ja nicht. Genau genommen war es kein richtiges Problem, nur ein kleiner Spleen, eine Verschrobenheit, wie jeder so seine Macke hat.

Mit solchen Begründungen erklärte ich mir den Umgang mit meiner Schwachstelle. Das beruhigte mich und linderte den emotionalen Druck. Aber es veränderte natürlich nichts. Erst in der tiefen Auseinandersetzung mit mir selbst, meinen

Wurzeln und mit meiner Bodenhaftung drehte sich das Blatt. Als ich mir eingestehen konnte, wie sehr ich mit mir selbst haderte und wie sehr ich meine eigenen Wurzeln, meine Herkunft und meine Eltern ablehnte – und alles, was sie mir »eingebrockt« hatten –, konnte ich ganz anders ins Leben schreiten. Mit zunehmender Verwurzelung in mir selbst und mit wachsender Annahme meiner Vergangenheit und der daraus resultierenden Eigenverantwortung, löste sich mein »Problem« mit meinen Füßen immer mehr auf. Ich fand Gefallen daran, meine Füße zu pflegen und manchmal die Nägel zu lackieren. Vor allem habe ich das Bedürfnis verloren, sie zu verstecken. Und wenn es zwischendurch mal wieder kommt, weiß ich, dass ein Bereich meines Lebens eines genaueren Blickes bedarf.

## Jetzt ist der kostbarste Moment

Hast du jemals von der 72-Stunden-Regel gehört? Sie besagt, dass du, wenn du ein Vorhaben planst, innerhalb von 72 Stunden mit der Umsetzung beginnen solltest. Denn nach dieser Zeit sinkt die Wahrscheinlichkeit, dass du dieses Vorhaben tatsächlich realisierst, auf ein Prozent. Wenn du also eine wirkliche und nachhaltige Veränderung in deinem Leben erzielen willst, dann ist JETZT der richtige Zeitpunkt. Werde jetzt aktiv! Mach dich jetzt – endlich – zur wichtigsten Person in deinem Leben. Erkenne an, dass du die Liebe deines Lebens längst gefunden hast. Dass sie dich vielmehr schon vom ersten Atemzug an begleitet und bis zum Schluss bei dir bleibt: Du selbst! Fang darum in diesem Augenblick an, dein Leben ganz konkret so zu gestalten, wie es der Liebe deines Lebens würdig ist.

Und wie so oft in diesem Buch: Es geht nicht darum, einfach nur im Außen irgendetwas zu verändern. Es geht nicht darum, loszuziehen und deinen Kleiderschrank neu zu füllen oder von jetzt auf gleich umzuziehen. Wenn du das möchtest, dann bitte, go for it! Vielmehr möchte ich dich aber dafür sensibilisieren, dass Innen und Außen aufeinander einwirken und miteinander zusammenhängen. Wenn sich dein Leben im Außen nicht so darstellt, wie du es dir wünschst, dann weil es in deinem Inneren – noch – keine Entsprechung dafür gibt. Trotzdem kannst du natürlich über das Außen und deinen Selbstausdruck auch Einfluss auf dein Inneres nehmen. Zum Beispiel, indem du wie vorgeschlagen einmal ganz genau hinschaust, was du denn um dich herum alles manifestiert hast, und dort entsprechend Ordnung schaffst.

Im Buddhismus wird diese Art des Erkenntnisprozesses als »Bodhi« bezeichnet, eine Art Erwachen. Weniger abstrakt kannst du dir an dieser Stelle einfach einen achtsamen Gärtner vorstellen, der sich um den ihm anvertrauten Garten kümmert und dabei bestens ausgerüstet ist. In der einen Hand hält er eine Rosenschere, mit der er an den richtigen Stellen zurückschneidet, um den Saftfluss einer Pflanze optimal zu lenken oder sie von wucherndem Unkraut zu befreien. In der anderen Hand hält er eine Gießkanne, um dort zu wässern und zu düngen, wo es notwendig ist.

Miste aus, entrümple, trenne dich von Ballast und Dingen, die dir nicht mehr entsprechen, erfinde dich neu!

Werde nun selbst zu diesem Gärtner für dein eigenes

Leben. Trenne dich von Dingen, Kleidungsstücken, aber auch Lebensgewohnheiten, die dir und deinem höchsten Wohl nicht dienlich sind und deine wahre Schönheit und Anziehungskraft unterdrücken. Und verstärke das, was dir auf tiefster Ebene entspricht und dein Herz zum Frohlocken bringt. Sei weise.

## Triff Entscheidungen!

Nachdem du nun deinen Standort bestimmt und dich von Altem gelöst hast, erlaube dir, die neue Leere und Luftigkeit in deinem Leben zu genießen. Genau wie Kinder zum Entwickeln ihrer kreativen Fähigkeiten Leerlauf, Langeweile brauchen, benötigst auch du in deinem Leben Räume, die frei sind von Ballast und Zeug. Ein ganz einfaches Bild verdeutlicht dies sehr anschaulich: Was immer du zu trinken wünschst – in ein volles Glas kann nichts eingeschenkt werden. Leere deshalb dein Glas und nimm dir ein wenig Zeit herauszufinden, was du als Nächstes trinken willst. Frisches, klares Quellwasser? Prickelnden Champagner? Eine gemütliche Tasse heiße Schokolade? Grünen Smoothie? Du hast die Wahl! Vor allem darfst du immer wieder neu entscheiden.

Trainiere deine Entscheidungsfähigkeit. Wenn es dir schwerfällt, im alltäglichen Leben Entscheidungen zu treffen, hast du womöglich schon sehr früh gelernt, dass scheinbar »falsche« Entscheidungen gravierende Folgen haben können. Eventuell warst du damit konfrontiert, dass unbedachte Äußerungen die Eltern erzürnten oder Liebesentzug als Konsequenz hatten. Vielleicht hast du auch Bestrafung erlebt, weil du, versunken im Spiel, die kleine Schwester aus den Augen gelassen hast, die sich dann prompt verletzt hat. Was auch immer dazu geführt hat, dass du jetzt beispielsweise eine gefühlte Ewigkeit vor einer Speisekarte sitzt und dabei immer weniger weißt, was du bestellen sollst oder worauf du Lust hast: Führe eine Regel ein. Bestelle zum Beispiel immer das erste Gericht, das deine Aufmerksamkeit auf sich zieht. Oder immer das zweite, das spielt keine Rolle. Vereinbare mit dir selbst einen Punkt, an dem du deinen Entscheidungsfindungsprozess unterbrichst und zu einem Ergebnis kommst. Auf diese Art schlägst du nämlich mehrere Fliegen mit einer Klappe: Du verkürzt inneren Stress, weil du nicht länger herausfinden musst, was du willst. Außerdem kannst du die Erfahrung machen, dass deine Entscheidung keinerlei irreparable Konsequenzen hat und auch nichts Schlimmes passiert, wenn du mal »aus dem Bauch heraus« entschieden hast. Und drittens kannst du so erleben, dass du, falls du mit dem Ergebnis deiner Entscheidung einmal nicht zufrieden bist, beim nächsten Mal eine neue Wahl treffen kannst.

All das gibt dir Schritt für Schritt deine Handlungsfreiheit zurück und stärkt dein Selbstvertrauen.

Es gab in meinem Leben Zeiten, in denen war es mir unmöglich, irgendeine Wahl zu treffen. Ich konnte nicht mal entscheiden, welchen Tee ich trinken wollte – und aus welcher Tasse. Das klingt banal und war für mich innerlich der größte Stress. Am Ende blieb ich frustriert und erschöpft von meiner eigenen Unfähigkeit einfach im Bett liegen und trank überhaupt nichts. Vor der Eisdiele starrte ich manchmal mehrere Minuten auf die angebotenen Sorten und konnte mich dennoch nicht entscheiden, worauf ich Lust hatte. Meine innere Verbindung zu mir war völlig gestört und unterbrochen, so dass ich keinerlei Gespür dafür hatte, was ich wollte und was nicht. Ich zweifelte an meiner Intuition und hinterfragte jeden Gedanken, so sehr war ich verunsichert. Geprägt von meiner Kindheit hatte ich zwar unglaublich feine Antennen für die Bedürfnisse und Erwartungen anderer Menschen um mich herum, aber was ich selbst wollte, wusste ich schon längst nicht mehr. Ich hatte nie gelernt, dass meine eigenen Bedürfnisse und Wünsche von Bedeutung waren und wert genug, erfüllt zu werden. In meinem allerersten Lebensumfeld war immer nur wichtig, was »die anderen« sagten, wollten oder dachten. Auch meine Familie erlebte ich als fremdbestimmt. Entscheidend war, dass »die Leute« keinen Anlass zum Tratschen hatten. Dass man es den anderen recht machte. Für »die anderen« wurden weder Kosten noch Mühen gescheut, und sie waren der Maßstab für alles.

In der Grundschule zählte ich zu den Klassenbesten und hatte besonders im Fach Deutsch keine Probleme, denn ich liebte Wort und Schrift schon von Kindesbeinen an und verschlang Bücher ohne Ende. Ich kann mich nicht erinnern, jemals die üblichen Hausaufgaben für die wöchentliche »Nachschrift«* oder das Diktat geübt zu haben, und brachte fast immer Einsen mit nach Hause. Trotzdem galt ich zu Hause als faul – denn nachdem ich meine Hausaufgaben hin-

---

* Ein in meiner Grundschulzeit in Bayern üblicher Test, in dem freitags die Lerninhalte des Unterrichtsfachs Deutsch abgeprüft wurden. Rechtschreibung, Grammatik etc.

gefetzt hatte, eilig und schlampig, um sie schnell hinter mich zu bringen, telefonierte ich immer meine Schulkameradinnen ab, um eine zu finden, die ich gleich besuchen könnte. Allerdings mussten die immer noch erst Nachschrift und Diktat üben, so dass ich meist noch eine Stunde zu Hause herumlungerte, bis ich endlich zum Spielen konnte. Dieser Umstand genügte, um meiner Großmutter zu vermitteln, ich wäre im Gegensatz zu den anderen stinkfaul. Sie wurde nicht müde zu betonen, dass ich schon sehen würde, was ich davon habe, und dass es »ohne Fleiß keinen Preis« geben würde, aber das würde ich schon noch merken.

Diese Situation ist lediglich beispielhaft dafür, wie unterschiedlich die Wahrnehmungen sein können – und in meiner Vergangenheit auch waren. Ich erzähle sie hier, um es dir leichter zu machen, Situationen in deiner Historie zu finden, an denen dir Zweifel an deiner eigenen Wahrnehmung eingepflanzt wurden. Sei es an der Aufrichtigkeit deiner Handlungsmotive, an deiner Leistung, das spielt keine Rolle. Wenn es dir jetzt schwerfällt, überhaupt zu spüren, was dir guttut oder für dich gerade richtig ist, dann weil du die Erfahrung gemacht hast, dass jemand anderer für dich bestimmt. Dass eine andere Person sich für kompetenter hält als du selbst in der Erkenntnis und Definition dessen, was du gerade brauchst. Dass dich niemand dazu ermächtigt hat, dir selbst zu vertrauen und dich von deiner inneren Stimme leiten zu lassen.

Deshalb lade ich dich ein, dir diese Macht zurückzuholen. Niemand auf der Welt weiß besser, was für dich gut ist, als du selbst. Lerne darum, deine innere Stimme wieder wahrzunehmen und von ego-gesteuertem Geplapper zu unterscheiden. Lerne, ihr zu vertrauen und dich von ihr leiten zu lassen. Du kannst dabei nichts falsch machen, und du darfst in ganz kleinen Schritten damit beginnen, in deinem individuellen Tempo, bis du dich immer sicherer fühlst mit dieser neuen, alten Richtschnur.

Nun könnte auf dich auch zutreffen, dass du überhaupt keine Schwierigkeiten damit hast, Entscheidungen zu fällen – und trotzdem nicht deiner wahren Natur entsprechend handelst. Denn neben der völligen Entscheidungsschwäche gibt es noch eine andere Strategie, mit der wir uns unbewusst vor dem Schmerz schützen, der uns zugefügt wird, wenn andere Menschen uns die Selbstkompetenz absprechen: Wir gehen in die Übererfüllung.

Regeln, Normen und Gebote werden quasi deine zweite Natur. Damit kannst du sicherstellen, dass du, wenn du schon nicht entsprechend deiner wahren Natur handeln darfst, auf jeden Fall gesellschafts- oder wertekonform agierst und dadurch zumindest Anerkennung und Bestätigung erhältst. Beide Strategien schließen sich auch nicht aus. Es ist durchaus möglich, in einem Lebensbereich mit Entscheidungsprozessen völlig überfordert zu sein und zugleich in einem anderen völlig klar und souverän – und im Sinne des Arbeitgebers, des Firmencodex etc. – Entscheidungen zu treffen. Wem in sich selbst die Orientierung fehlt, der findet in Behörden oder Unternehmen mit klaren Definitionen von richtig und falsch eine perfekte Struktur, um sich zu stabilisieren und auszugleichen. Unveränderliche Abläufe, eine vielleicht sogar juristisch untermauerte Unterscheidung zwischen Recht und Unrecht,

Gut und Böse geben Sicherheit und Halt, so dass die fehlende innere Führung in den Hintergrund tritt und vom äußeren Rahmen abgelöst wird.

Trotzdem ist auch ein solches Leben fremdbestimmt und unter Umständen an deiner wahren Natur vorbei. Erlaube dir darum Fragen nach Sinn und Absicht deines Handelns und deinen Entscheidungen. Finde jetzt drei Prinzipien, Werte oder Erwartungen an dich selbst, die du ab heute für eine Woche aufgibst. (Natürlich darfst du die nach einer Woche auch komplett abhaken, wenn du Lust darauf hast. Du darfst auch in einer Woche diese Gewohnheiten wieder aufnehmen und drei andere probeweise unterlassen.) Nagle dich fest und schreibe sie hier auf: (Ein Beispiel: Ich darf diese Woche (un)ordentlich sein – und bin es auch.)

1.

2.

3.


Denn auch das bedeutet die Rückgewinnung deiner eigenen Handlungsfreiheit: Die regelmäßige Überprüfung deiner liebgewonnenen Gewohnheiten.

> Frei nach Mahatma Gandhi:
> *»Wenn du etwas zwei Jahre lang gemacht hast,*
> *betrachte es sorgfältig!*
> *Wenn du etwas fünf Jahre lang gemacht hast,*
> *betrachte es misstrauisch!*
> *Wenn du etwas zehn Jahre lang gemacht hast,*
> *mache es anders.«*

Komme ins Tun. Und mache Dinge anders als bisher. Halte deine frisch geschaffenen Räume erst einmal frei und experimentiere damit. Erlaube dir herauszufinden, womit du dein nun leeres Glas füllen möchtest. Koste in kleinen Schlucken, ob dir wirklich schmeckt, was du angeboten bekommst. Stell dir vor, du bist zu Gast in einem feinen Restaurant. Wenn du dort eine Flasche Wein bestellst, wird dir der Sommelier erst den frisch entfernten Flaschenkorken zum Geruchstest anbieten und dir anschließend ein Schlückchen des gewählten Tropfens einschenken. Dies gibt dir die Möglichkeit, dich von Geschmack und Qualität des gewählten Weines zu überzeugen und die Flasche gegebenenfalls sofort zurückgehen zu lassen, falls der Wein falsch gelagert oder verarbeitet wurde und korkt oder sonstige Mängel hat. Genau so darfst du dich in allen Lebensbereichen verhalten, selbst wenn es Menschen gibt, die dir etwas anderes einreden wollten – oder es immer noch versuchen. Du darfst wählen. Und du darfst prüfen. Du bist es wert, genau das zu bekommen, was deiner natürlichen Würde entspricht.

Übe dich in Bedächtigkeit. Es gibt keinen Grund mehr, etwas zu überstürzen. Ganz besonders nicht, wenn du erkannt hast, wie viel von dem, was du lebst, überhaupt nicht deiner wahren Natur entspricht. Gerade dann hast du keine Eile, jetzt schnellstmöglich diese wahre Natur zu finden.

Nun bin ich selbst kein besonders geduldiger Mensch. Wenn ich etwas will, will ich es sofort! Ich kann auch enorm viel Energie in die Verwirklichung meiner Ziele stecken, aber wenn es nach mir ginge, dann könnten sich die Ergebnisse immer schneller einstellen. Doch Geduld hat immer auch etwas mit Vertrauen zu tun. Vertrauen darauf, dass alles kommt, wie es für mich gut ist. Vertrauen darauf, dass ich alles getan habe, was in meiner Macht steht – und dass das, was ich getan habe, auch genug ist.

Mein Leben hat sich immer wieder fundamental geändert, und ich stand schon oft an Punkten, an denen gefühlt alles wegbrach. Ich kenne die Verwirrung und die Angst, wenn das Alte nicht mehr passt und das Neue noch nicht da ist, und fühlte mich dabei wie im luftleeren Raum. Seltsam bewegungsunfähig und ohne jegliche Orientierung. Ich sehe mich dann immer selbst stehen und um mich blicken und verzweifelt nach irgendeinem Zeichen suchen, das mir sagt, in welche Richtung ich loslaufen soll. In solchen Momenten fühle ich mich nackt und verunsichert, weil es nichts mehr gibt, woran ich mich festhalten könnte. Aus dieser Erfahrung heraus kann ich dir zwei Dinge sagen. Das Erste ist: Bleib dort stehen, solange es dauert. Halte die Spannung aus, die Verwirrung und die Angst. Tauche ein in diese Gefühle und erforsche sie.

Und das Zweite: Es ist egal, in welche Richtung du in dieser Orientierungslosigkeit deinen ersten Schritt setzt. Du trägst keine Siebenmeilenstiefel, die dich mit einem einzigen Schritt in weit entfernte Galaxien tragen. Wenn du einen Schritt gehst und dir die Zeit nimmst, um für dich zu überprüfen, ob dieser Schritt sich gut anfühlt, kannst du auch umgehend deinen Kurs wieder korrigieren und in eine andere Richtung gehen. Setze achtsam einen Fuß vor den anderen, denn nur im Gehen entsteht der Weg.

Seit fast fünfzehn Jahren begleitet mich ein kleiner Zug aus hölzernen Buchstaben, der aneinandergehängt das Wort G-E-D-U-L-D ergeben, um mich daran zu erinnern, dass nicht alles in meinem Leben in dem Tempo verläuft, das ich mir wünsche.

*Blättere jetzt nochmals zurück zu Kapitel 5. Dort hast du eine Liste an Wünschen und Erwartungen an deinen künftigen Partner aufgeschrieben. Finde nun für jeden Punkt, den du dort angeführt hast, eine ganz konkrete Umsetzung, mit der du selbst dieses Bedürfnis oder Gefühl kreieren kannst. Welche Schritte kannst du direkt angehen, um dich selbst zu dem Partner zu entwickeln, den du dir wünschst?*

1.

2.

3.

4.

5.

6.

7.

## Jeden Tag ein festes Date

Wieso um alles in der Welt sollte ein Mann freiwillig und gerne seine Zeit mit dir verbringen wollen, wenn du selbst es nicht tust? Zeit mit sich selbst meint jedoch nicht die Zeit, die du »gezwungenermaßen« alleine bist, die einsamen Stunden am Schreibtisch oder im Büro, der Wocheneinkauf oder die Fahrt an den Arbeitsplatz. Auch nicht die Zeit, die du alleine verbringst und dabei mit den Gedanken ganz woanders bist, arbeitest, im Internet surfst, eine Serie guckst, ein Buch liest.

Ich meine damit: Achtsame Präsenz und wirkliches Sein mit dir selbst. Ohne Ablenkung. Ohne Action. Hattest du jemals eine Begegnung, bei der die Zeit wie im Flug verging und du jede Intervention von außen – und sei es nur der Kellner, der nach der Bestellung fragt – als Störung wahrgenommen hast, weil du so vertieft in dein Gegenüber warst? Genau das wünsche ich dir mit dir selbst. Vielleicht klingt das an diesem Punkt völlig unglaublich oder unmöglich für dich. Ich versichere dir, dass es absolut möglich ist. Denn erst, wenn du gut und gerne mit dir selbst sein kannst, wird auch ein potentieller Partner Lust am Zusammensein mit dir bekommen. Sei dir darum ein tägliches Date wert.

Um deinen Funktionsmodus leichter zu durchbrechen, kannst du deinen Tag strukturieren. Wenn du dazu neigst, dich selbst hintanzustellen, helfen feste Termine. Nimm dir deshalb jeden Tag ein festes Zeitfenster nur für dich. Du kannst mit fünf oder zehn Minuten beginnen. Schreibe dir diese Verabredung in deinen Terminkalender und sorge dafür, dass du während deines Dates nicht gestört wirst. Das mag dir anfangs komisch vorkommen, »nur« wegen dir allein einen solchen Aufwand zu betreiben. Erst recht, wenn du gar nicht genau weißt, was du in dieser Zeit mit dir selbst anfangen sollst.

Meditation ist nur eine Möglichkeit, um in Kontakt mit dir selbst zu kommen. Ich meine jetzt allerdings keine dieser so populären geführten Meditationen, mit denen wir unsere Vorstellungskraft aktivieren und schöne innere Bilder erzeugen können. Ich meine das schlichte Eintauchen in sich selbst. Keine Autosuggestion, sondern wertfreie Beobachtung dessen, was ist.

*Setze dich aufrecht und bequem hin, schließe die Augen und lausche in dich hinein. Vielleicht hörst du in diesen Momenten dein Blut in den Ohren rauschen. Vielleicht gehen dir alle möglichen Gedanken durch den Kopf. Mache dir bewusst, dass du nicht diese Gedanken bist, und lasse die Gedanken kommen und gehen, vorbeiziehen wie Wolken am Himmel. Du brauchst keinen davon aufzugreifen, du darfst sie einfach nur beobachten. Selbst auf scheinbar sorgenvolle Gedanken oder Gefühle von Ärger, Wut oder Ungeduld brauchst du nicht einzugehen in diesem Moment. Nimm nur wahr. Beobachte wertfrei.*

Meinen ersten Kontakt mit Meditation hatte ich lange bevor ich mich mit diesem Thema überhaupt beschäftigt habe. Ich begegnete Meditation vor vielen Jahren auf sehr körperliche Art und Weise. Denn um meine Ausbildung zur Kinesiologin zu finanzieren, arbeitete ich unter anderem als Zeichenmodell. So stand ich beispielsweise an der künstlerischen Volkshochschule in Wien in verschiedenen Klassen Modell, in denen Aktzeichnen unterrichtet wurde. Ich liebte die Wechselbeziehung zwischen Maler und Modell, genoss die künstlerisch-kreative Umgebung und fühlte mich auch wohl damit, meinen Körper zu zeigen und den Zeichnerinnen und Zeichnern spannende Positionen anzubieten. Ich mochte diese Arbeit besonders, weil es als Zeichenmodell nicht darum geht, einen makellosen oder der Norm entsprechenden Körper zu haben. Nein, hierbei geht es um ganz andere Qualitäten, allen voran: Körperbeherrschung. Ich habe gleich bei meinem ersten Einsatz gemerkt, was für eine Herausforderung es ist, eine für die Künstler interessante Position einzunehmen – und diese dann auch zwanzig Minuten unbeweglich halten zu müssen. Ich lernte, die kürzeren Einheiten für kraftvollere und »kompliziertere« Haltungen zu nutzen und für längere Sequenzen möglichst bequeme Posen zu finden. Nun ist es jedoch so, dass so ziemlich jede Pose, egal, wie bequem sie anfangs erscheint, irgendwann unbequem wird. Bewegungslosigkeit gilt natürlich trotzdem, und da kam für mich die Meditation ins Spiel. Unzählige Male saß ich bewegungslos und nackt vor Menschen, die mich konzentriert zeichneten oder malten. Dabei erlebte ich, wie mir Arme oder Beine einschliefen, wie sich qualvoll langsam irgendwo auf meinem Körper Schweißtropfen bildeten und erst nach gefühlten Minuten im Schneckentempo über irgendwelche kitzeligen Stellen rannen. Oder sich eine Fliege irgendwo auf mir absetzte oder herumkrabbelte. Ich erfuhr, was für einen innerlichen Druck es machen kann, in solchen Momenten bewegungslos ausharren zu müssen und eben nicht »mal schnell« die Fliege vertreiben oder den Schweißtropfen abwischen zu können. So lernte ich, mich in meine Körperwahrnehmungen hinein zu entspannen. In das Kribbeln schlecht durchbluteter Körperstellen, in das Brennen überforderter Muskeln. Ich lernte, es wahrzunehmen, zu beobachten, ohne darauf zu reagieren. Dabei machte ich die Entdeckung, dass eine Fliege überhaupt nicht mehr kitzelt, wenn ich mich mit allen Sinnen auf sie konzentriere. Ich lernte waches, wertfreies Beobachten.

Erst später, nachdem mich das Leben einmal mehr zu Boden geschmettert hatte und ich mich kraftlos und mit wieder einmal gebrochenem Herzen in einen Ashram schleppte, um mit Yoga zu mir selbst zu finden, kam ich in Kontakt mit »richtiger« Meditation. Überrascht stellte ich fest, dass Meditation mich nicht sofort in die ewige Glückseligkeit katapultierte. In meiner Vorstellung war Meditation etwas, nach dem man sich auf jeden Fall besser fühlt, weil der Kopf zur Ruhe kommt. Von wegen! Ja, das erste Mal war wundervoll, ich fühlte mich so tief verbunden mit mir selbst und tauchte überwältigt von dem inneren Frieden, den ich gespürt hatte, wieder aus der Meditation auf und war noch Stunden später völlig beseelt von dieser Erfahrung. Danach klappte das nicht mehr, und mein Geist spielte meine gesamte Gefühlsklaviatur. Von Ungeduld, weil sich die bemerkenswerte erste Erfahrung nicht wiederholen ließ, über innere Widerstände und Frustration bis hin zur Wut auf andere, die meine Meditation durch Rascheln oder Husten störten, war alles dabei. Auch die Wut auf mich selbst, weil es mir einfach nicht gelingen wollte, meine Aufmerksamkeit ganz bei mir zu lassen. Es brauchte Wochen, bis ich mit mir und allem, was da während der Meditation auf mich einprasselte, in Frieden war. Ich erlebte den täglichen Gang zum Meditationskissen wie eine Übung, ein Ringen mit mir selbst, mein Sein gegen meinen Kopf. Manchmal kostete es mich große Überwindung, auf meinem Übungsplatz zu erscheinen, aber ich überwand mich und blieb dran, und allmählich stellte sich eine gewisse Routine ein. Langsam genoss ich die Meditation und erlebte sie als Momente absoluter, innerer Freiheit, in denen ich nichts tun musste, niemandem genügen, nicht einmal meinen eigenen Vorstellungen. Ich musste auf nichts hören, nicht mal auf das

Gequatsche meines eigenen Gehirns. Alles verlor in diesen Augenblicken an Bedeutung, und genau das machte die Meditation für mich zu einer Art geistiger Reset-Taste, die mir auch heute noch Auszeit, Kraft und Klarheit verschafft, um meinen Alltag gut meistern zu können. Weise Entscheidungen treffen zu können. Im Fluss zu bleiben.

Eine weitere Möglichkeit, in Kontakt mit sich selbst zu kommen, ist das Gebet. Ich meine damit jedoch nicht das gedankenlose, auswendige Nachplappern irgendwelcher Formeln. Als Gebet bezeichne ich ein inneres Zwiegespräch zwischen mir und einer Art übergeordneter Instanz. Die Bezeichnung dieser Instanz spielt dabei keine Rolle, wir können sie Gott, Göttin, Jesus, Allah, Mondin oder Straßenlampe nennen. Falls du ein belastetes Verhältnis zu Religion oder Spiritualität hast, kannst du dir als Partner für dieses Zwiegespräch auch eine Art inneren Vater oder innere Mutter vorstellen. Nicht in Verbindung mit deiner Herkunftsfamilie und deinen tatsächlichen Eltern, sondern als Vertreter eines universellen Prinzips. Eine wohlwollende, zugewandte väterliche oder mütterliche Kraft – oder beides –, die dich in deinen Vorhaben unterstützt, an dich glaubt und volles Vertrauen in dich und deine Fähigkeiten hat und der du ebenfalls blind vertraust. Diese Instanz regelt alles für dich. Sie wartet förmlich nur darauf, dass du ihr deine Sorgen und Nöte anvertraust, dir all deinen Kummer und deine Bedenken von der Seele redest und dich erleichterst.

So kannst du dich verbinden mit Qualitäten wie bedingungsloser Liebe und uneingeschränktem Vertrauen in dich. Durch dieses Gespräch kannst du dich nähren mit Gefühlen oder Eigenschaften, die du an deinen tatsächlichen Eltern eventuell vermisst hast, und eintauchen in eine neue Dimension deines Daseins. Du kannst erleben, dass du getragen und unterstützt wirst. Außerdem kann dir dieses Gespräch, in Verbundenheit mit Hingabe und Liebe, dabei helfen, anzunehmen, was im Moment gerade ist, und sogar eine Haltung von Dankbarkeit zu kultivieren. Vor dem Schlafengehen kann ein solches Gebet dazu beitragen, dich vom Kopfkino zu befreien, leichter loszulassen und entspannter in den Schlaf zu finden.

### Die Träume deiner Kindheit – Zeit, sie zu erfüllen!

Ich war als Kind wie so viele Mädchen völlig pferdeverrückt. Die Wände meines Zimmers waren zugepflastert mit Pferdepostern. Selbst aus Katalogen oder der Fernsehzeitung schnitt ich noch die winzigsten Abbildungen aus und klebte sie auf jede Möbeloberfläche meines kleinen Reiches. Als dann eine Familie mit einem halben Dutzend Turnierpferden einen Hof am Rande unseres Dorfes bezog, war ich im siebten Himmel. Ich knüpfte mutig Kontakt, und bald darauf radelte ich jeden Nachmittag zum Stall und stand dort pünktlich zum Ende der Mittagsruhe um fünfzehn Uhr auf der Matte. Mit Feuereifer half ich dabei, die Boxen auszumisten, die Pferde zu putzen und die Stallgasse zu fegen. Ich verteilte Futter und lernte, das Sattelzeug zu pflegen und gab nach kurzer Zeit ein erstklassiges Stallmädchen ab. Als ich zu meinem Geburtstag meinen ganzen Mut zusammennahm und fragte, ob ich reiten lernen dürfe, erklärte mir der Eigentümer, dass ihre teuren Tiere keine Schulpferde seien und ich darum auch keine Reitstunden bekommen würde. Allerdings durfte ich mich fortan vor und nach dem offiziellen Training auf das jeweilige Pferd setzen und es zehn Minuten im Schritt bewegen – das war besser als nichts.

Knappe zwei Jahre ging das so, bis ich aufs Gymnasium kam, den ganzen Tag über in der Schule war und nur noch am Wochenende Zeit hatte. Meinen Platz im Stall hatten sofort andere Mädchen aus dem Dorf besetzt, und ich litt wie ein Hund, schließlich war ich doch ein Pferdemädchen. Zu diesem Zeitpunkt begann ich, meine Mutter zu bearbeiten und um wöchentliche Reitstunden zu betteln. Ihre Antwort war immer die gleiche: Zu teuer. Ich besorgte mir die Preise der möglichen Reitschulen und legte meiner Mutter mit unterschiedlichsten Rechenmodellen vor, wie viele Reitstunden ich nehmen könnte, wenn ich ab sofort bis zu meinem achtzehnten Lebensjahr auf sämtliche Geburtstags- und Weihnachtsgeschenke von ihr und der Verwandtschaft verzichten würde. Ich rechnete ihr vor, wie viele Reitstunden möglich wären, wenn ich von den jährlichen Reiterferien zu Hause bleiben könnte – zweimal hatte ich bereits eine Woche auf dem Reiterhof verbracht, weil sie weniger Urlaub hatte als ich Schulferien und sie mich irgendwo unterbringen musste. Darauf hätte ich sofort verzichtet, immerhin war ich bereits dreizehn und sowieso die meiste Zeit allein zu Hause. Erfolglos. Ich bekam keinen Reitunterricht.

Stattdessen litt ich. Selbst als ich meine Teenagerjahre längst hinter mich gebracht und bereits meine erste Ehe gegen die Wand gefahren hatte, spürte ich noch immer ein wehmütiges, qualvolles Ziehen in meinem Herzen, sobald ich irgendwo auf einer Koppel ein Pferd stehen sah. Reiter machten mich tieftraurig, denn der unerfüllte Wunsch meiner Kindheit schmerzte wie eine Wunde, die nicht heilt. »So gerne hätte ich reiten lernen wollen, aber meine Mutter hat es mir nicht erlaubt...« Dazu muss ich sagen, dass das Verhältnis zu meiner Mutter von Anfang an schwierig war und ich mich nie gesehen fühlte. Dass mein sehnlichster Wunsch bei ihr auf taube Ohren stieß, war für mich ein Sinnbild dafür, wie schlecht sie mich kannte und wie wenig sie sich für mich interessierte. Ich lebte damit, dass ich das Hobby meiner Wahl nie wirklich ausleben konnte, und blieb in meinem Herzen immer die verhinderte Pferdenärrin.

Fast zwanzig Jahre später hatte ich das schon erwähnte Innere-Kind-Seminar hinter mich gebracht und war höchst motiviert, nun endlich in die Eigenverantwortung zu gehen. Ich wollte mir selbst guttun und mich anders behandeln, als ich es von meinen Eltern gewohnt war. Fest entschlossen, meine Sehnsüchte ernst zu nehmen und aktiv daran zu arbeiten, mir meine Wünsche zu erfüllen, machte ich mir zu meinem achtundzwanzigsten Geburtstag darum das Geschenk meines Lebens: Ich schenkte mir selbst eine komplette Reitausrüstung und zehn Anfängerstunden in der nächstgelegenen Reitschule!

Nie werde ich die unbeschreibliche Freude vergessen, mit der ich mir im Reitsportladen ein Paar Hosen, Stiefeletten und einen passenden Helm kaufte. Aufgeregt kam ich zur ersten Reitstunde und absolvierte sie auf einem riesigen Wallach. Mit wackeligen Knien vor Anstrengung rutschte ich am Ende der Stunde vom Pferd und machte mich erschöpft, aber zufrieden im herbstlichen Dunkel auf den einstündigen Heimweg.

Im Grunde war genau das die Geschichte. Wenn du auf ein Happy End wartest oder darauf, dass ich dir erzähle, dass mittlerweile mein eigenes Pferd hinter dem Haus steht, dann halte dich gut fest: Die zweite Reitstunde habe ich noch absolviert – danach habe ich die Reitschule nie wieder betreten.

Es gab keinen speziellen Auslöser dafür, weder das Pferd noch den Reitlehrer könnte ich dafür verantwortlich machen. Ich habe nur nach der zweiten Stunde bemerkt, dass meine – im wahrsten Sinne des Wortes – Leidenschaft fürs Reiten nicht mal annähernd so groß war, wie ich das all die Jahre über vermutet hatte: Ich war überhaupt kein Pferdemädchen. Vielleicht war ich mal eines gewesen – jetzt aber war ich es ganz sicher nicht mehr. Denn ich musste mir eingestehen, dass ich im Grunde überhaupt keine Lust hatte, an meinem freien Tag über eine Stunde mit den öffentlichen Verkehrsmitteln zu einer Reitschule am anderen Ende der Stadt zu fahren und danach im Dunkeln wieder zurück.

Es war ein enorm schwerer Schritt, mir selbst einzugestehen, dass mir das Reiten – jetzt, wo ich die Möglichkeit dazu tatsächlich hatte – gar nicht mehr so wichtig war, obwohl die Trauer darüber, dass ich es nie lernen durfte, mich jahrelang begleitet hatte. In der Erforschung dieses Phänomens erkannte ich: Meine Sehnsucht, dass meine Mutter mich anerkennt und meine Wünsche ernst nimmt, war das, was mich all die Jahre gequält hatte wie ein Splitter im Fleisch! Das Reiten stand nur stellvertretend für die unerfüllte Sehnsucht nach

Liebe und Anerkennung, ums Reiten als solches ging es überhaupt nie.

Deshalb möchte ich dich ermutigen, dir mindestens einen Kindheitstraum zu erfüllen. Vielleicht frohlockt dein inneres Mädchen vor Freude, weil es endlich gesehen wird, und du blühst dadurch auf. Vielleicht entpuppt sich der Traum aber auch als Stellvertreter für ein darunterliegendes Gefühl, das Beachtung braucht. Dann muss deine Energie nicht länger in schmachtender Sehnsucht gebunden bleiben, sondern du kannst sie freisetzen und dadurch ein Stück mehr heilen.

Was sind deine unerfüllten Wünsche aus Kindertagen, die dich noch immer umtreiben? Und wie könntest du dir diese jetzt selbst erfüllen?

## Angst vor = Lust auf

Wo die Angst ist, da geht's lang! Trau dich und riskiere etwas. Dabei liegt das Risiko ja immer im Auge des Betrachters.

Ich halte mich für ziemlich mutig und für eine Frau, die für jeden Spaß zu haben ist. Ich traue mich als Erste auf die Tanzfläche, und ich habe wenig Hemmungen, in oder vor Gruppen zu sprechen. Ein Teil von mir genießt es sehr, sich zu zeigen, und es macht mir nichts aus, plötzlich im Mittelpunkt zu stehen. Trotzdem spürte das Leben zielsicher auf, was sich auf einer tieferen Ebene verbarg. Darum erzähle ich folgende Anekdote: Vor ein paar Jahren war ich zur Zeit meines Geburtstags in Kanada. Eine liebe Freundin, eine Chansonnière, die mehrere Instrumente beherrscht und wunderbare Lieder macht, schleppte mich deshalb zum Feiern in eine Karaoke-Bar mitten in Montreal. Sie wusste, dass ich auf einem musischen Gymnasium war, dort auch Stimmbildung und regelmäßige Vorsingen hatte, Unterricht in unterschiedlichen Instrumenten hatte und Musik liebe. Sie hatte allerdings keine Ahnung, dass ich den größten Stress damit hatte, laut – und dazu noch vor Menschen – zu singen. Musizieren im Orchester oder Singen im Chor: Top! Aber allein: Auf gar keinen Fall. Dafür fühlte ich mich bei weitem »nicht gut genug«. Meine Freundin hatte sich jedoch in den Kopf gesetzt, mir zumindest einen Song abzuringen, und ich wusste, dass ich aus dieser Nummer nicht mehr rauskam. Was soll ich sagen? Es nutzte überhaupt nichts, dass ich mich selbst – und sie natürlich auch! – davon zu überzeugen versuchte, dass mir nichts passieren kann. Ich war tausende Kilometer von meiner Heimat entfernt, niemand kannte mich hier, und selbst wenn ich mich bis auf die Knochen blamierte, würde ich keinem der anwesenden Menschen jemals wieder über den Weg laufen. Zudem war die Bar an diesem Werktag nur mäßig besucht. All das sagte ich mir immer wieder. Meine Angst blieb. Ich fand es doof, dass Vero mich in diese Bar geschleppt hatte, und ich fand es noch blöder, dass ich den Abend nicht wirklich genießen konnte, denn das flaue Gefühl in meinem Magen und die latente Anspannung wollten einfach nicht verschwinden. Die Stunden verstrichen. Ein mutiger Sänger nach dem anderen wagte sich auf die Bühne. Selbst bei der schrägsten Performance applaudierten die anderen Gäste begeistert – mich eingeschlossen, denn ich bewunderte die Menschen, gerade die, die keine begnadeten Sänger waren, für ihren Mut, trotzdem auf die Bühne zu gehen und mit Inbrunst ein Lied zum Besten zu geben. Allmählich begann sich die Bar zu leeren. Ich hatte das Songbook bereits dutzende Male durchgeblättert, obwohl ich längst wusste, dass es nur einen Song gab, den ich singen wollte. Den hatte ich schon unzählige Male zuvor ganz allein für mich gesungen, denn in meinem Kopf geisterte skurrilerweise schon seit Jahren die Phantasie herum, einmal einem Mann auf diese Art eine Liebeserklärung zu machen und ihn in einer Karaoke-Bar mit diesem Song zu überraschen.

Trotzdem traute ich mich nicht allein. Weil meine Freundin bejahte, dass sie Nat King Coles »L.O.V.E« kennt, meldete ich mich schließlich mit diesem Song an, als Duett, gemeinsam mit meiner Freundin. Von diesem Augenblick an war mir kotzübel, und meine Hände zitterten so sehr, dass ich kaum mehr mein Glas halten und mit Vero auf meinen Mut anstoßen konnte. Kurze Zeit später stand ich mit ihr im Scheinwerferlicht, und noch bevor ich mich gesammelt hatte und mich innerlich bereit fühlte, startete das Lied. Der Text wurde am Bildschirm eingeblendet, und ich konnte keinen klaren Gedanken mehr fassen. Wann war unser Einsatz? Ich starrte panisch Vero an, die lächelnd mit den Schultern zuckte und mir zurief, dass sie den Song überhaupt nicht kennt! Bevor ich darauf etwas erwidern konnte, änderte sich die Textfarbe am Monitor, ich erkannte das als Einsatz und begann zu singen.

An den Auftritt als solchen kann ich mich nicht mehr erinnern. Es war ganz sicher – anders als in den von mir bevorzugten Filmen – nicht DIE musikalische Überraschung des Abends. Es gab auch keinen tosenden Applaus, weil ich so lange gezögert hatte, bis nur noch zwei Tische in der Bar besetzt waren. Aber ich erinnere mich noch sehr gut an die Momente nach dem Auftritt: Ich kam von der Bühne und fragte Vero: »Und deswegen hab ich mich jetzt so verrückt gemacht? Das war alles?«. Vero strahlte mich an, umarmte mich und lachte: »Yes, Darling, that's it. No reason for panic, I've told you!« Sie hatte recht. Es gab keinen Grund zur Panik. Ich war hochgepeitscht vom Adrenalin, richtig aufgekratzt und hatte sofort Lust auf mehr. Ich wollte mir gleich nochmal das Songbook holen und mich an ein weiteres Lied wagen. Der DJ wies mich darauf hin, dass die Bar gleich schließt und keine weiteren Titel mehr angenommen würden. Das war nicht weiter schlimm, denn ich war entspannt und glücklich und konnte den Abend endlich genießen.

Dieser Abend hat meine schlimmsten Ängste berührt. Die Angst, mich zu zeigen. Die Angst, nicht gut genug zu sein und mich lächerlich zu machen. Die Angst, was andere über mich denken könnten. Die Situation, die mir an diesem Abend bevorstand, barg für mich Risiken. Menschen könnten über mich spotten. Ich könnte versagen. Schwäche zeigen. All das hatte ich in der Vergangenheit negativ erlebt. Als Kind ließ niemand ein gutes Haar an mir, die Suche nach Lob oder Anerkennung wurde als charakterlicher Makel gesehen. Ich habe nicht erlebt, dass jemand in meiner Familie darauf je positiv reagiert hat – oder mich gelobt für etwas, worauf ich selbst stolz war. Die Hackordnung in meiner Herkunftsfamilie war klar verteilt, und ich war die permanente Zielscheibe von Hänseleien und Spott. Darum habe ich gelernt, mich so wenig wie möglich angreifbar zu machen, so wenig vermeintliche Schwächen wie möglich zu zeigen. In der Musik ging diese Strategie natürlich nicht mehr auf, denn zum Beispiel das Erlernen eines Instruments bedeutete zwangsläufig, Fehler zu machen. Da ich jedoch genau davor so unsagbare Angst hatte, weil ich die Konsequenzen als so schmerzhaft erlebt hatte, konnte ich nicht üben. Ich hatte solche Panik davor, dass mich jemand beim Üben meiner Instrumente hören könnte, dass ich oft stundenlang schweißgebadet mit der Klarinette in der Hand im Zimmer saß – oder im Klavierübungsraum der Schule –, ohne auch nur einen einzigen Ton zu erzeugen.

Diese Geschichte verdeutlicht: Die Filme, denen wir uns ausgeliefert fühlen, liegen in uns und steuern, wie wir eine Situation erleben und bewerten. Für den einen Menschen kann eine Begebenheit völlig harmlos sein, einen anderen dagegen in schlimmste Zustände stürzen. Die Situation als solche ist dabei völlig neutral. Entscheidend ist, wie wir sie einordnen und wie wir mit ihr umgehen. Genauso gestaltet sich dein ganzes Leben. Es liegt in dir, wie du Begebenheiten, Herausforderungen oder die Menschen, die deinen Weg kreuzen, betrachtest. Es ist dein Film, den du auf die Leinwand deines Lebens projizierst. Darum lohnt es sich, neue Perspektiven einzunehmen und Verhaltensweisen auszuprobieren. Einfach nur, damit du überprüfen kannst, wie real die Bedrohung ist, und um gegebenenfalls dein Handlungsspektrum und deine innere Freiheit zu erweitern.

Probiere aus, worauf du schon immer mal Lust hattest – und was du dir bislang niemals erlaubt hast. Teste das, was du dir bisher erarbeitet hast, mit Männern, die dir sympathisch sind, an denen du aber nicht als Partner interessiert bist. Übe ehrliche Kommunikation. Brich beispielsweise eine langweilige Verabredung ab. Ohne Ausreden oder irgendwelche vorgeschobenen Ausflüchte. Trau dich einmal, deinem Gegenüber zu sagen, dass es dich langweilt, wenn er permanent von sich erzählt. Stelle dich in der Karaoke-Bar auf die Bühne und singe! Probiere im Geschäft genau die Kleider an, die du mit einem »Ach, sowas steht mir doch eh nicht ...« normalerweise niemals mit in die Umkleidekabine nehmen würdest. Sprich deine nette Kollegin auf deren Mundgeruch an.

Beginne, dein Leben zu gestalten und Neues zu versuchen. Gerade in Bereichen, die dir bislang Unbehagen bereitet haben, denn dort bestehen die größten Chancen, deine innere Freiheit zu erweitern. Sei kreativ – und trotzdem achtsam. Angst davor zu haben, nachts allein in einer unsicheren Gegend unterwegs zu sein, und sie zu meiden kann dein Leben retten. Angst vor einer tödlichen Gefahr oder einem giftigen Insekt liegt uns in den Genen und sichert unser Überleben. Keinesfalls möchte ich dich zu etwas ermutigen, das deine körperliche Unversehrtheit aufs Spiel setzt.

Experimentiere mit kleinen Veränderungen. Lächele wildfremde Menschen auf der Straße oder in einem Café an. Oder, falls du tendenziell eher mit einer immer freundlichen Maske durch die Gegend läufst und deine tatsächlichen Gefühle lieber überspielst, lege versuchsweise einmal diese Maske ab. Erwidere dann eben NICHT automatisch jeden Gruß oder jedes Lächeln, das dir zufliegt. Sondern erlaube dir zu zeigen, was tatsächlich gerade Sache ist bei dir. Biete einem Menschen deine Hilfe an. Oder, wenn du immer hilfst und auf fremden Baustellen aktiv bist, verzichte für eine Weile ganz bewusst darauf und rufe nicht »Hier!«, wenn jemand Unterstützung braucht. Erforsche die Ängste, die auftreten, wenn du deine gewohnten Pfade verlässt. Weite so allmählich deine eigenen inneren Begrenzungen aus und erobere dir deine Gestaltungsfreiheit zurück.

Du allein hast die Macht, dein Leben zu kreieren. Du allein bist verantwortlich dafür, was aus deinen Bedürfnissen und Begabungen wird. Du allein entscheidest, wo und wie du deine Talente einsetzt, und nur du selbst kannst dafür sorgen, dass um dich herum ein Klima herrscht, in dem du wachsen und dich entfalten kannst. Wenn du die Verantwortung dafür aus der Hand gibst, machst du dich kleiner, als du bist.

Dein Leben ist das größte Geschenk, das du bekommen konntest. Gib dich nicht mit Durchschnittlichkeit zufrieden, sondern mach das Beste daraus! Du kamst schließlich einzigartig zur Welt. Es gibt auf dem gesamten Planeten keinen weiteren Menschen, der genauso tickt wie du oder exakt deine Fähigkeiten und Kompetenzen mitbringt. Du bist einmalig! Es macht deshalb keinen Sinn, dich mit anderen Menschen zu vergleichen oder dich abzurackern bei dem Versuch, so zu werden wie jemand anders – oder so, wie jemand anders dich gerne hätte. Zeig der Welt deine Einmaligkeit!

### Feiere!

Wann hast du zuletzt gefeiert? So richtig und aus vollem Herzen? Getanzt, gelacht, dich an deinem Sein erfreut, Spaß gehabt?

Mein Vorschlag: Tu es jetzt! Du brauchst dafür keinen besonderen Anlass, denn du bist Grund genug zum Feiern. Dein Körper ist ein Wunderwerk. Dein Herz schlägt täglich circa

100 000-mal und pumpt dabei knapp 7200 Liter Blut durch deinen Körper. Jetzt in dieser Sekunde finden in deinem Körper zehn Millionen Zellteilungen statt. Deine Lunge atmet Sauerstoff ein, der über deine Blutbahnen bis in die Fingerspitzen transportiert wird. Zeitgleich wird gerade deine letzte Mahlzeit verstoffwechselt. Und all das funktioniert sogar, wenn du schläfst. Vollautomatisch und ohne dass du irgendetwas dafür tun musst. Dass du heute Morgen die Augen aufgeschlagen hast und jetzt in der Lage bist, hier diese Zeilen zu lesen, ist ein Wunder. Nicht nur wegen deines Körpers. Auch, weil du das Privileg hattest, eine Schule besuchen und lesen lernen zu dürfen. Weil du genug Geld hast, um dir dieses Buch kaufen zu können. Weil du es in einer sicheren Umgebung ohne Krieg oder Naturkatastrophen lesen kannst.

Du bist hier. Du bist ein Geschenk. Du bist der wichtigste Mensch in deinem Leben. Das ist wundervoll! Gönne dir ein Glas deines Lieblingsgetränks oder eine ganze Flasche. Tanze! Flute deinen Körper mal wieder mit Glückshormonen und erlaube ihm eine Dosis Happiness.

Falls dir nicht nach lauter Action und Bewegung ist, weil du nicht der Typ für expressive Freude bist, dann feiere auf deine Weise. Versenke dich in Meditation und genieße die Verbindung mit dir selbst oder gehe in die Natur. Deine Intuition hat dir längst verraten, wie du heute feiern willst. Tu es – und genieße den Moment!

# 8. Grenzenlos? Unsinn!

Mir begegnen viele Frauen, die von ihren Seelenpartnerschaften erzählen. Oft leiden diese Frauen in ihren Beziehungen, die auch nach außen hin sehr destruktiv erscheinen, und halten trotzdem daran fest. »Er ist mein Seelenpartner!«, heißt es dann. »Ich weiß, dass er mir nicht guttut, aber ich komme nicht von ihm los.« Oder: »Aber ich liebe ihn doch!«

Ein fataler Irrtum. Jemanden zu lieben bedeutet nicht, die eigenen Werte zu missachten und permanent über die eigenen Grenzen zu gehen. Es bedeutet auch nicht, einem Mann zu gestatten, deine Grenzen zu überschreiten.

## Dein Wert, deine Grenzen – notwendiges »Nein!«

Um eine Partnerschaft auf Augenhöhe führen zu können, musst du in der Lage sein, für dich selbst einzustehen. Du musst deine Werte und deine Grenzen kennen. Die Partnerschaft muss verbunden sein mit deiner natürlichen Würde und deiner Essenz. Du musst für dich einstehen können. Im Zusammensein mit anderen Menschen oder einem Partner bedeutet das zwangsläufig immer mal wieder, dass es Interessenskonflikte gibt, unterschiedliche Werte, Haltungen oder Herangehensweisen. Du erlebst Situationen, in denen du aus einem klaren »Ja!« zu dir selbst heraus zwangsläufig »Nein!« sagen musst zu den Bedürfnissen, Wünschen oder Verhaltensweisen deines Partners. Dieses »Ja!« ist existenziell, denn wenn du es nicht zu dir selbst sagen kannst, dann kann es auch dein Partner nicht, weil du für ihn an Identität und Kontur verlierst. Dein »Ja!« zu dir verleiht dir Profil und deinen Aussagen und Handlungen Gewicht. Denn in dieser Bejahung steckt auch ein »Ich fürchte mich nicht davor, Nein zu sagen, wenn es sein muss«. Diese Haltung wiederum festigt nicht nur dein Selbstvertrauen, weil du dir tatsächlich selbst vertrauen kannst, sondern es signalisiert deinem Gegenüber: »Auch du darfst zu dir stehen. Ich fürchte dein Nein nicht. Ich nehme es nicht persönlich, wenn du für deine Werte einstehst.«

Wirkungsvoll gezogene Grenzen setzen natürlich voraus, dass du deine Werte kennst und die Konsequenzen nicht scheust, wenn jemand dagegen verstößt. Leider ist es möglich, dass uns dies abhandengekommen ist.

Wenn wir uns ansehen, wie unsere Gesellschaft mit kleinen Kindern umgeht, dann können wir sofort sehen: Mit dem Gespür für die Grenzen anderer ist es nicht weit her. Und mit der Achtung davor noch viel weniger. Es ist gang und gäbe, uns gegenseitig als Objekte zu behandeln, das erlebt schon der kleinste Säugling. Sie sind wehrlos und haben keine Möglichkeiten, uns am Übertreten ihrer Grenzen zu hindern. Unsere Gesellschaft entmündigt Kinder von Anfang an – dabei kommunizieren selbst Säuglinge unentwegt. Über Körpersprache, Laute, schmatzende Lippenbewegungen oder Mimik teilen sie uns permanent ihre Bedürfnisse mit. Lautes Weinen ist erst die allerletzte Option, auf die ein Kind zurückgreift, wenn die gefühlte Not lebensbedrohlich groß ist. Wir heben sie hoch, drücken und herzen sie, kneifen ihnen in die Wangen, ohne sie auf derlei Übergriffe vorzubereiten. Wer selbst Kinder hat, konnte vielleicht schon beobachten, dass wildfremde Menschen das Baby im Gesicht oder am Kopf berühren – obwohl wir das als Erwachsene mit anderen Erwachsenen niemals tun würden. Wenn du als Mutter eine solche oder ähnliche Situation erlebt hast, dann weißt du vielleicht auch, wie überrumpelt Eltern häufig dastehen. Und wie oft sie diese fremde Person gewähren lassen, aus Angst, sie vor den Kopf zu stoßen.

Als Objekt der elterlichen Erziehungsversuche wird das Kind dorthin gefördert, wo die Erwachsenen es haben wollen. Es muss die familiären und gesellschaftlichen Regeln erlernen und wird dabei nur selten gefragt, ob es das möchte, braucht oder gut findet. Zudem verlangen wir unseren Kindern oft immense Leistungen ab. 30-Stunden-Wochen – oder sogar mehr – in der Kita, das Pensum eines Fulltime-Jobs für ein zweijähriges Kind. Und die machen das mit. Wenn Kinder rebellieren, »Nein!« sagen und ihre eigene Persönlichkeit entwickeln wollen, gehen Eltern leicht darüber hinweg. Notfalls nutzen sie ihre körperliche Überlegenheit, um das Kind hochzunehmen, das Spiel mit anderen zu unterbrechen oder Kleidungsstücke oder Windeln anzuziehen. Wenn ein Kind mit seinem »Nein!« doch »durchkommt«, wird es mit Liebesentzug bestraft. Dann muss es runter vom Schoß, weg von der gemeinsamen Mahlzeit ins eigene Zimmer, ohne Gute-Nacht-Geschichte ins Bett. So lernen wir von Anfang an, dass ein »Nein!« schlimme Folgen hat und wir unsere eigenen Bedürfnisse unterordnen und über unsere Grenzen gehen müssen, um dazugehören zu dürfen und Liebe zu bekommen.

Der dänische Familientherapeut Jesper Juul erwähnt in seinen Büchern immer wieder ein grundlegendes Missverständnis zum Thema Grenzen: Anstatt den Fokus darauf zu richten, Kindern Grenzen zu SETZEN, dürfen wir in unserer Gesellschaft vielmehr anerkennen, dass Kinder Grenzen HABEN. Von daher ist es nicht weiter verwunderlich, dass es uns im späteren Erwachsenenleben schwerfällt, unsere eigenen Grenzen überhaupt wahrzunehmen oder dafür einzustehen. Wir lernen von Kindesbeinen an, dass andere Menschen mit uns umgehen dürfen, wie diese es für richtig halten.

Eine Frau, die nie gelernt hat, für ihre eigenen Bedürfnisse, Wünsche und Werte einzustehen, sondern der suggeriert wurde, dass ihr diese Art »Gleichwürdigkeit« nicht zusteht, tut sich zwangsläufig denkbar schwer in ihren Liebesbeziehungen. Wer erlebt, dass der eigene Wert von anderen Menschen definiert wird, ist völlig abhängig von deren Einschätzung und Verhalten. Solche Frauen investieren sehr viel in eine Beziehung und versuchen, den Partner durch ihr Engagement zu beeinflussen. Sie sind ständig damit beschäftigt, sich auf seine Stimmungen und Launen einzustellen, und unterstützen ihn nach Kräften – und auch darüber hinaus. Rettungsversuche aus Alkoholismus oder Drogenabhängigkeit, die Übernahme von Schulden oder die Erduldung körperlicher Gewalt sind Erscheinungsformen dieser emotionalen Abhängigkeit, die mit Liebe verwechselt wird. Die Rechnung lautet: Je mehr ich mich anstrenge, desto mehr werde ich am Ende geliebt. Aber sie geht nie auf. Ein wichtiger Schritt zum Wandel ist darum der Schritt in die Eigenverantwortung. Deshalb ist es essentiell, dass du dich selbst in der Tiefe kennenlernst, dich mit deiner wahren Natur verbindest. Und gespeist aus dieser Verbindung authentisch auf die Bühne des Lebens treten und für dich einstehen kannst. Grenzen zu setzen bedeutet nämlich nicht, deinen potentiellen Partner oder den Mann deines Herzens zu kontrollieren oder in seiner Freiheit zu beschneiden. Vielmehr bedeutet es, dass du für dich eintrittst.

Zur Veranschaulichung ein ganz simples Beispiel aus dem Straßenverkehr: Eine rote Ampel ist keine Empfehlung. Eine rote Ampel bedeutet: Stopp. Anhalten. Wenn du trotzdem über eine Ampel fährst, die länger als eine Sekunde rot ist, sind die Konsequenzen völlig klar: ein Monat Fahrverbot, zwei Punkte in Flensburg, 200 Euro Bußgeld. Mindestens. Wenn du dabei noch jemanden gefährdest oder sogar einen Unfall verursachst, steigen die Kosten. Das ist völlig eindeutig und transparent geregelt. Hinzu kommt das Risiko, andere Menschen zu verletzen oder sogar zu töten. Trotzdem: Niemand kann dich zwingen, an einer roten Ampel stehen zu bleiben und auf Grün zu warten. Du bist ein freier Mensch und könntest jede rote Ampel überfahren, auf die du Lust hast – wenn du bereit bist, die Konsequenzen zu tragen. Wenn du mit einem eigenen Fahrzeug am Straßenverkehr teilnehmen willst, musst du die Regeln akzeptieren. Und du hast die freie Wahl, ob du mitmachst und dich an die Regeln halten willst – oder ob du lieber bequem in die Öffis steigst, anstatt einen teuren Führerschein zu machen und dir den Kopf über Verkehrsregeln, Bußgelder und KFZ-Versicherungen zerbrechen zu müssen.

Gib darum nicht nur deinem potentiellen Partner, sondern auch anderen Menschen die Chance, deine Regeln und Werte kennenzulernen. Gib ihnen die Chance, sich auf dich einstellen und frei entscheiden zu können, ob sie Lust haben auf das Spiel mit dir. Und verringere das emotionale Verkehrschaos in deinem Leben, indem du authentisch ausdrückst, was mit dir möglich ist und was nicht.

Dabei legst nur du selbst fest, welche Werte für dich verhandelbar und welche für dich unverrückbar sind.

## Wehrhaft, frei und unabhängig

Ein beliebtes und bekanntes Kinderlied, das wir in Kindergärten und Grundschulen häufig hören, geht folgendermaßen:

*Grün, grün, grün sind alle meine Kleider;*
*grün, grün, grün ist alles, was ich hab.*
*Darum lieb ich alles, was so grün ist,*
*weil mein Schatz ein Jäger ist.*

In den weiteren Strophen werden noch rot, blau, weiß, schwarz und bunt angeführt mit der Verbindung zu den jeweils zugeordneten Berufsständen Reiter, Matrose – oder Färber, Müller, Schornsteinfeger und Maler. Die Ursprünge dieses Lieds reichen ins 19. Jahrhundert zurück. Die Originalversion mit dem Titel »Liebe in allen Farben«, die von Hoffmann von Fallersleben und Ernst Richter veröffentlicht wurde, umfasst noch ein paar Farben mehr, zum Beispiel Braun für den Fleischer oder Grau für den Bauersknecht.

Das Lied wird heute gerne gesungen, um Kinder mit Farben vertraut zu machen und sie dem jeweiligen Beruf zuzuordnen. Was allerdings so offen in den Zeilen steckt, dass es leicht überlesen wird, ist die Aussage darüber, wer im Leben einer Frau bestimmt, was für sie wichtig ist. Der Beruf des »Schatzes« bestimmt die Contour des eigenen Lebens. Geliebt wird, was der Vorliebe bzw. dem Beruf des Mannes entspricht, und dieser Einfluss umfasst sogar alles, was die Frau besitzt. Die Farbe steht stellvertretend für die Identität des Mannes, der sich die Frau komplett unterordnet. Sie gibt ihre eigenen Vorstellungen, Vorlieben und Werte auf, ihre gesamte eigene Persönlichkeit, und passt sich dem Mann an. Was im 19. Jahrhundert eine soziale und gesellschaftliche Notwendigkeit war, wird heute noch immer unseren Kleinsten vorgesungen und prägt damit bereits im ganz frühen Alter ein unbewusstes Bild von Anpassung in zwischenmenschlichen Beziehungen. Wenn ich jemanden wirklich liebe, übernehme ich sein Weltbild, seinen Lebensmittelpunkt, die Farben seines Lebens. Identitätsaufgabe als Liebesbeweis.

Dies ist lediglich eine weitere Facette, die uns Frauen nicht unbedingt darin unterstützt, die eigene Persönlichkeit zur Entfaltung zu bringen und ohne Scham oder Schuldgefühle für uns selbst einzustehen. Das Ideal der schweigsamen, zurückhaltenden, dienstbaren Frau prägt unser Rollenbild und -verständnis seit Jahrhunderten. Eine eigene Meinung? Lange Zeit völlig undenkbar – und noch immer gibt es Regionen auf dieser Welt, in denen eine Frau ohne Begleitung eines männlichen Familienmitglieds oder Ehemannes nicht vor die Tür gehen darf.

Wenn wir in unsere jüngere Geschichte schauen, dann finden wir überall Bereiche, in denen der natürliche Selbstausdruck der Frau beschnitten und unterdrückt wurde, durch den Staat und die Gesellschaft ebenso wie durch Religion oder regierende Herrscher. Von Bildungsverweigerung über Hexenverbrennung bis hin zum Wahlrecht stand einer Frau nicht zu, ihrer inneren Stimme, ihrer Intuition zu folgen und ihr Ausdruck zu verleihen. Das patriarchalische System hat jahrhundertelang Frauen ihrer natürlichen Macht und Würde beraubt. Noch immer müssen Frauen in unserer zivilisierten, westlichen Welt unter Diskriminierung leiden, das unterschiedliche Lohnniveau oder die Frauenquote legen Zeugnis ab über die noch immer existierenden Benachteiligungen von Frauen.

Darum ist es umso mehr an der Zeit, dass wir uns auf unsere wahre Größe besinnen. Es steht dir zu, dass du dich aus emotionalen Abhängigkeiten und hemmenden Verstrickungen befreist. Es steht dir zu, deine Glaubenssätze, Werte und Verhaltensweisen kritisch und ehrlich zu hinterfragen und dich zu deiner wahren Natur zu bekennen. Du darfst »Nein!« sagen, wenn dir etwas nicht guttut. Deine Hilflosigkeit ist nur erlernt, von Kindesbeinen an und über Generationen, aber in Wahrheit strotzt du vor Kraft und Lebensenergie. Die musst du leben! Dass du hierfür auch Grenzen setzen musst, um dich und deine Interessen, dein Wohl zu schützen, ist unabdingbar. Denn nur, wenn du für dich selbst einstehst, kann in dir das Gefühl von innerer Sicherheit wachsen. Erst wenn du mit Worten und vor allem mit Taten klar und konsequent bist, stellt sich dein Gefühl von Selbstvertrauen wieder ein – denn nur dann kannst du dir tatsächlich auch selbst vertrauen. Eine ständige Kluft zwischen dem, was du insgeheim fühlst, dem, was du denkst, und dem, was du nach außen kommunizierst, schafft ein instabiles inneres Klima und sorgt dafür, dass du stetig verunsichert bleibst und damit emotional abhängig von der Bestätigung durch einen Partner.

Ich weiß, dass es manchmal schwierig ist, gut auf sich zu achten. Weil ich immer wieder erlebt habe, in was für prekäre und mitunter sogar gefährliche Situationen mich meine Gefallsucht und meine Angst, jemanden vor den Kopf zu stoßen, bringen können, beharre ich so darauf.

Vor vielen Jahren, lange bevor ich meine Ausbildung zur Kinesiologin begann, arbeitete ich als Empfangsdame in einer sehr eleganten Bar in Wien, mitten im 1. Bezirk. Nach Dienstschluss genoss ich meinen nächtlichen Fußweg vom Stephansplatz durch die Kärntnerstraße bis zur Oper, um dort in den Nachtbus zu steigen. Mir gefiel diese besondere Stimmung morgens um halb drei und wunderte mich immer wieder, wie belebt die Fußgängerzone um diese Uhrzeit noch war. Wenn ich wusste, dass mir gerade ein Bus davongefahren war, nutzte ich die Zeit für einen nächtlichen Schaufensterbummel. So auch in dieser Nacht. Mit meiner Rose in der Hand – Jimmy, der bekannteste und beliebteste Rosenverkäufer Wiens (RIP, mein Lieber), schenkte mir bei jedem Besuch in der Bar eine langstielige rote Rose – stand ich vor der beleuchteten Auslage eines Geschäfts, als mich ein fremder Mann ansprach. Was ich denn so alleine hier mache, fragte mich der gut gekleidete, ältere Herr. Ich käme gerade von der Arbeit und sei auf dem Weg zur Oper, antwortete ich höflich. Das sei genau sein Weg, denn er käme gerade von einem Geschäftsessen und sei auf dem Weg zum Taxistand, sprach der Mann höflich und fragte, ob er mich denn begleiten dürfe. Ich hatte keine Lust. Ich wollte lieber alleine weiterschlendern. »Ich möchte Sie nicht aufhalten«, wagte ich einen zaghaften Versuch, dies zu vermitteln. »Oh, Sie halten mich überhaupt nicht auf. Ich freue mich gerade sehr, hier unerwartet auf eine so charmante junge Dame zu stoßen«, versicherte er mir eifrig. Ich fühlte mich in der Falle – und gleichzeitig geschmeichelt. Also bedankte ich mich höflich für sein Kompliment. Es schien, als würde er meine Verunsicherung bemerken, denn er zog aus einem schönen Etui seine Visitenkarte hervor und reichte sie mir. So erfuhr ich, dass er Diplomat irgendeines orientalischen Landes war, und entspannte mich. Wir schlenderten gemeinsam Richtung Oper und plauderten dabei ein bisschen. Als wir den Taxistand erreicht hatten, bedankte sich der Herr für die kurzweilige Unterhaltung und sagte mir, dass er sich gerne revanchieren möchte und ein Geschenk für mich hätte. Allerdings wäre das in seiner Wohnung, ich müsste dorthin mitkommen, damit er es mir geben könne. Sofort verkrampfte ich. Aber aus einem seltsamen Zwang heraus blieb ich höflich. Ich bedankte mich für sein freundliches Angebot und erklärte, müde zu sein und nach Hause zu wollen. Er wohne gleich in der Nähe, erwiderte er, und das Taxi könne vor dem Haus warten, er würde mir sogar die Heimfahrt bezahlen, und dann wäre ich mit Geschenk noch immer schneller zu Hause, als wenn ich jetzt auf den Bus warten würde. Damit hatte er mein Argument ausgehebelt, und es fühlte sich an, als hätte er mir in diesem Moment meinen Fluchtweg abgeschnitten. Ich wand mich innerlich und wusste nicht, wie ich mich höflich aus der Situation befreien sollte. »Außerdem haben Sie ja meine Visitenkarte. Sie brauchen also keine Angst haben, dass ich mich unsittlich benehme«, legte er nach, und ich fühlte mich ertappt und zugleich schuldbewusst, weil ich ihm unseriöse Absichten unterstellte. Ich schämte mich und kam mir vor wie eine alberne, dumme Gans, die sich wegen nichts ziert. Also stieg ich mit ihm ins Taxi. So nah wie erwähnt wohnte er dann aber doch nicht, und als wir nach fünf Minuten Taxifahrt durch die nächtliche Stadt noch immer nicht am Ziel waren, wurde ich wieder nervös. Er bemerkte das sofort und neckte mich ob meiner Anspannung. Eine gefühlte Ewigkeit später kamen wir an. Weil ich im Kopf hatte, dass er das Taxi warten lassen wollte, fragte ich, ob ich nicht direkt im Taxi warten und er das Geschenk herunterbringen könne. »Nein, Sie müssen es sich unter verschiedenen Optionen auswählen, die kann ich unmöglich nach unten tragen«, verwarf er meinen Vorschlag. Gefügig stieg ich aus, obwohl sich alles in mir sperrte und ich mich die ganze Zeit fragte, was ich hier bloß machte. Bevor ich mich versah, hatte er dem Taxifahrer einen Schein in den Wagen gereicht, und der Wagen fuhr ab. Meinen leisen Protest lächelte er weg, Wien wäre voll mit Taxen, er könne jederzeit ein neues rufen.

Ich weiß, dass es für manche Menschen schwer nachzuvollziehen ist, dass ich trotzdem mit ihm das Haus betrat, im Lift nach oben fuhr und mit in seine Wohnung kam. Ich weiß aber auch, dass sich sehr viele Frauen mit einem solchen Verhalten voll identifizieren können, weil es ihnen selbst unmöglich erscheint, aus einer solchen Situation wieder rauszukommen. Ich handelte wie ferngesteuert, und obwohl ich mittlerweile wirklich Angst hatte, weil ja niemand wusste, wo ich war, wahrte ich die Fassung. Ich verhielt mich völlig konträr zu dem, was ich empfand, und aus meinem Mund kam genau das Gegenteil von dem, was ich dachte.

Seine Wohnung war altmodisch und unpersönlich eingerichtet und hatte den Charme einer lieblosen und abgewohnten Ferienwohnung. Er platzierte mich auf dem Wohnzimmersofa und bat mich, meinen Mantel abzulegen. Ich setzte mich, aber ich behielt den Mantel an. Er bot mir etwas zu trinken an, ich entgegnete, dass sich das nicht lohnen würde, weil ich ja gleich wieder aufbrechen würde. Er verschwand, kam mit einer Flasche Wein wieder und schenkte uns beiden ein Glas ein. Ich verspürte Wut und Angst zugleich. Spätestens jetzt war mir klar, dass er nie vorhatte, mich gleich wieder gehen zu lassen. Er setzte sich neben mich auf die Couch und holte Fotos seiner Kinder und seiner Familie hervor, um sie mir zu zeigen. Und ich, höflich wie ich war, schaute mir die Bilder an, lächelte beim Anblick des niedlichen Enkelkindes und äußerte begeistertes Staunen beim Anblick prachtvoller Bauwerke im Hintergrund. Dann verschwand er in einem Zimmer der Wohnung und ließ mich eine Viertelstunde alleine sitzen. Ich fühlte mich völlig fehl am Platz und spielte in Gedanken ununterbrochen Fluchtszenarien durch. Aber ich schaffte es nicht, aufzustehen und die Wohnung tatsächlich zu verlassen. Als der Mann zurückkam, trug er seinen Hausmantel und setzte sich wieder zu mir auf die Couch. Er prostete mir mit seinem Glas zu, und ich stieß mit ihm an, obwohl es mir zuwider war. Der Moment schien mir günstig, darum wagte ich einen kleinen Vorstoß. Ich bat ihn, mir ein

Taxi zu rufen, damit ich gleich aufbrechen könnte. Er tat enttäuscht und stellte sich quer, immerhin hätte ich mein Geschenk ja auch noch gar nicht. Ich wollte auf keinen Fall gierig erscheinen und machte mir nichts aus dem Geschenk, darum sagte ich, dass ich auch ohne Geschenk jetzt gehen würde. Er sprang auf und begann, in einem Schrank zu kramen. Dann in einem weiteren. Es vergingen zehn weitere Minuten, bis er aus irgendeinem Kasten zwei kleine hölzerne Schatullen mit farbigen Einlegearbeiten zutage förderte und vor mir auf den Tisch stellte. »Dies ist dein Geschenk. Such dir eine aus«, forderte er mich auf. Nun habe ich keine Ahnung von orientalischen Kunstgegenständen, aber ich fand beide Schatullen ausgesprochen hässlich und konnte nur mit Mühe meine Verblüffung verbergen. »Sie sind wunderschön!«, kam stattdessen aus meinem Mund. »Womit hab ich das verdient? Ich glaube nicht, dass ich dieses Geschenk annehmen kann.« »Sie sind so wunderschön wie du«, ging der Mann in die Offensive, und mir raste das Herz vor Angst. Ich war mir sicher, dass ich, wenn ich jetzt den Absprung nicht schaffte, mit ihm würde schlafen müssen. Ich wollte das auf keinen Fall, aber ich spürte so sehr den Druck seiner Erwartung und hatte kaum noch Mut oder Kraft, mich dem zu widersetzen. Ich griff nach der kleineren Schatulle und stand auf. Ich bedankte mich höflich und kündigte mein Gehen an. Natürlich bemerkte er auch meine Fluchttendenzen sofort. »Ich muss dir doch erst noch ein Taxi rufen…«, sprach er mit amüsiertem Ton in der Stimme. »Das ist nicht nötig«, stieß ich hervor und fühlte mich undankbar und berechnend, weil eine Stimme in mir flüsterte: »Aber du hast kein Geld für eine so weite Taxifahrt bis nach Hause … Wenn du jetzt gehst, kostet dich das locker dreißig Euro.« Ich überlegte tatsächlich, ob ich ihn an sein Versprechen erinnern sollte, weil diese Ausgabe nicht in meinem Budget war – und entschied mich für eine in meinen Augen sehr diplomatische Variante: Ich blieb im Flur stehen und gestattete ihm tatsächlich, mir ein Taxi zu rufen, in der Hoffnung, dass er sich während der Wartezeit daran erinnerte, mir die Heimfahrt zu bezahlen, und mir das nötige Bargeld dafür in die Hand drückte. Er lotste mich zurück zum Sofa, schenkte Wein nach und prostete mir erneut zu. Diesmal gelang es mir, mich zu widersetzen. Ich zückte mein Handy, drückte die eingespeicherte Nummer der Taxizentrale und bestellte einen Wagen. Von diesem Moment an war der Herr deutlich distanzierter. Ich stand auf, bedankte mich nochmals für die Einladung und mein Geschenk und verließ die Wohnung.

Das wirklich Schlimme ist: Für diesen Vorfall schämte ich mich lange Zeit und erzählte niemandem davon. Es war, mir peinlich, wie ich überhaupt in diese Situation gekommen war, und ich verurteilte mich dafür, dass ich so naiv war, mitten in der Nacht mit einem wildfremden Mann in dessen Wohnung zu gehen. Erst viel später ging mir auf, wie riskant und gefährlich dies war und dass ich auch hätte vergewaltigt werden können oder Schlimmeres. Ich war betroffen und schockiert, dass meine größte Befürchtung damals war, den Mann vor den Kopf zu stoßen, zu enttäuschen und selbst unhöflich, undankbar oder kindisch zu erscheinen. Meine körperliche oder seelische Unversehrtheit kam erst weit danach.

So wurde mir bewusst, wie oft ich im Funktionsmodus –

und jenseits meiner persönlichen Grenzen – unterwegs war. Als ich realisierte, dass ich durch mangelnde Abgrenzung und das zwanghafte Bedürfnis, es anderen recht zu machen, sogar mein eigenes Leben gefährdete, wachte ich auf. Ich begab mich auf Spurensuche, denn es gab auch zuvor schon immer mal wieder »unmögliche« Situationen, Beziehungskonstellationen oder Partner, angesichts derer mein näheres Umfeld nur noch den Kopf schüttelte. Ich erforschte meine Vergangenheit und suchte nach Entscheidungen, die ich falsch getroffen hatte, oder Situationen, in denen ich mich ebenso ferngesteuert verhalten hatte wie in jener Nacht. Und stieß auf ein Erlebnis aus Kindertagen. Damals war ich vielleicht acht oder neun Jahre alt.

In dem Ort, in dem ich groß wurde, wurden kirchliche Feiertage besonders zelebriert. So ergab es sich, dass eine Freundin und ich am Dreikönigswochenende mit unseren Dorfministranten als Heilige Drei Könige von Haus zu Haus zogen, ein Lied sangen und die Wohnstuben der Dorfbewohner mit Weihrauch ausräucherten. Als Belohnung für diesen Dienst wurden wir etwas später auf einen Tagesbesuch in der nahegelegenen Therme eingeladen. Die Hauptattraktion dort war eine große Röhrenrutsche, die wir fast ununterbrochen frequentierten. Irgendwann stieg ich mal wieder oben in die Rutsche ein und hatte plötzlich einen Mann hinter mir. Er rutschte ganz dich auf, so dass seine Beine links und rechts von mir waren. Kurz vor dem Röhrenausgang gab er mir einen Schubs, so dass mich die Röhre Millisekunden vor ihm ausspuckte. Sofort war er wieder neben mir. »Das macht Spaß, oder? Komm, wir rutschen nochmal!«, forderte er mich auf, und natürlich wollte ich wieder rutschen. Meine Freundin hatte ich aus den Augen verloren, also kletterte ich mit dem Mann den Turm empor. Oben stiegen wir wieder in die Rutsche ein. Diesmal war er von Anfang an dicht hinter mir und hielt mich fest. Während des Rutschens berührte er mich mit den Fingerspitzen zwischen den Beinen, unter dem Badeanzug. Ich fühlte mich unbehaglich, aber ich wehrte mich nicht. Mir war nicht klar, was in diesem Moment passierte, aber ich hatte ein ungutes Gefühl dabei. Mir wurde mulmig, und ich wusste nicht, was ich tun sollte. Als er mich unten im Becken angekommen erneut aufforderte, mit ihm zu rutschen, willigte ich darum ein. Er war erwachsen, er war fremd, und ich wollte brav und nicht unhöflich sein. Wir rutschten noch einige Male gemeinsam, obwohl ich überhaupt nicht mehr wollte. Den Anschluss an meine Gruppe hatte ich längst verloren, und weil meine Brille in der Umkleide lag, hatte ich Schwierigkeiten, mich zu orientieren und meine Freundin im Wasser auszumachen. Also rutschten wir weiter, der Mann und ich, und jedes Mal zog er mich dabei eng an sich und berührte mich zwischen den Beinen. Ein paar Mal versuchte ich, anschließend schnellstmöglich aus dem Becken und zum Rutschturm zu kommen, aber er holte mich immer wieder ein und schaffte es, sich in der Schlange hinter mich zu drängeln. Erst als ich nach einem Durchgang regelrecht aus dem Wasser sprintete und nicht mehr zur Rutsche eilte, sondern auf die Toilette, folgte er mir nicht mehr.

Ich ging nicht mehr zurück ins Wasser. Ich lief an den Beckenrändern entlang und stieß dabei irgendwann auf meine

Freundin oder eine Betreuerin, und entfernte mich nicht mehr. Abends kletterte ich meiner Mutter auf den Schoß und erzählte ihr davon und weinte. Ich schämte mich, weil ich das Gefühl hatte, etwas Unanständiges getan zu haben. Meine Mutter tröstete mich, und wir haben nicht weiter darüber gesprochen.

Heute ist mir klar, dass ich zu diesem Zeitpunkt bereits vorgeprägt und mir meine natürliche Wehrhaftigkeit schon abhandengekommen war. Ich kann und will keine einzelnen Personen dafür verantwortlich machen, weder meine Mutter noch meine Großmutter oder ein anderes Mitglied meiner Großfamilie. Es geht mir nicht darum, jemanden schuldig zu sprechen oder zu verurteilen. Ich erzähle diese sehr persönlichen Erlebnisse als Ergebnis zusammenhängender Faktoren. Das Verhältnis meiner Mutter zu ihren Eltern, das Verhältnis meiner Großeltern untereinander, mein abwesender Vater, die Überforderung meiner Mutter, die ausgesprochenen und unausgesprochenen Regeln und Verhaltenscodices in meiner Familie, das Selbstbild und das Selbstwertgefühl der Erwachsenen um mich herum, all das hat mich geprägt und mir bewusst und unbewusst vermittelt, was ich wert bin. Wie viel oder wenig Bedeutung meine Wünsche und Bedürfnisse haben. Ich habe mich an die Gegebenheiten und Dynamiken in meiner Herkunftsfamilie bestmöglich angepasst. Nicht jammern, nicht aufmüpfen, sich nicht falsch verhalten. Besonders in Stresssituationen hatte das eine Art Schockstarre zur Konsequenz. Nichts sagen. Aushalten. Lieber nichts tun als etwas Falsches.

Mit der Schilderung meiner persönlichen Erlebnisse möchte ich dir Mut machen. Ich erlebe so viele Frauen, für die die

Erforschung der eigenen Identität völliges Neuland ist, weil sie Missbrauch und Übergriffigkeit seelisch wie körperlich erlebt und gelernt haben, dass sie anderen Menschen ausgeliefert sind und ihre persönlichen Grenzen überschritten werden.

Was immer du erlebt hast, was immer dich geprägt hat in deinen Kindertagen: Du darfst es dir nochmals bewusst anschauen und integrieren und musst nicht die alten Filme immer und immer wieder abspielen. Du darfst für dich einstehen und Grenzen setzen. Und dafür musst du sie wahrnehmen können.

## Grenzen wahrnehmen

Übe dich darum in Achtsamkeit und innerer Balance. Integrales Yoga oder Tai-Chi können dir dabei helfen, über deinen Körper zu deiner Mitte zu finden. Du trainierst so nicht nur deine Körperwahrnehmung und dein körperliches Gleichgewicht, sondern regst durch die Bewegungsabläufe, die Dehnung und Beugung deiner Muskeln, Bänder und Sehnen auch den Energiefluss in deinem Körper an und kannst dadurch Verhärtungen, Staus oder Blockaden leichter wahrnehmen und lösen. Dein Körper kommt wieder in Fluss.

In seiner ursprünglichen Form diente Yoga dazu, den Körper zu harmonisieren, um anschließend leichter und tiefer meditieren zu können. Darum lege ich dir als weitere Übung zur Stärkung deiner inneren Balance nochmals die Meditation ans Herz. Denn je präsenter du selbst bist, je sicherer du in dir selbst ruhst, desto authentischer und klarer kannst du für dich selbst einstehen und notfalls auch mit Würde zu deiner Wahrheit stehen und »Nein!« sagen.

Beginne auch, deine eigenen Grenzen zu achten. Hier ein paar Anregungen, die leicht umzusetzen sind:

- Gehe abends schlafen, wenn du müde bist, anstatt noch im Internet zu surfen oder einen Film zu gucken. Müdigkeit zeigt an, dass dein Körper eine Grenze erreicht hat und sich erholen muss, um weiter seine Aufgaben erfüllen zu können. Nimm dein Ruhebedürfnis ernst und gib dir Zeit zum Regenerieren, anstatt dich mit Sekundärrealitäten von dir selbst abzulenken.
- Trinke, wenn du durstig bist. Durst stellt sich nämlich erst ein, wenn der Körper sich der Untergrenze dessen, was er an Flüssigkeitszufuhr benötigt, nähert. Überschreite diese Grenze nicht, sondern nimm deinen Durst ernst.
- Trage bequeme Schuhe, wenn deine Füße schmerzen. Die Modeindustrie, das derzeitige Schönheitsideal und auch die männlichen Vorstellungen geben ganz klar vor: Der Look ist entscheidend, Bequemlichkeit nicht von Bedeutung. Frage dich, zu welchem Zweck du deine körperliche Grenze überschreitest, und finde Lösungen, um innerhalb dieser Grenze zu bleiben.

Übe dich parallel dazu, dich im Außen zu zeigen mit deinen Wahrheiten und Werten. Übe, deinem Gegenüber deine Wahrheit zuzumuten. Wenn du dich dabei noch unsicher fühlst, beginne in kleinen Schritten. Überprüfe dein Leben auf all die höflichen, kleinen Lügen in deinem Alltag und entscheide dich ganz bewusst für das Experiment, die ein oder andere einmal wegzulassen und stattdessen ehrlich zu antworten. Beispielsweise wenn der Kellner im Restaurant fragt, wie das Essen geschmeckt hat. Sage ehrlich, wenn das Gemüse für deinen Geschmack etwas zu weich oder der Salat nicht frisch war. Oder wenn eine Kollegin dich fragt, wie es dir geht. Halte einen Moment inne, um wahrzunehmen, wie es dir gerade wirklich geht, und antworte ehrlich. Bleibe in diesem Augenblick ganz bei dir und in deiner Würde, ohne von deinem Gegenüber eine bestimmte Reaktion zu erwarten. Schließlich geht es nicht darum, ob die andere Person mit deiner Klarheit umgehen und angemessen darauf reagieren kann. Vertraue darauf, dass deine Worte, wenn sie ehrlich und aus dem Herzen kommen und frei von Vorwürfen oder Erwartungen sind, ihre Wirkung entfalten, selbst wenn das nicht auf den ersten Blick sichtbar sein sollte.

### Energetische Interaktion – energetische Grenzen

Wenn wir unseren Umgang mit anderen Menschen betrachten, können wir nicht nur unseren physischen Körper wahrnehmen. Jenseits unserer Ansammlung von Haut, Knochen, Muskeln, Organen und vielem mehr umgibt uns nämlich auch unser Energiekörper. Mit diesem Energiekörper agieren und interagieren wir auch mit dem Energiekörper einer anderen Person, genauso wie es unsere physischen Körper tun. Unser alltäglicher Sprachschatz steckt voller Hinweise auf dieses energetische Verhalten, und vieles davon ist uns in seiner umfänglichen Bedeutung nicht bewusst.

So hast du sicherlich schon erlebt, dass dir jemand *auf die Nerven geht* – obwohl er das im physischen Sinn unmöglich bewerkstelligen könnte. Vielleicht hat dich auch schon mal ein Mann *mit Blicken verschlungen* oder mit gezielten Bemerkungen *aufgestachelt*. Natürlich kann dieser Mann dich nicht physisch verspeisen, schon gar nicht mit seinem Blick – energetisch kann er das sehr wohl. Und so hast du dich vielleicht auch schon nach der ein oder anderen Begegnung *total leer und ausgesaugt* gefühlt, am Boden *zerstört* oder *wie durch den Fleischwolf gedreht*.

Nichts von alledem hat dein Körper jemals wirklich erlebt, aber dein Energiekörper ist in der Lage, diese Erfahrungen zu machen, darum fühlen sie sich auch so real an, und jeder, der mit seinem energetischen Körper ähnliche Erfahrungen gemacht hat, kann dies nachempfinden.

Gerade die Interaktionen, die mit Liebe oder Verliebtheit verbunden sind, beinhalten viele Übergriffigkeiten und Grenzüberschreitungen. So wollen Frauen zwar gerne umgarnt werden, aber wenn du dir an dieser Stelle einmal bewusst machst, wie es sich anfühlt, mit Garn umsponnen zu werden – ist das tatsächlich reizvoll? Es gefällt doch kaum einer Frau, eingewickelt zu werden oder zu sein, denn es macht eigene Bewegungen völlig unmöglich.

Hast du in einer Beziehung zum Beispiel *geklammert*? Sind dir Partner *auf die Nerven gegangen*? Gingst du am Ende einer Beziehung *auf dem Zahnfleisch*? Wie oft hast du als Teenager von einem Jungen *etwas gewollt* – oder er von dir? Wie oft *standest* du auf einen Mann? All das beschreibt kein tatsächliches körperliches Verhalten, sondern weist auf die energetische Qualität unserer Handlungen und Verhaltensweisen hin. Liste hier auf, was dir an weiteren energetischen Beschreibungen einfällt und was du selbst auch schon erlebt hast, aktiv oder passiv:

.................................................................................................

.................................................................................................

.................................................................................................

.................................................................................................

## Grenzen im Bett

Während ich an diesem Kapitel über Sexualität schreiben möchte, herrscht bei meinem Mann und mir eine Flaute im Bett. Darum bekommst du an dieser Stelle keine Ratschläge oder Tipps, sondern einen sehr persönlichen Einblick in unser Ringen um eine erfüllte, lustvolle und vor allem ehrliche Sexualität. Denn nirgendwo in einer Liebesbeziehung sind Grenzen so wichtig wie dort.

Ich hatte nie Schwierigkeiten mit Sex. Ich hatte ein schönes erstes Mal mit meinem ersten Freund, und wir erschlossen uns unsere Sexualität gemeinsam. Zuvor hatte ich mir die Pille verschreiben lassen, er begleitete mich zum Frauenarzt und saß während der Konsultation tapfer allein im Wartezimmer. Wir tasteten uns gemeinsam heran an den richtigen Moment. Auch danach bleib alles unkompliziert. Wir redeten über alles, was wir taten und worauf wir Lust hatten, probierten aus, verwarfen wieder. Alles entspannt und völlig normal. Doch wie wenig normal das tatsächlich war, erlebte ich einige Zeit später, als meine Klassenkameradinnen, die ebenfalls feste Freunde hatten, und ich uns im Schullandheim über unsere Erfahrungen austauschten. Kaum eine berichtete von entspannter Sexualität. Grobe Jungs, Probleme mit dem Orgasmus oder Sex, um den Typ zu halten, das waren die vorherrschenden Themen. Und daran hat sich, so scheint mir, in all den Jahren bis heute wenig geändert.

Für mich war Sex eine Methode, eine Möglichkeit, um mich jemandem emotional nahe zu fühlen. Und mit Sex konnte ich meiner Angst vor tiefen Gefühlen ausweichen. Die körperliche Verbindung erlaubte mir, mich voll hinzugeben, kraftvoll und leidenschaftlich zu sein und die maximale Vereinigung mit einem Mann zu erfahren, die ultimative Nähe – und ich lief nicht Gefahr, dabei verletzt oder zurückgewiesen zu werden, denn wir arbeiteten ja auf das selbe Ziel hin, unseren Höhepunkt.

Oft arbeitete ich dabei tatsächlich im wahrsten Sinn des Wortes. Ich wusste für mich ganz genau, was ich brauchte, um innerhalb kürzester Zeit einen Höhepunkt zu kriegen. Das Wissen, im Zweifelsfall immer »auf meine Kosten« zu kommen, ermöglichte mir, mich während weiter Strecken einer intimen Begegnung völlig auf meinen Partner zu konzentrieren. So »arbeitete« ich für ihn. Ich gab mir Mühe. Ich performte und versuchte, seine Wünsche und Bedürfnisse zu erahnen und ihm maximale Lust zu bereiten – und verlor darüber völlig den Kontakt zu mir selbst. Meine ganze Aufmerksamkeit richtete sich auf den jeweiligen Mann. Wichtig war, dass er Spaß hatte und befriedigt wurde. Darin lag wiederum für mich der maximale Lustgewinn. Zu erleben, was ich mit einem Mann anstellen konnte und wie weit ich ihn bringen konnte, gab mir Bestätigung. Ich fühlte mich zufrieden wie eine satte Katze.

Mehr als einmal setzte ich Sex ein, um nachlassendem Interesse oder einer bevorstehenden Trennung entgegenzuwirken. Ich setzte mich für den Moment fast immer durch und fühlte mich als Siegerin, als die Mächtigere, die Stärkere, wenn der Mann entgegen seinen Beteuerungen doch wieder mit mir intim wurde. In diesem Augenblick war ich komplett im Hier und Jetzt, redete ich mir ein. Ich klammerte mich an diese flüchtige Illusion von Nähe und blendete alles andere aus. Auch mich selbst. Wenn anschließend wieder die Ernüchterung einsetzte und der endgültige Abschied drohte, hatte ich wenigstens diese letzte Bestätigung seines Interesses. Wenigstens auf einer Ebene wollte er mich, das hatte sein Körper mir untrüglich bewiesen.

Für diese Bestätigung nahm ich alles in Kauf. Gewollt zu werden war eines meiner zentralen Bedürfnisse. Wenigstens für einen Moment ungeteilte Aufmerksamkeit genießen. Wie viel ich dafür von mir selbst aufgab und wie sehr ich mich dabei jedes Mal selbst verriet, war mir nicht bewusst. Sex im Rahmen einer »komplizierten Kiste« war für mich normal. Ich wollte beweisen, wie aufgeschlossen, modern und unkompliziert ich war, mir selbst und dem jeweiligen Partner, und wurde mit Männern intim, die eine alles andere als wertschätzende oder liebevolle Beziehung zu mir hatten. Auf eine gewisse Art war ich wahllos, wobei ich mich keineswegs mit jedem einließ. Natürlich wählte ich meine Partner aus. Ich musste sie interessant oder reizvoll finden, ich musste *etwas von ihnen wollen*. Dieses Etwas trug unterschiedliche Gewänder, mal war es Status, mal Aufmerksamkeit, mal Bestätigung oder Anerkennung, und darunter lag immer nur eines: Ich wollte Liebe. Und wo immer ich auch nur den Hauch einer Chance witterte, Liebe zu bekommen – oder etwas, das ich dafür halten konnte –, war ich bereit, alles zu geben. Ich machte mich selbst zum Objekt, präsentierte mich willig und gefügig, unkompliziert und offen für alles Mögliche. Ich bezeichnete das als »ins Leben stürzen«, mich austoben, Erfahrungen machen. Dabei waren so viele Erfahrungen dabei, von denen ich mir heute wünsche, sie nicht gemacht zu haben. Denn ich war bei dem, was ich tat, niemals berechnend oder mit bewusstem Kalkül unterwegs. Ich war ein völlig verzweifeltes und emotional verwahrlostes Kind, das Erwachsenenspiele spielte, in der Hoffnung, Liebe zu bekommen. Ich tat Dinge, von denen ich glaubte, sie tun zu müssen, um Aufmerksamkeit und Liebe zu bekommen. Ich versuchte, sexuellen Erwartungen zu entsprechen und sie bestenfalls noch zu übertreffen, um eine dauerhafte Bindung herzustellen.

Grenzen? Hatte ich keine. Das heißt – ich hatte sie, aber ich ignorierte sie und nahm es sogar als Herausforderung, meine persönlichen Begrenzungen zu weiten, in der Hoffnung, dadurch gesehen und ernst genommen zu werden. Männer turnten meine erotischen Abenteuer an und die Offenheit, mit der ich darüber sprach.

Wenn ich jetzt darüber nachdenke, fällt mir keine Gelegenheit ein, bei der ich »Nein!« gesagt hätte zu etwas. Zu einem

Kuss, zu Sex, zu einer besonderen Phantasie, für mich gab es kein »Nein!«. Es gab immer nur ein »Ja!«, ganz automatisch und ohne auch nur eine Sekunde wirklich wahrzunehmen, ob alles in mir diesem Ja auch zustimmt. Zwar gab es Momente, in denen ich ein »Nein!« DACHTE, in denen mein Körper sich verkrampfte oder ich keinen Funken Lust verspürte, sondern allenfalls Schmerz, Langeweile oder Pflichtbewusstsein, aber ich habe mich niemals komplett entzogen. Manchmal habe ich mich auf Alternativen herausgeredet, aber ich brach das Spiel nicht ab.

Irgendwann machte ich mir nichts mehr aus Sex. Ich hatte keine Lust mehr auf Affären, komplizierte Beziehungen oder One-Night-Stands und wollte Sexualität nur noch in Verbindung mit wirklichen Gefühlen erleben. Das erleichterte die Sache nicht, denn ich verliebte mich nach wie vor in die »falschen« Männer, und die Dramen waren vorprogrammiert, bis ich resigniert aufgab und weite Strecken ohne Sex lebte.

Mit meinem Mann änderte sich alles. Als wir uns kennenlernten, war unsere Sexualität leidenschaftlich und intensiv. Wir genossen unsere Intimität sehr, zelebrierten sie und kosteten sie voll aus. Es war wunderbar! Als ich jedoch, nachdem er sich zum ersten Mal von mir getrennt hatte, begann, an mir zu arbeiten und mich endlich auf meine innere Beziehung zu konzentrieren, verlor unsere bisherige Sexualität für mich schlagartig an Reiz. Als wir nach einigen Monaten wieder ein Paar wurden, hatte sich für mich etwas verändert. Mich stieß das gemeinsame Hochschaukeln bis zum Höhepunkt plötzlich ab. Die Entspannung, die danach einsetzte, fühlte sich leer und ernüchternd an. Ich kam mir benutzt vor

in den Momenten, in denen er kurz vor dem Orgasmus energetisch abtauchte wie in einen Tunnel und mich nicht mehr
wahrnahm. Diese Abwesenheit fühlte sich so schmerzlich
für mich an, dass sie mich regelrecht wütend machte und ich
ihn am liebsten von mir gestoßen hätte. Umgekehrt fühlte ich
mich auch selbst schäbig und leer, wenn ich im Moment des
Höhepunkts völlig alleine war und ihn nur noch benutzte für
meinen Lustgewinn. Unsere anschließende Erschöpfung, das
wortlose, entspannte Nebeneinanderliegen, jeder in seiner
Welt, machte mich todtraurig.

Ich merkte, dass ich immer weniger Lust hatte, mit ihm
zu schlafen. Ich wollte Nähe, Verbindung und Austausch in
unserem körperlichen Kontakt. Verbundenheit, von Körper zu Körper, aber auch von Herz zu Herz und von Geist
zu Geist. Aber davon waren wir meilenweit entfernt. Trotzdem konnte ich zu unserer alten Form der Sexualität nicht
mehr zurückkehren. Denn inzwischen nahm ich meine Bedürfnisse und Wünsche wahr – und ernst. Ich spürte meine
Grenzen und artikulierte sie auch, wenn mir etwas zuwider-
lief. So fühle ich mich manchmal regelrecht überfallen, wenn
mein Mann wie aus dem Nichts plötzlich andeutet, dass er mit
mir schlafen möchte, obwohl ich mich ihm gerade überhaupt
nicht nah fühle. Ich merke, dass ich geistige und emotionale
Nähe brauche und ein Klima, in dem ich mich zeigen darf,
wie ich bin – und er sich für mich interessiert. Andernfalls
bleibe ich verschlossen wie eine Muschel.

Es gab Zeiten, da hat mein Mann begeistert auf unsere veränderte Sexualität reagiert, weil wir beide die Erfahrung ge-

macht haben, dass unsere körperlichen Begegnungen unbeschreiblich intensiv, innig und heilsam sind, wenn wir uns auch im Alltag offen und ehrlich begegnen.

Es gibt aber auch Zeiten, in denen er keine Lust und keine Kapazität hat, sich auf mich, auf uns einzustellen. In denen er selbst von sich abgeschnitten ist und gerne auf unsere »alte« Sexualität zurückgreifen möchte als Ventil, um Spannung abzubauen oder die emotionale Distanz weniger schmerzhaft zu spüren. Für mich sind diese Zeiten eine große Herausforderung. In solchen Momenten »Ja!« zu mir und meiner Wahrnehmung zu sagen stellt mich und ebenso ihn vor die Aufgabe, ganz in die Eigenverantwortung zu gehen und trotzdem unsere Herzen offen zu halten für den anderen in seinem Sosein. Dadurch gelingt es mir zwar, meine eigenen Grenzen zu achten, aber ich sehe auch meinen Mann in seiner Hilflosigkeit, und nicht immer gelingt es uns, einander dort zu begegnen. In unserem Alltag und mit unserer Tochter laufen wir schnell Gefahr, in einen Funktionsmodus zu rutschen und uns nebeneinander in einem reibungslosen, aber auch leblosen Dasein einzurichten.

Mittlerweile nehme ich die Veränderung meiner Libido sowie meiner Lust als großes Geschenk wahr. Ich komme Stück für Stück immer tiefer in mir an. Meine Vorstellung, irgendwann mit diesem Prozess am Ende oder »fertig« zu sein, darf immer mehr gehen. Dafür erlebe ich, wie innig eine einfache Berührung sein kann. Als mein Mann sich heute Morgen verabschiedet hat, um für zehn Tage beruflich zu verreisen, stand er eine Viertelstunde lang einfach nur hinter meinem Schreibtischstuhl und legte mir die Hände auf die Schultern.

In diese Berührung konnte ich mich völlig hineinentspannen und wahrnehmen, was in mir gerade los ist. Meine Ängste, den Abgabetermin für dieses Buch vielleicht nicht halten zu können, die Sorge um unsere Tochter, die sich am Vortag den Fuß verstaucht hat und nun trotz Schiene erst mal nicht mehr laufen kann. All das durfte ankommen. Ich nahm wahr, wie angespannt und verkrampft sich mein Körper anfühlte und wie meine Ohren sich verschlossen. Ich weinte ein wenig und spürte, wie ich mich allmählich entspannte. Ich spürte seine Hände auf meinen Schultern. Mehr nicht. Das genügte.

Anschließend setzten wir uns auf mein Tagesbett, und ich legte meinen Kopf in seinen Schoß. Wir redeten ein wenig miteinander, und ich fühlte mich sehr verbunden.

Klar, eine solche Berührung hat mit dem Sex, den ich früher hatte, nichts mehr gemeinsam. Eine wirklich erfüllte und würdevolle Sexualität kann jedoch nur stattfinden, wenn ich mich ehrlich und echt zeige. Wenn sie aus einer geistigen oder emotionalen Nähe gespeist wird. Das erfordert Ausdauer und Mut.

Ich erinnere mich an eine Affäre, die ich vor vielen Jahren hatte. Wir mochten uns und trafen uns regelmäßig, aber er wollte mich nicht offiziell als feste Freundin haben. Als ich ihn einmal am Telefon über mich reden hörte, sprach er davon, dass gerade eine »Bekannte« zu Besuch sei. Von diesem Moment an war ich jedes Mal völlig fertig, wenn er mir erzählte, er sei mit »einer Bekannten« Abendessen gewesen oder im Prater spazieren. Ich fragte niemals weiter nach, aus Angst vor seiner Antwort, aber ich beendete auch die Affäre nicht. Irgendwann verbrachten wir mal wieder einen schönen Abend miteinander. Als ich aus dem Badezimmer kam und das Schlafzimmer betrat, fiel mein Blick auf eine Haarnadel auf dem Nachtkästchen auf »meiner« Seite des Bettes. Mir blieb fast das Herz stehen – aber ich tat, als hätte ich nichts bemerkt. Wir unterhielten uns noch eine Weile, dann schliefen wir miteinander, und die ganze Zeit rang ich um Fassung wegen dieser verdammten Haarnadel auf dem Tischchen. Ich war ja nicht blöd, ich wusste ganz genau, was sie zu bedeuten hatte, und es verletzte mich zutiefst. Trotzdem gab ich meinen Körper her, gab einmal mehr die unkomplizierte Geliebte und versuchte dabei auch noch, den Eindruck zu erwecken, ich hätte Spaß. Ich war nicht erregt in diesem Moment, nicht leidenschaftlich oder sonstwas. Das Letzte, was ich wollte, war, mit diesem Mann zu schlafen, aber ich tat es trotzdem, aus dem verzweifelten Glauben heraus, alles kaputt zu machen, wenn ich jetzt eine Szene vom Zaun brechen oder mich verweigern würde. Ich wollte den längeren Atem haben, die bessere Liebhaberin sein. Ich klammerte mich an die Idee, dass die Besitzerin dieser hässlichen, altmodischen Haarnadel, zumindest für die Zeit, in der ich mit ihm schlief, keine Rolle spielte. Ich klammerte mich auch an die Vorstellung, dass sie sich dieses Mannes sicher genug fühlte, um hier persönliche Gegenstände zu »vergessen«, und verspürte einen Anflug von Triumph, dass dem nicht so war, schließlich lag ja jetzt ICH in seinem Bett.

Mein Kopf arbeitete auf Hochtouren, um mich vor dem emotionalen Schmerz zu schützen, und meinen Körper gab ich einfach preis.

Wenn ich an diese Situation denke, bin ich unendlich dankbar, dass ich heute »Nein!« sagen kann, wenn sich in der körperlichen Begegnung irgendetwas nicht stimmig anfühlt, selbst wenn es nur eine winzige Irritation ist. Ich bin erleichtert, dass ich meine eigenen Grenzen wahrnehmen und achten kann, obwohl es anfangs mitunter auch verstörend war zu erkennen, wie schnell meine Grenzen tatsächlich erreicht sind. Viel zu lange habe ich mich viel zu weit außerhalb meiner Grenzen bewegt, so dass ich erst einmal meine eigenen Vorstellungen von dem, was für mich selbstverständlich war, überprüfen und weitgehend über Bord werfen musste.

Nimm dir für einen Moment die Zeit und spüre nach, wo du in deiner Sexualität etwas tust, wofür du in Wahrheit kein klares »Ja!« hast. Wie oft hast du einen Mann geküsst, obwohl du dich nicht zu einhundert Prozent wohl gefühlt hast mit ihm? Vielleicht sogar nur körperlich anwesend warst, mit den Gedanken aber noch bei der Arbeit oder schon beim Sport. Wie viele leere, seelenlose Küsse hast du bereits verteilt oder empfangen, vielleicht als Teil eines Abschieds- oder Begrüßungsprocedere, das so automatisch abläuft, dass du innerlich schon längst nicht mehr beteiligt bist. Wie oft hast du mit einem Mann geschlafen, obwohl du dich in der Beziehung zu ihm nicht wohl und sicher gefühlt hast? Welche Berührungen hast du in Kauf genommen oder über dich ergehen lassen, obwohl du davon nicht wirklich berührt wurdest? Was hast du mitgemacht aus der Vorstellung heraus, den Partner zufriedenstellen oder einem bestimmten Rollenbild entsprechen zu müssen? In welchen Situationen hast du Sex eingesetzt, um einen Mann zu halten?

Es ist an der Zeit, dass du dich von solchen Automatismen und Funktionsmodi verabschieden darfst. Das ist eine Herausforderung. Es erfordert deine Bereitschaft, dich jeden Tag neu auf dich selbst einzulassen, jeden Tag erst mal bei dir selbst anzufangen. Wo stehe ich im Moment? Wie präsent bin ich gerade? Was tut mir gut? Es ist eine Aufgabe, sich diese Fragen selbst ehrlich zu beantworten – und dann auch noch dem (potentiellen) Partner zu kommunizieren. »Dein automatisierter, spitzlippiger Begrüßungskuss macht mich wütend.« »Ich merke, dass du mit den Gedanken ganz woanders bist, und deine Finger fühlen sich auf meinem Oberarm ganz mechanisch an.« »Ich fühle mich leer und müde nach dem Höhepunkt und spüre, wie etwas in mir auf Distanz geht.« »Ich sehne mich nach deiner Berührung, aber ich schäme mich, das mir – und dir – einzugestehen.« »Ich bin zu müde, um mit dir zu schlafen, aber ich habe Angst davor, dich zurückzuweisen.« Solche Sätze verlangen Mut. Mit meiner offenen Schilderung möchte ich dir diesen Mut machen.

Ich kann dir keine Patentlösung bieten für ein erfülltes Sexleben, denn du musst ganz individuell und für dich herausfinden, was für dich stimmt.

Ich für meinen Teil kann nur sagen, dass es sich lohnt, sich aus diesem Wald von Erwartungen, Vorstellungen und Rollenbildern zu befreien. Viele von uns haben den Kontakt zu sich selbst so weit verloren, dass sie hilflos von einem Ratschlag zum nächsten Tipp stolpern. Zeitschriften und Magazine listen uns auf, was Männer im Bett wirklich wollen – und auch, was Frauen wirklich wollen und brauchen. In Umfragen wird dann gerankt, wie viel Sex der durchschnittliche Deutsche in welchem Stadium seines Lebens hat. Wer sich damit vergleicht, hat schon verloren. Ich kann und will an dieser Stelle auch nicht weiter auf die Absurdität dieser Entwicklung eingehen, dass Medien, egal ob Print, TV oder Internet, Redakteure oder »Influencer« vorgeben, was normal oder unnormal ist, richtig oder falsch. All das hat seinen Ursprung in einem kollektiven Mangelbewusstsein. Wer den Kontakt zu sich selbst verloren hat, braucht andere, die ihm sagen, wo es langgeht. Wenn du selbst unsicher darüber bist, was dir guttut und was nicht, bist du ein geschätztes und wichtiges Element unserer Konsumgesellschaft, die dir tausendundeine Lösung anbietet, damit es dir gerade so gut geht, um weiter funktionieren zu können, und zugleich nicht gut genug, um dich von ihr unabhängig zu machen.

Ich möchte nicht mehr zurück zu meiner »alten« Sexualität. Ich möchte mir treu bleiben und mich nicht länger übergehen, auch wenn es bedeutet, dass ich an anderer Stelle mehr aufwenden muss: Kraft, Mut, Zeit, um aktiv einen Rahmen mitzugestalten, in dem ich Sexualität genießen kann.

Wie sieht für dich ganz persönlich erfüllte Sexualität aus? Was brauchst du? Was entspannt deinen Körper und versetzt ihn in einen wahrhaft empfängnisbereiten Zustand? Was ist für dich das Fundament deiner Hingabe? Wie möchtest du körperliche Liebe ausdrücken und empfangen? Vielleicht hast du eine innere Stimme, die dir schon längst sagt, wo deine Grenzen wären. Vielleicht spürst du aber auch, dass du dich viel intensiver mit diesem Thema und deinem Körper als solchem auseinandersetzen willst und musst. Weil in deinen Zellen zu viel Schmerz oder alte Traumata stecken, die eine behutsame Annäherung brauchen. Erlaube dir alles, was sich für dich richtig anfühlt. Nur für dich. Teile deinem Partner mit, was du wahrnimmst. Bleibe innerhalb dessen, was für dich stimmt, und gehe keinen Schritt weiter.

Lass dich von deiner Anspannung leiten. Wenn du spürst, dass sich dein Körper verkrampft oder anspannt, halte inne. Wenn du merkst, dass du mit deinen Gedanken abdriftest oder kreist: Halte inne. Wenn du Verunsicherung oder Irritation wahrnimmst: Halte inne. Geh nicht länger über deine Empfindungen hinweg, sondern nimm ernst, was dein Körper dir sagt.

Beginne mit deiner körperlichen Entdeckungstour ganz für dich allein. Lege dich unbekleidet ins Bett und berühre deinen Körper. Nicht mit dem Ziel, dir Lust zu bereiten oder dich zu befriedigen, sondern ohne Erwartungen, dafür mit aller Aufmerksamkeit. Nimm wahr, welche Stellen deines Körpers du gerne und leicht berührst und welche du am liebsten aussparen würdest. Berühre deine Füße und dein Gesicht. Nimm wahr, wie sich diese Berührung anfühlt – und was für Gedanken durch deinen Kopf schießen. »Himmel, ist das albern ...« »... und was soll das jetzt bringen?« »Es ist mir unangenehm, meine Genitalien zu berühren ...« Du brauchst diesen Gedanken nicht zu folgen, lass sie kommen – und wieder gehen. Atme ruhig weiter, tief ein und aus, und halte ganz behutsam den Kontakt mit deinem Körper.

Wiederhole diese Übung mehrmals. Sie hilft dir, die Verbindung zwischen deiner Seele und deinem Körper zu vertiefen und zu stärken, so dass du leichter wahrnehmen und erkennen kannst, wie sich Anspannung, Irritation und Stress auf deinen Körper auswirken und wie du auch im Zusammensein mit einem Mann deine Körpersignale deutlicher wahrnehmen und kommunizieren kannst.

## 9. Selbstliebe teilen – Bereit für ein zweites erstes Date?

Hattest du, als du dieses Buch gekauft hast, einen bestimmten Mann im Kopf, dessen Herz du erobern wolltest? Einen Ex-Partner, den du dir zurück in dein Leben wünschst? Oder warst du einfach müde von all den gescheiterten Versuchen, in Beziehung zu kommen?

### Was willst du jetzt?

Als ich begann, dieses Buch zu schreiben, hatte ich noch im Fokus, dir Unterstützung dabei zu geben, wie du deinen Ex-Partner zurückerobern kannst. Ich hatte vor, unterstrichen von meinen eigenen Erfahrungen mit meinem Mann, dir zu vermitteln, warum Männer die Fliege machen – und wie du das Ruder nochmals herumreißen kannst. Im Laufe des Schreibprozesses hat sich jedoch immer deutlicher gezeigt, dass ich mich unmöglich darauf beschränken kann. Solltest du das Buch gekauft haben in der Hoffnung, eine Anleitung zu finden, wie du Interesse und Herz eines ganz bestimmten Mannes gewinnen kannst, dann kommt an dieser Stelle die entscheidende Frage: Willst du diesen Mann noch immer? Oder stellst du bereits fest, dass mit deinem aktiven Loslassen und mit den Veränderungen in deinem Leben dieser Mann für dich an Attraktivität eingebüßt hat? Hast du ein bisschen herumprobiert und hattest mit deiner veränderten Ausstrahlung auch Kontakt zu Männern, mit denen du bislang nie in Resonanz gingst?

Falls du noch an deinen Ex denkst, ist es nun an der Zeit, die Qualität dieser Gedanken ehrlich zu überprüfen. Fühlst du dich wohl mit dem Gedanken an ihn? Versetzt es dir einen Stich, wenn du dir vorstellst, wie viel Spaß und Freude er seit der Trennung vielleicht hatte? Oder gönnst du ihm das von ganzem Herzen? Vermisst du ihn? Gibt es noch immer Winkel in deinem Leben, die sich leer anfühlen ohne ihn, oder führst du mittlerweile ein authentisches und erfülltes Leben, in dem er lediglich die Kirsche auf dem Sahnehäubchen wäre, ein wundervolles Topping, ohne die dein Cupcake genauso lecker schmeckt?

Falls du dieses Buch gekauft hast aus der Motivation heraus, endlich den Traummann in dein Leben zu ziehen, dann gilt für dich genau das Gleiche: Besteht dieser Beziehungswunsch nach wie vor, oder hat er sich mittlerweile verändert? Nagt noch immer das Gefühl der Unvollständigkeit an dir? Hast du noch immer die Hoffnung, dass sich mit dem richtigen Partner dein Leben anders anfühlen wird, erfüllter, kompletter? Glaubst du noch immer, dass du dann, in naher oder ferner Zukunft, wenn dieser Mann in dein Leben tritt, plötzlich eine andere bist? Liebevoller, genussfähiger, achtsamer, authentischer? Ganz ohne all diese Anlagen aus dir selbst heraus entwickelt zu haben? Du kannst mir glauben, ich habe unzählige Bücher über Selbstliebe, das innere Kind, Resonanzgesetze und vieles mehr gelesen. Meine halbe Bibliothek ist voll davon, und ich habe so oft geglaubt, begriffen zu haben, um was es geht. Nur genügt es nicht, die Zusammenhänge mit dem Verstand zu begreifen. Den wirklichen Unterschied macht, ob du auch nach deinen neuen Erkenntnissen handelst. Denn nur dann und wenn du die Inhalte mit Leben füllst, verleihen sie dir Wahrheit und Gewicht.

Wenn du von Berlin nach Wien reisen willst, genügt es nicht, sich mit der Strecke vertraut zu machen oder bestens über die jeweiligen Verkehrsmittel, Zugverbindungen oder Ticketpreise Bescheid zu wissen. Es genügt auch nicht, wenn du weißt, was du in Wien alles erleben willst, und bereits im Vorfeld Eintrittskarten für diverse Veranstaltungen kaufst oder einen Tisch im Restaurant reservierst. Letzten Endes steht und fällt die ganze Unternehmung damit, ob du dich wirklich in Bewegung setzt, egal auf welche Weise.

Ich erlebe bei Klientinnen in Trennungssituationen immer wieder, dass sie, kaum dass der erste emotionale Schmerz nachlässt, sofort wieder mit ihrer Aufmerksamkeit zum Ex-Partner wandern. Auch ich selbst habe mich schon dabei ertappt, dass ich mich bereit und gewappnet fühlte für den erneuten Kontakt mit dem Ex. Ich hatte mal wieder ein neues Buch gelesen und endlich verstanden, um was es geht. Ich hatte erkannt, was wirklich los war mit mir, und fühlte mich dadurch stabil und auf jeden Fall in der Lage, meinem Ex auf neuer Ebene zu begegnen. Nur hatte ich mich getäuscht. Das Wissen allein reichte bei mir noch nie aus, um aus alten Mustern auszusteigen, mein Verhalten nachhaltig zu ändern und auch andere Situationen zu kreieren. Auch bei keiner Frau, mit der ich gearbeitet habe, hat das Wissen allein etwas bewirkt. Wenn du wirklich die Chance auf ein anderes Ergebnis willst, dann nimm und gib dir genug Zeit, um einen authentischen Selbstausdruck zu etablieren und darin auch sattelfest zu sein.

Das menschliche Gehirn ist ein regelrechter Energiefresser, knapp 20 Prozent unseres Energieverbrauchs verantwortet es. Erhöhte Hirnaktivität verbraucht noch mehr. Wenn unser Gehirn also etwas Neues lernen soll und auf ungeahnte Weise gefordert wird, bedeutet das erhöhten Energieaufwand. Weil unser System jedoch darauf ausgelegt ist, so sparsam wie möglich zu arbeiten, vermeidet unser Gehirn diese verstärkten Aktivitäten. Einfach gesprochen heißt das: Unser Gehirn bevorzugt die breitgetretenen Wege, das Vertraute, Berechenbare. Neue Pfade zu trampeln ist erst mal mühsam und kostet Energie, Kraft und Durchhaltevermögen. Je öfter wir jedoch auf den anfangs neuen Pfaden gehen, desto leichter fällt es uns und desto weniger Energie müssen wir dafür aufwenden. Denn das Gehirn gewöhnt sich an die neuen Pfade genauso bereitwillig, wie es sich an die alten Wege gewöhnt hatte.

Dieses Buch zu lesen und zu verstehen ist also lediglich ein erster Schritt. Bevor du dich deinem Ex-Partner oder einem neuen Mann zuwendest, stelle darum bitte sicher, dass aus dem soeben neu entdeckten Pfad ein einigermaßen häufig begangener Weg geworden ist. Alles andere würde dich wieder zurückwerfen an den Anfang. Denn dein Ex – oder der Mann, den du mit diesem Buch erobern willst – merkt unbewusst sofort, ob du innerlich an einem anderen Punkt stehst als zum Zeitpunkt eurer Trennung.

## Die erste Kontaktaufnahme

Als Al sich zum ersten Mal von mir getrennt hatte, herrschte wochenlang Funkstille. Nach meinem anfänglichen Zusammenbruch und einer Phase, in der nichts mehr ging, tauchte wieder ein Silberstreif am Horizont auf. Ich verbannte Al rigoros aus meinen Gedanken und holte mich immer wieder bewusst in die Gegenwart zurück, wenn ich anfing, in die Vergangenheit oder sinnlose Grübeleien abzutauchen. Ich kümmerte mich um mich und meldete mich sogar im Fitness-Studio an. Obwohl ich kaum etwas auf die Reihe brachte in dieser Zeit, hatte ich den Wunsch, meinen Körper zu spüren. Also schleppte ich mich in ein nahegelegenes Studio, quälte mich durch meinen persönlichen Geräteparcours und sank zum Abschluss erschöpft in der dazugehörigen Sauna auf die Bank.

Außer dem Gefühl, mich selbst überwunden zu haben, gab mir das anfangs nicht allzu viel, muss ich ehrlicherweise sagen. Der Umstand, dass ich irgendwann nicht mehr nach nur drei Minuten völlig außer Puste meine persönliche Belastungsgrenze erreichte, sondern erst nach zwölf, verschaffte mir nur einen kleinen Kick. Immerhin verging durch meine Besuche im Studio und den Marsch hin und wieder zurück die Zeit schneller, denn ich arbeitete zu dieser Zeit nicht. So war ich immerhin für ein paar Stunden beschäftigt, und mein Kopf hatte eine Weile Pause.

Ich stellte nachts und manchmal sogar tagsüber das Handy aus, damit ich es nicht ständig kontrollierte. Es dauerte einige Wochen, bis ich mich zum ersten Mal dabei ertappte, dass ich den ganzen Tag nicht an Al gedacht oder auf mein Handy geschaut hatte, in der irrationalen Hoffnung, von ihm zu lesen. Als mir das bewusst wurde, hatte ich das Gefühl, über dem Berg zu sein. Um mich nicht selbst wieder in Aufruhr zu versetzen, falls ich mich getäuscht haben sollte, hielt ich die Funkstille weiter aufrecht. Ich wollte keinen weiteren Herzschmerz riskieren.

Eines Abends saß ich vor dem Fernseher und guckte einen Film. Plötzlich gab es eine Sequenz, die mich an Al erinnerte, und ich hatte Lust, ihm zu schreiben. Gesagt, getan. »Lieber Al, der Tiger in Hangover erinnerte mich gerade an dich und unsere gemeinsame Zeit. Ich wünsche dir einen tollen Sommer, Jessica.« Ich fühlte mich komplett im Frieden mit mir und der Situation. Ich wollte und erwartete keine Antwort und freute mich über meine eigene Gelassenheit. Drei Minuten später schrieb er zurück. Eine ausführliche SMS, wie er bislang den Sommer verbracht hatte, was noch alles anstand und wie es ihm generell ging. Ich war völlig überrascht – und gleichzeitig auch nicht. Ich meinte jedes Wort ernst und war mir sicher, dass auch er spüren würde, dass ich nichts von ihm wollte und diese Nachricht frei von Erwartungen war.

Entgegen meinen alten Gewohnheiten schrieb ich ihm nicht zurück. Weder bedankte ich mich für seine Nachricht noch wollte ich mehr wissen. Es fühlte sich ungewohnt an – und zugleich sehr kraftvoll und mächtig. Ich behielt die Macht über meine Gefühle bei mir. Mit einer unmittelbaren Antwort an ihn wäre ich in mein bisheriges Anpassungsmuster verfallen und wieder nur in der Re-Aktion gefangen gewesen, im Zurückspielen eines Balles, der mir zugeworfen wird. Ich hätte Al mehr geliefert, als er tatsächlich gewollt hätte, denn so ausführlich und nett seine Nachricht war: Sie enthielt kein konkretes Anliegen an mich. Er wollte weder wissen, wie es mir ging, noch fragte er etwas.

Wenn du dich mit deiner eigenen Bedürftigkeit auseinandersetzt, mit deiner Verletzlichkeit und deinen alten Wunden, dann kannst du erleben, wie deine Würde wächst. Du musst nicht mehr wie ein vernachlässigtes, einsames Kind nach jedem Strohhalm greifen, der dir ein bisschen Liebe oder Bestätigung verspricht. Du wirst lernen, achtsamer zu sein in deinen zwischenmenschlichen Kontakten. Du kannst immer klarer erkennen, wann ein Mann ganz aktiv deine Nähe sucht und mehr von dir erfahren möchte. Oder wann du unaufgefordert viel zu schnell viel zu viel gibst und so den Mann deiner Wahl überforderst und vergraulst. Je weiter du wächst und je konsequenter du am Ball bleibst, desto leichter gelingt es dir, ganz bei dir zu bleiben und immer weniger aus deinen alten Mustern heraus zu agieren.

Ich ließ einige Zeit verstreichen, bis ich mich wieder bei Al meldete. So langsam kam ich immer mehr auf die Beine. Hin und wieder packte ich meinen Rucksack und fuhr für ein paar Tage aufs Land in das Wochenendhaus einer Freundin. Dort frönte ich dem einfachen Leben, genoss die Stille und beschäftigte mich weiter mit mir. Ich lernte mich selbst kennen. Ich entdeckte meine Traurigkeit. Meine Existenzängste. Meine

Einsamkeit. Manchmal waren diese Gefühle kaum zu ertragen. Dann verfluchte ich mein Leben und meine scheinbare Beziehungsunfähigkeit. Ich weinte manchmal stundenlang. Ich versuchte auch, mich in meiner Hilflosigkeit an meine Mutter zu wenden, mich als kleine Jessica auf ihren Schoß zu kuscheln, und war anschließend doppelt frustriert, wenn das nicht klappte. Meine Mutter konnte mir nicht die Wärme oder den Trost vermitteln, nach dem ich mich sehnte. Im Nachhinein ist das natürlich kein Wunder, denn wenn das mit meiner Mutter möglich gewesen wäre, wäre ich gar nicht zu der bedürftigen Frau geworden, die ich damals war. Ich lernte, dass es wirklich niemanden gab, der meine Sehnsucht stillen und meine tiefsten Bedürfnisse befriedigen konnte – außer mir selbst.

Als ich das nächste Mal Al kontaktierte, rief er prompt zurück, und ich nahm völlig perplex das Gespräch an. Wir waren beide recht unbeholfen und vorsichtig. Als ich ihm von meinen Landausflügen erzählte, sagte er, wie gut das klinge und dass er mich gerne einmal dorthin begleiten würde. »Na, dann komm doch das nächste Mal mit, ich fahre am Freitag wieder raus«, antwortete ich. »Ja, das wäre zum Beispiel eine Möglichkeit…«, sagte er, und ich wusste sofort, dass ich zu forsch gewesen war und wieder schneller als er. Er nahm meine Einladung nicht eindeutig an und machte auch keine Anstalten, zum Beispiel einen Termin für die Abfahrt zu fixieren. So beendeten wir das Gespräch. Ich freute mich auf das kommende Wochenende und überlegte schon, was wir kochen könnten. Ab Mittwoch war ich schon nicht mehr entspannt, sondern ertappte mich dabei, ständig mein Telefon zu kontrollieren in Erwartung eines Anrufs – immerhin stand ja das Wochenende kurz bevor, und wir hatten eine gemeinsame Unternehmung geplant.

Al rief nicht an. Ich packte meine Sachen für mich allein und machte mich, später als sonst, auf den Weg. Der einstündige Fußmarsch vom Bahnhof zum Haus, den ich bisher so genossen hatte, machte mir plötzlich überhaupt keine Freude mehr, vielmehr musste ich mir jeden einzelnen Schritt abringen. Müde und abgekämpft kam ich im Dunkeln an. Es dauerte ewig, bis das Feuer im Kamin die Räume aufgewärmt hatte, und draußen begann es zu regnen. Ich weinte stundenlang. Aber ich rief Al nicht an. Ich hatte mich selbst aufs Glatteis geführt mit meiner Einladung und schrieb seitenweise Tagebuch, um meine Erwartungen und meine Enttäuschung zu klären. Und als ich am Samstagnachmittag so langsam wieder innerlich zur Ruhe kam, erhielt ich eine SMS von ihm. Er schrieb, dass er einen wunderbar entspannten Tag hatte, stundenlang an seiner Orgel gesessen und jetzt völlig beseelt sei und morgen mit einem Freund aufs Boot geht. »Und bei dir?«

Wie konnte er so etwas fragen? Statt einer sofortigen Antwort ging ich eine Stunde spazieren, um meine Emotionen zu sortieren und für mich zu trennen, was mein Film war, und mein Herz trotzdem offen zu halten. Schließlich meldete ich mich bei ihm. »Wow, das klingt toll, ich freu mich über deine Orgel-Session. Ich bin auf dem Land und erde mich dort, das brauche ich gerade. Hab einen schönen Tag auf dem Wasser.«

Später erzählte er mir, dass er total überrascht war von dieser Nachricht. Für ihn war die Situation nämlich so: Er fühlte sich überrumpelt von meiner Einladung und hatte gleichzeitig nicht den Mut, mir abzusagen. Also redete er sich darauf heraus, dass wir ja nichts Konkretes ausgemacht hatten. Trotzdem rumorte es in ihm, und er fürchtete, dass ich sauer war – was er natürlich auch nicht wollte. Mit seiner SMS wollte er durch eine Interessensbekundung seinem schlechten Gewissen Luft machen und gleichzeitig Ahnungslosigkeit vortäuschen, um meinem Ärger entgegenzuwirken. Dass sich all sein Kopfzerbrechen und seine Befürchtungen als unbegründet herausstellten, weil ich völlig gelassen und herzlich reagiert hatte, säte in ihm erste Zweifel, ob die Trennung von mir wirklich gerechtfertigt war oder ob er sich nicht getäuscht und eine falsche Entscheidung getroffen hatte.

Noch am selben Tag bat Al um ein Telefonat. »Ich bin unterwegs und hab meistens keinen guten Empfang, aber du kannst es ja versuchen, wenn du willst.« Er versuchte es mehrmals, und beim dritten Anlauf klappte es. Es war unser erstes längeres Gespräch seit Wochen, und wir konnten sehr gut und ohne Vorwürfe über das reden, was uns gerade beschäftigte. Er sagte, dass er ein JessicaundAl 2.0 nicht sehen würde, und ich musste ihm zustimmen. Ich war gerade erst bei mir angekommen und fühlte mich nicht bereit dafür, an unsere vergangene Beziehung anzuknüpfen. Anschließend fühlte ich mich erleichtert. Zwischen uns war alles bereinigt.

Kurz darauf bat Al um ein Treffen. Er wollte mich wiedersehen, und nach anfänglichem Zögern willigte ich ein. Ab diesem Zeitpunkt hatten wir wieder öfter Kontakt, aber ich achtete sehr genau darauf, bei mir zu bleiben. Ich erlaubte mir, nicht sofort zurückzuschreiben, wenn ich gerade anderweitig beschäftigt war. Ich probierte aus, was es mit mir macht, wenn ich auf eine abendliche Nachricht erst am folgenden Tag antwortete. Nicht, um Al zu ärgern, sondern um für mich zu erforschen, was passieren würde, wenn ich von meinem bisherigen Muster abweiche. Ich wollte herausfinden, wie es mir selbst damit ging. Die Spannung halten, das war völliges Neuland für mich. Diejenige zu sein, auf deren Reaktion – vielleicht – gewartet wird, kannte ich bislang überhaupt nicht. Ich erlebte eine ungeahnte Freiheit. Nicht mehr zwanghaft auf »Meldung« warten oder umgehend reagieren zu müssen war eine nie dagewesene Erfahrung und eine unbeschreibliche Erleichterung. Zu erleben, wie meine Gedanken nicht permanent um einen anderen Menschen kreisten – was für ein Fest! So näherten Al und ich uns wieder an und wurden ein Liebespaar.

Wir trennten uns noch mehrmals. Jedes Mal, wenn es ihm zu eng wurde und ich mehr wollte, als er geben konnte, machte er dicht. Und jedes Mal übte ich erneut, ihn loszulassen. Meine Erwartungen und Vorstellungen zurückzunehmen und wieder bei mir anzukommen. Ich übte, ihn zu lieben und mein Herz offen zu halten, selbst wenn er sich anders verhielt, als ich es für gut oder richtig befand. Ich übte, mich auf meine Eigenverantwortung zu besinnen und ihn frei von meinen Filmen zu lassen.

Das bedeutet nicht, alles zu akzeptieren, was der Mann deiner Wahl tut. Wenn du dir selbst deiner Werte und deiner Würde bewusst bist, dann kannst du klar und mit offenem Herzen dafür einstehen. Dies heißt auch, die notwendigen Konsequenzen für dich selbst zu ziehen, wenn deine Werte nicht geachtet werden. Wenn der Mann deiner Wahl sich immer wieder in andere Frauen verliebt und fremdgeht, musst du das nicht hinnehmen. Ganz für sich selbst einzustehen bedeutet dann, dass du klar für dich selbst eine Entscheidung treffen musst. Du kannst nicht vom Mann erwarten, dass er sein Verhalten ändert, nur weil du damit Probleme hast. Wenn dir seine Seitensprünge nicht gefallen, solltest du die Konsequenzen ziehen und dich zum Beispiel trennen von diesem Mann. Oder hinschauen, wo du dich selbst betrügst.

Achtung – veränderte Resonanz!
Risiken und Nebenwirkungen

Während ich an diesem Buch arbeite, haben mein Mann und ich eine massive Ehekrise. Es gibt Tage, an denen es mir unglaublich schwerfällt, mich an meinen Laptop zu setzen und zu schreiben, weil mich unsere Situation als Paar so sehr belastet, dass ich mich schlecht konzentrieren kann. Dann halte ich mich zwar in meinem Arbeitszimmer auf, aber anstatt die kostbare Zeit zu nutzen, um mit dem Manuskript vorwärtszukommen, surfe ich im Internet und grüble und ärgere mich. Über meinen Mann und über mich selbst, weil es mir nicht gelingt, den Fokus zu halten. Oder weil ich versuche, unsere Krise auszublenden, damit ich mich auf meine Arbeit konzentrieren kann – was nicht funktioniert, denn wenn ich den Kontakt zu meinen Gefühlen unterbreche, dann habe ich zwar emotionale Distanz zu meinem Mann, aber es fließt auch nichts mehr, und ich kann nicht schreiben.

Ich möchte dir auf keinen Fall die Risiken und Nebenwirkungen des Weges vorenthalten, den du eventuell einschlägst. Als ich mich vor nun über drei Jahren aufgemacht habe, meinen Ex zurückzuerobern oder zumindest anders als bisher mit einer Trennung umzugehen, hatte ich einen Punkt nämlich nicht bedacht:

Ja, meine natürliche Anziehungskraft wurde so gestärkt, dass mein Ex wieder meine Nähe suchte und gerne mit mir zusammen war. Der Kontakt zu mir selbst, die wachsende Selbstliebe sorgten dafür, dass ich mich immer weiter ent-wickelte und ent-falten konnte. All das schien meinem Ex reizvoll genug, um mich zu heiraten, und ich war überglücklich, denn ich wollte ja unbedingt mit ihm zusammen sein. Aber ich hatte mich verändert.

Ich war nicht mehr die Frau, die er kennengelernt hatte. Ich setze Grenzen, stehe für meine Werte ein und bin nicht mehr ansatzweise so entgegenkommend oder aufopferungsvoll wie bei unserem ersten Aufeinandertreffen. Ich bin unbequem und anstrengend. Hingabe bedeutet eben nicht, zu allem Ja und Amen zu sagen. Hingabe bedeutet, das anzunehmen, was ist, sich dem hinzugeben, was sich gerade zeigt, ohne es zu beschönigen oder unter den Teppich kehren zu wollen. Und so ist unsere Ehe alles andere als ein rosaroter Garten Eden, sondern sie ist konfliktreich und anstrengend. In den vergangenen Jahren habe überwiegend ich mich bewegt, meine Projektionen von ihm zurückgenommen und gelernt, für mich und mein Wohl Verantwortung zu übernehmen. Von einer übergewichtigen, ausgebrannten und verunsicherten Frau, die permanent über ihre Grenzen geht und sich in Beziehungen automatisch hintanstellt, habe ich mich zu einer Frau entwickelt, die ihre Werte, Bedürfnisse und Grenzen kennt. Die für sich selbst einsteht und aus Liebe und einem »Ja!« zu sich selbst auch »Nein« sagen kann.

Mein Mann ist nicht mehr daran schuld, wenn es mir schlecht geht – worüber er sich sehr freut. Aber ich brauche ihn auch nicht mehr, damit es mir gut geht – was ihn zutiefst verunsichert und seine bisher verborgenen Selbstzweifel und Minderwertigkeitsgefühle auf den Plan ruft. Und immer wieder tappe ich in die Falle, ihm erklären zu wollen, was gerade vor sich geht, anstatt bei mir zu bleiben und zu akzeptieren, dass wir gerade an völlig unterschiedlichen Punkten stehen. Denn ihm unsere Beziehung erklären zu wollen bedeutet automatisch, dass ich anscheinend verstehe, wie das Spiel funktioniert, während er im Dunkeln tappt. Ich würde mich also über ihn erheben und damit seine Männlichkeit und sein Selbstvertrauen zusätzlich schmälern.

Mein Mann ist jetzt der Mann in meinem Leben, und als solcher ist er genau richtig. Er spiegelt auch in unserer Beziehung immer und immer wieder meine Hausaufgaben und Baustellen und fordert mich heraus, meine Beziehung zu mir selbst kritisch und zugleich liebevoll zu betrachten. Denn die Beziehung zu mir selbst ist die einzige, auf die ich wirklich Einfluss habe. Sie ist die intensivste und längste Beziehung meines Lebens und alles, wirklich alles, was sich um mich herum manifestiert, hat seinen Ursprung in mir selbst.

Alles, was um dich herum geschieht, entspringt deinem Inneren. Dem, was du fühlst, was dich umtreibt, wovon du überzeugt bist. Und wenn du im Außen irgendetwas anders haben möchtest, als es ist, dann musst du dafür sorgen, dass die Beziehung zu dir anders wird.

Darum solltest du darauf gefasst sein, dass sich, wenn sich in dir selbst tatsächlich etwas verändert und du eine authentische, liebevolle Beziehung zu dir selbst pflegst, im Außen plötzlich zeigt, was nicht mehr zu dir passt. Wenn nämlich der Mann deines Herzens bislang zum Beispiel keine besonders liebevolle Beziehung zu sich selbst gepflegt hat – ebenso wie du, sonst hätte es damals nicht gepasst –, dann spürst du die Kluft nun umso mehr. Bereite dich darauf vor, erneut loslassen zu müssen, selbst wenn deine natürliche Anziehungskraft mittlerweile so stark ist, dass der Mann deiner Wahl mit dir zusammen sein möchte.

Wenn er nämlich seine Hausaufgaben nicht macht und dich weiterhin für sein Weh oder Wohl verantwortlich macht, wird es für ihn extrem unbequem. Wenn du nicht mehr als Projektionsfläche zur Verfügung stehst und auf derlei Spielchen nicht mehr einsteigst, wird er von allerlei unangenehmen und schmerzvollen Gefühlen übermannt. Es geht ihm so ähnlich wie dir zu dem Zeitpunkt, als er sich getrennt hatte. Und genau wie du muss er selbst den Weg durch seinen tiefsten Schmerz finden. Du kannst ihm diese Reise nicht abnehmen. Sei aber auch darauf vorbereitet, dass er sie möglicherweise gar nicht erst antritt. Und bleib im Vertrauen, dass alles gut ist, wie es kommt, und bleibe mit deiner Aufmerksamkeit ganz bei dir. Denn: Was du im Laufe dieses Buches gelernt hast, die radikale Hinwendung zu dir selbst und das Loslassen deines Partners, wird für dich nun immer so bleiben, wenn du eine wahrhaftige Liebesbeziehung führen möchtest.

Ich mache keinen Hehl daraus, dass ich diesem Irrtum zeitweise erlegen bin. In meinem Eifer hatte ich völlig außer Acht gelassen, dass es natürlich auch Konsequenzen für Al und mich hat, wenn ich mich auf den Weg mache und intensiv an mir zu arbeiten beginne. Ich war nicht darauf vorbereitet, dass Schritt für Schritt ich diejenige wurde, die immer weniger Interesse an ihm hatte, und seine Anziehungskraft immer weiter schwand. Ich spürte, wie wir auseinanderdrifteten, obwohl wir im Außen immer näher rückten, zusammenwohnten, als Versorgungsgemeinschaft für unsere Tochter immer besser funktionierten, heirateten. Ich spürte, dass wir uns immer fremder wurden und immer weniger zu sagen hatten – und wenn wir sprachen, uns immer weniger verstanden. Ich kann nicht mehr zählen, wie oft ich hoffnungslos und entmutigt auf dem Sofa saß, nach Stunden fruchtloser Diskussion, und spürte, wie die Angst in mir hochkroch, eventuell ohne ihn weitergehen zu müssen. Ich ahnte, dass ich eine Entscheidung würde treffen müssen, und ich hatte Angst, mir selbst einzugestehen, wie diese Entscheidung aussah. Denn tief in mir wusste ich, dass ich nie wieder zurück in die alte Haut kann. Ein Schmetterling, der einmal aus seiner Verpuppung geschlüpft ist und die Flügel ausgebreitet hat, wird keine Raupe mehr.

Es verlangte meine vollständige Präsenz, wenn mein Mann schimpfend und frustriert durch die Wohnung lief wie ein Tiger im Käfig und mir vorwarf, eine Ego-Nummer zu fahren, ihn völlig abzuhängen, seine Männlichkeit mit Füßen zu treten usw. Es ist anstrengend, in solchen Momenten bei mir zu bleiben und nicht in seinen Film und auf eine sinnlose Diskussion einzusteigen. Ich bin weit davon entfernt, für solche Situationen eine gute Lösung parat zu haben, ganz im Gegenteil. Denn: Wie man IN Beziehung gut sein kann und immer weiter zur Liebe durchdringt, dafür gibt es Paare, die darin deutlich kompetenter sind als Al und ich. Paare, die seit Jahren miteinander auf dem Weg sind, aneinander wachsen und so viel Erfahrung haben, dass sie diese weitergeben können.

Mein Mann schlug vor, uns von Eva-Maria und Wolfram Zurhorst Unterstützung zu holen, und ich bat ihn darum, Kontakt aufzunehmen. Zwei Wochen lang passierte nichts – außer dass ich selbst im Internet gegoogelt hatte. Gestern, nachdem wieder die Fetzen flogen und er sagte, dass wir es alleine nicht schaffen würden, fragte ich ihn, warum er die Zurhorsts nicht kontaktiert hatte. Seine Antwort: Er wollte nicht, dass »rauskommt«, dass ich mit meinem Latein am Ende bin, wenn ich doch ein Buch über Beziehungen schreibe. Darum ist es mir an dieser Stelle ein dringendes Bedürfnis, dir zu sagen: Ich bin keine Beziehungsexpertin. Ich bin eine Nicht-Beziehungs-Expertin. Ich kenne mich ganz genau damit aus, wie Frauen Beziehung und Partnerschaft verhindern, und ich schreibe für dich, weil ich am eigenen Leib erfahren habe, wie du diese hindernden Muster durchbrechen kannst, um endlich in Beziehung zu kommen und auf der Übungsmatte Partnerschaft zu erscheinen. Alles, was du auf diesem Weg bis dahin gelernt und angewendet hast, wird dir auch in der Beziehung von Nutzen sein. Beim In-Beziehung-Sein bin ich jedoch selbst ein Schüler. Die Partnerschaft mit meinem Mann ist – nach meiner ersten Ehe – die längste

Paarbeziehung, die ich je hatte, und sie dauert zum gegenwärtigen Zeitpunkt und wenn ich unsere Trennungszeiten mitrechne, gerade mal vier Jahre.

Was ich in dieser Zeit jedoch bei mir und bei anderen Frauen beobachten konnte: Die Grundherausforderung ändert sich überhaupt nicht. All das, was mich dabei unterstützt hat, in Beziehung zu kommen, hilft mir eindeutig auch innerhalb dieser Beziehung. Mein Mann ist nach wie vor mein Spiegel. So, wie er mich und meine Baustellen gespiegelt hat, als er sich von mir trennte, so spiegelt er mir nun innerhalb unserer Ehe, was bei mir gerade wichtig ist. Ich bin, genau wie zu unseren Trennungszeiten, fortwährend zurückgeworfen auf mich selbst und meine eigene Beziehung zu mir.

In den Momenten, in denen mein Mann mir nicht mehr genügt, sich zu langsam entwickelt oder mit meiner Veränderung kaum Schritt halten kann, bin ich immer wieder eingeladen, mein Vertrauen zu stärken und meine Hingabe an die Situation, anstatt im Außen zu beginnen, an ihm herumzudoktern.

## Neues Leben, neues Level

Die Verunsicherung, die deine Veränderung hervorruft, betrifft vermutlich nicht nur den Mann deiner Wahl. Es gibt viele Menschen, die mit Klarheit und Konsequenz nicht gut umgehen können, weil es ihnen Angst macht und bedrohlich erscheint. Möglicherweise tun sich nun überall in deinem Leben Baustellen und Punkte auf, an denen es sich plötzlich sperrt und reibt und Konflikte entstehen – oder endlich sichtbar werden. Dein Erfahrungsschatz und deine Kommunikation haben sich verändert, darum müssen sich auch die Gruppen verändern, zu denen du gehörst. Du wirst erleben, dass du mit anderen Menschen als bisher in Resonanz gehst – und dass du Menschen aus deiner Realität entlassen musst, die dir nicht mehr entsprechen und mit denen kein Austausch mehr möglich ist.

Bei manchen Menschen aus deinem Umfeld wird der Kontakt einfach einschlafen. Ihr habt euch nur noch wenig zu sagen und spürt das beide. Die Prioritäten haben sich verschoben, und keiner ist dem anderen böse, dass der Kontakt so nach und nach im Sand verläuft.

Stelle dich aber auch darauf ein, dass möglicherweise die eine oder andere Person in deinem Umfeld härtere Geschütze auffährt, um dich wieder zurück in die Spur zu bringen. Denn Freundschaften und Familiengefüge sind komplexe Systeme, in denen alle Beteiligten von ihrem Miteinander profitieren. Gemeinsame Werte, gemeinsame Inhalte, gemeinsames Leid und vieles mehr verschaffen jedem Einzelnen Gefühle wie Bedeutsamkeit, Bestätigung, Trost. Darum sei gewappnet, dass möglicherweise gerade deine Lieblingskollegin, mit der du dich bislang immer so gut verstanden hast, sich nicht besonders über deine Karriereambitionen freut. Wenn du dich nun nicht mehr damit zufriedengibst, mit ihr über den Chef oder die besser bezahlte Kollegin zu klagen, sondern Lust bekommst, dich weiterzubilden oder im Team mehr Verantwortung zu übernehmen – und auch mehr zu verdienen –, verliert sie plötzlich ihre Verbündete. Plötzlich spiegelst du ihr das eigene ungenutzte Potential, die eigenen Beschränkungen und Glaubenssätze oder Chancen, die sie für sich nicht nutzen kann. Die Kollegin ist also plötzlich mit ihren eigenen Themen konfrontiert, und wenn sie nicht reflektiert und bewusst damit umgehen kann, dann projiziert sie ihren Film auf dich. Die Folge sind dann Warnungen, kritische Einwände, Befürchtungen und Skepsis in jeglicher Form, was deine Vorhaben betrifft.

Suche dir darum Menschen, die deine neuen Werte und Verhaltensweisen teilen. Das heißt, du brauchst nicht einmal aktiv zu suchen. Es genügt, wenn du sichtbar für dich selbst einstehst und dich zeigst. Damit öffnest du ganz automatisch die Tür für Menschen, die sich davon angesprochen fühlen. Vertraue darauf, dass das Leben dir präsentiert, was dir auf tiefster Ebene entspricht.

## Herausforderung Wachstum

Wenn mir damals, als sich mein Mann zum ersten Mal von mir getrennt hatte, jemand gesagt hätte, wie drastisch mein Leben sich verändern würde durch den Versuch, ihn zurückzuerobern, hätte ich es nicht geglaubt. Ich bin längst nicht mehr dieselbe Frau, die damals unter Tränen ihren Ex losgelassen hat. Auch das Leben, das ich heute führe, könnte unterschiedlicher von dem, das ich zum damaligen Zeitpunkt lebte, nicht sein.

Immer wieder begegnen mir Frauen, die sagen, dass alles in ihrem Leben perfekt sei – allein beim Thema Partnerschaft hätten sie Probleme. Sie sind rundum glücklich, nur der richtige Mann, der fehle leider noch.

Beides ist unmöglich. Alles in unserem Leben ist miteinander verbunden. Wenn du wirklich rundum glücklich bist, schließt das jeden Bereich deines Daseins ein, du bist im Reinen mit dir und der Situation, wie sie ist – also auch damit, dass du ohne Partner bist. In einem Moment vollkommener Zufriedenheit löst sich auch deine Sehnsucht nach einem Partner auf bzw. kannst du diese annehmen, ohne daran etwas verändern zu wollen. Wenn dir dagegen zu deinem Glück doch noch der scheinbar entscheidende Faktor fehlt, bist du noch nicht in diesem Moment angekommen, sondern verbunden mit dem Gefühl des Mangels, des Noch-nicht-ganz-komplett-Seins. Und in diesem Moment strahlst du dann auch genau das aus und ziehst genau davon mehr in dein Leben.

Ich habe noch keine Frau erlebt, bei der tatsächlich »alles perfekt« war und »nur« im Bereich Partnerschaft der Wurm drin. Denn was genau bedeutet denn »perfekt«? Sind deine anderen Lebensbereiche tatsächlich so, wie es dir auf tiefster Ebene entspricht? Oder sind sie lediglich so gestaltet, wie du es dir vorstellst? Bei genauerer Betrachtung zeigen sich die Themen, die unbewusst eine Liebesbeziehung sabotieren, auch in allen anderen Gebieten deines Lebens, nur dass sie sich dort anders kompensieren lassen.

Bei Babys und Kleinkindern sind Wachstumsschübe oft eine anstrengende Angelegenheit. Anstieg der Körpertemperatur, unruhige Nächte, Wutanfälle, Schmerzen beim Zahnen, Durchfall, Tränen und vieles mehr. Eltern können ein Lied davon singen, dass die kindliche Entwicklung selten schmerzfrei oder glatt verläuft. Bei uns Erwachsenen ist das nicht anders. Oftmals lernen wir nur durch Leid. So leiden wir, weil uns im Außen etwas genommen wird. Noch existenzieller kann es sich jedoch anfühlen, wenn die eigenen Vorstellungen ins Wanken kommen. Wenn die Bilder und Konzepte, die wir uns über unser Leben und ganz besonders über uns selbst gemacht haben, sich aufzulösen beginnen. Wenn sich unsere Schatten mit aller Macht ans Licht drängen und wir im Spiegel unserer Umwelt erkennen müssen, was für hässliche, niederträchtige, berechnende Seiten wir in uns tragen.

So berichtet mir Tessa, dass in ihrem Leben alles perfekt und sie rundum zufrieden sei. Nur mit den Männern, das wäre eine einzige Baustelle. Tessa ist alleinerziehend mit zwei Söhnen. Das Verhältnis zu ihrer Herkunftsfamilie ist gespannt und kompliziert, zu manchen Mitgliedern hat sie seit Jahren keinen Kontakt. Beruflich war Tessa dabei, in die Fußstapfen ihrer Mutter zu treten. Sie wollte den schon seit mehreren Generationen bestehenden Familienbetrieb übernehmen, obwohl sie dies lange für sich ausgeschlossen hatte. Die Väter der Kinder unterstützten Tessa weder finanziell noch bei der Betreuung und Erziehung. Tessa litt unter einer komplizierten On-Off-Beziehung und suchte mich auf, weil sie sich endlich nach einer richtigen Beziehung sehnte.

Tessas Vorstellung eines perfekten Lebens scheint auf den ersten Blick also nicht so perfekt zu sein, wie sie selbst es wahrnimmt. Darum stellt sich die Frage: Was genau macht es für Tessa perfekt? Ihr Leben entspricht ihrer Vorstellung von einem Dasein als starke Frau. Tessa hatte bereits bei ihren eigenen Eltern die Erfahrung gemacht, dass auf Männer kein

Verlass ist, und das Leben, das sie führt, spiegelt ihr genau das. Ihr Kampf ums (emotionale) Überleben, den sie – ohne Vater, dafür mit mehreren Geschwistern alleine von der Mutter großgezogen – von Kindesbeinen an führt, und das Gefühl der eigenen Wertlosigkeit spiegeln sich in ihrer finanziellen Situation, die es ihr unmöglich macht, in sich selbst und zum Beispiel in ein weitergehendes Coaching zu investieren. Alles für die Kinder, nichts für mich, auf diese Weise hat sich auch Tessas Mutter aufgeopfert. Tessa stand also nicht nur, was den beruflichen Weg betrifft, in den Schuhen ihrer Mutter, sondern auch in Bezug auf Selbstwert und Partnerschaft. Entsagung als Tugend. Damit sorgt sie unbewusst dafür, dass ihre Kinder genau wie sie selbst, nicht erlernen können, wie man gut für sich und die eigenen Bedürfnisse sorgt. Tessa ist völlig überzeugt von der Notwendigkeit und Richtigkeit ihres Handelns und so fixiert auf ihr Bild des perfekten Lebens, zu dem in ihren Augen nur noch der richtige Mann fehlt, dass sie gegen alles, was diese Perfektion und damit ihr Selbstbild in Frage stellt, sofort Widerstände entwickelt.

Erst wenn Tessa bereit ist, die volle Verantwortung dafür zu übernehmen, was sie in ihrem Leben kreiert hat, ihre Vorstellungen davon, wie ihr Leben im Allgemeinen und sie selbst im Besonderen zu sein hat, loslässt und sich dem stellt, was wirklich ist, kann sie zu einem authentischen Leben und zur Selbstliebe finden.

Wachstum geschieht immer. Selbst wenn du dich selbst begrenzt und beschneidest und gewaltsam in eine bestimmte Form presst. Du wächst und entwickelst dich dann nicht mehr frei, sondern in die vorgefertigte Form hinein. Eine Zimmerpflanze in ihrem Topf wächst so lange weiter, wie ihre Wurzeln Platz finden in ihrem Gefäß. Wer schon einmal zu spät umgetopft hat, der weiß, wie es aussieht, wenn kein Platz mehr ist: Fast der gesamte Blumentopf besteht nur noch aus Wurzeln, dicht verwickelt und verwachsen und in der Form des Blumentopfs. Der Veränderungsprozess als solcher schreitet trotzdem weiter voran, auch wenn die Pflanze dabei kahl und kümmerlich wird. Sie verändert sich täglich, unter erschwerten Bedingungen, und verliert dabei immer mehr von ihrer ursprünglichen Kraft und Schönheit. Eine Pflanze, die ihre Wurzeln ungehindert in den Boden recken und ihre Triebe nach allen Seiten ausstrecken kann, verändert sich ebenfalls täglich. Nur wird sie dabei kraftvoller und größer, dehnt sich weiter aus und holt sich über ihre starken, gesunden Wurzeln alles, was sie an Nährstoffen braucht.

Triff daher eine Wahl, auf welche Weise du wachsen willst. Willst du Stück für Stück weiter verkümmern?

Mit zunehmender Sichtbarkeit und wachsender Authentizität können sich in deinem Leben noch ganz andere Baustellen zeigen. Es ist möglich, dass du in der aktiven Auseinandersetzung mit dir selbst den Wunsch oder die Notwendigkeit zu einer beruflichen Veränderung erkennst. Womöglich entpuppt sich dein bisheriger Traumberuf als Kopfgeburt, der du nicht länger hinterherjagen willst. Vielleicht fühlst du dich endlich bereit, auch beruflich dein wahres Potential zur Entfaltung zu bringen, und leitest einen Branchen- oder Berufswechsel ein. Wenn du dich auf den Weg zu dir selbst machst und dadurch der Traumpartner wirst, den du dir wünschst, kannst du in all deinen Lebensbereichen Wunder und Überraschungen erleben und natürlich auch die eine oder andere schmerzhafte Erkenntnis gewinnen. Deine zweite Natur, die dir von Kindesbeinen an so wertvolle Dienste geleistet und dein emotionales Überleben sichergestellt hat, möchte sich bei deinen Veränderungen trotzdem selbst erhalten. Daher wirst du durchaus mit Widerständen rechnen müssen. Genau wie im Bereich Partnerschaft können all die anderen Bereiche deines Lebens mit hemmenden Glaubenssätzen, Ängsten und Blockaden belegt sein.

Nur wenig macht Menschen so viel Angst wie der eigene Erfolg. Und so verhindern wir oft unbewusst beruflichen, privaten oder finanziellen Erfolg – aus Liebe und Loyalität gegenüber unseren eigenen Eltern. Ich habe Frauen erlebt, die aus Angst vor dem Liebesentzug des Vaters nicht nur darauf verzichtet haben, selbst eine erfüllte Partnerschaft einzugehen, sondern deren Berufswahl und Karriereverlauf sich klar an den Vorgaben und Erwartungen des Vaters orientierten. Wie stark Einfluss und Prägung der Eltern unsere Perspektiven beeinflussen, zeigt folgendes Experiment:

Schülern zweier Klassen wurden Rechenaufgaben vorgelegt. In der einen Klasse wurde dabei das Selbstvertrauen der Schüler gestärkt. Ihnen wurde vermittelt, wie leicht diese Aufgabe sei und wie spielend sie diese bewältigen könnten. Wie zu erwarten war, bewältigten die Schüler die Aufgabe tatsächlich mit Leichtigkeit. In der Vergleichsgruppe hatte man das Selbstvertrauen der Kinder durch Skepsis und Zweifel des Lehrers geschwächt. Dort scheiterten die Schüler reihenweise an der Aufgabe.

In einer weiteren Versuchsanordnung wurde nun den gestärkten Schülern eine Aufgabe vorgelegt, die aus einer höheren Klassenstufe stammte und tatsächlich sehr schwer zu lösen war. Erstaunlicherweise bewältigten die Schüler überwiegend auch diese schwierige Aufgabe ganz leicht. Der Vergleichsgruppe wurde stattdessen eine Aufgabe präsentiert, die Unterrichtsstoff aus einer niedrigeren Klassenstufe, allen bereits bekannt und tatsächlich gut lösbar war. Das traurige Ergebnis war jedoch, dass die Schüler, geschwächt durch das fehlende Vertrauen ihres Lehrers, überwiegend an dieser vergleichsweise einfachen Aufgabe scheiterten.

Was deine Eltern also über dich und dein Potential, deine Begabungen und Talente gedacht haben, vor allem aber, was sie von ihren eigenen Begabungen und Talente hielten, hat dich weit mehr beeinflusst, als dir bislang bewusst war.

Welche Parallelen kannst du entdecken zwischen deinem Leben und dem deiner Eltern? Was hältst du für möglich? Welche Beschränkungen und Überzeugungen hast du von deinen Eltern übernommen? »Die Frauen in unserer Familie haben alle einen trägen Stoffwechsel und dadurch eine Neigung zum Übergewicht«? »Ohne Fleiß kein Preis«? »Das Glück ist mit den Dummen«?

Egal, welche Facette meines Daseins ich mir vornahm, ich entdeckte, dass ich überall entweder kompensierte, indem ich die Vorstellungen und (nicht selten unausgesprochenen) Erwartungen meiner Eltern übernahm und versuchte, sie regelrecht überzuerfüllen und mir so ihre Liebe zu sichern. Oder aber ich hemmte und unterdrückte meine persönliche Identität und fand mich in der Opferrolle wieder, aus der ich permanent nur noch re-agierte mit dem Gefühl, ständig hinter-herzuhinken.

Meine Eltern stammen aus einfachen Verhältnissen, ihre Vorfahren waren Bergleute und Bauern, keine Akademiker. Bildung und Schule hatten keinen besonders hohen Stellenwert, solides Handwerk verdiente Ansehen, alles andere wurde eher skeptisch beäugt. Allerdings erlernte nur einer meiner Onkel einen Handwerksberuf. Alle anderen Geschwister meiner Mutter, inklusive sie selbst, wählten etwas »Sicheres« und gingen direkt oder indirekt in den Staatsdienst und ergriffen Verwaltungsberufe. Auffällig dabei ist, dass keiner mit seiner Wahl wirklich glücklich ist, sondern alle die Tage bis zu ihrer Berentung bzw. Pensionierung zählen. Ich machte als Erste in meiner Herkunftsfamilie Abitur und fühlte mich fortan unter Druck. Auf der einen Seite hatte ich das Gefühl, dieses Abitur nun auch »nutzen« zu müssen, also zu studieren und Karriere zu machen. Auf der anderen Seite war ich wie besessen davon, den einen Beruf zu finden, der mich tatsächlich erfüllen und bis ans Ende meiner Tage glücklich machen kann, denn ich wollte unter keinen Umständen mein berufliches Dasein so freudlos fristen wie der Rest meiner Familie.

Ich scheiterte mit beidem. Ich fühlte die unausgesprochene Verpflichtung, das Abitur für ein Studium zu nutzen, und litt zugleich unter Schuldgefühlen und Scham, weil ich genau das nicht tat. Zudem bestand in mir die Grundannahme, ein sinnvoller und vernünftiger beruflicher Weg bestünde nur aus einem Job, Wechsel oder Veränderung ausgeschlossen. Damit war für mich die Panik verbunden, eine falsche Entscheidung zu treffen. Dieser Mix bestimmte meinen Werdegang entscheidend und beschränkte meine Sicht auf Arbeit massiv. Erst die Auseinandersetzung mit mir und meinen Wurzeln ermöglichte mir, wie ein Bildhauer aus einem Steinblock Stück für Stück herauszuarbeiten, was mir wirklich entspricht. Dabei würde ich niemals sagen, dass der momentane berufliche Ist-Zustand bis ans Ende meiner Tage so bleibt. Ich stöbere ständig neue Glaubenssätze und Überzeugungen auf, die ich von anderen Menschen übernommen und mir zu eigen gemacht habe. Mittlerweile erlebe ich das jedoch weniger als Schwäche, sondern als großes Geschenk: Ein weiteres Stückchen Fremdmaterial, das ich ablegen und an dessen Stelle mein wahres Ich strahlen darf.

Es wird Menschen geben, die dir dein Wachstum und deine Veränderung nicht gönnen. Entlasse sie dorthin, wo der Pfeffer wächst. Wer dich liebt, der wünscht sich dich in deiner strahlendsten Version. Und das beginnt in dir.

Fang an!

Du bist es wert.

# Nachwort

Es berührt mich zutiefst und macht mich sehr demütig, dass du mir dein Vertrauen geschenkt und dieses Buch bis zum Ende gelesen hast. Es steckt mein Herz und meine ganze Liebe darin, und ich wünsche mir an dieser Stelle nichts mehr, als dass dieses Buch dazu beiträgt, ein Stück mehr von dir sichtbar zu machen und leuchten zu lassen. Bitte schreibe mir, ob und was das Buch dir gebracht hat oder was du vermisst hast und gerne vertiefen würdest, ich freue mich über jedes Feedback.

Unzählige Menschen haben persönlich, indirekt und durch ihre Arbeit dazu beigetragen, dass ich heute stehe, wo ich stehe, mit meiner Herzensbildung, meinem Wissen und meinem Erfahrungsschatz. Darum folgt hier eine Auswahl an Büchern, die mich beeinflusst und weitergebracht haben und die ich aus ganzem Herzen empfehle:

- Eva-Maria Zurhorst, Liebe dich selbst und es ist egal, wen du heiratest und alle weiteren aus ihrer Feder
- Veit Lindau, Liebe radikal
- Erika J. Chopich & Margaret Paul, Aussöhnung mit dem inneren Kind
- Robert Betz, Wahre Liebe lässt frei
- Hermann Meyer, Die Gesetze des Schicksals

- Stefanie Stahl, Das Kind in dir muss Heimat finden
- Karl Grammer, Signale der Liebe
- Clarissa Pinkola Estés, Die Wolfsfrau
- Chuck Spezzano, Wenn es verletzt, ist es keine Liebe
- Bert Hellinger, Wie Liebe gelingt
- Charles Withfield, Healing the child within

# Dank

Mein Dank gilt allen voran meinem Mann Alexander, der mich durch sein Sein in meinem Leben überhaupt erst in die Lage versetzt hat, dieses Buch zu schreiben.

Danke den wundervollen Frauen Anja Schmidt, Franziska Mohrfeldt und Sabine Stechele von der Verlagsgruppe Random House, die mit mir dieses Buch realisieren.

Danke meiner Lektorin Sabine E. Rasch vom Textkontor Bremen.

Veit, danke für Schreibglück, deine Arbeit und all deine Inspiration auf meinem Weg.

Ann-Marie, ich danke dir für deine Freundschaft, deine fürsorgliche Gastfreundschaft und die wunderbare Betreuung von Emilia während meines Schreibexils – ohne dich wäre dieses Buch niemals fertig geworden.

Melly, mein Schreib-Buddy der ersten Stunde, danke für deinen Support.

Außerdem natürlich den Ladys:

Sabine, Sonja, Magdalena, Brahmani, Vero, Caro, Vio, Ute, Eva, Andrea, Kathi, Zita und Steffi. Ich danke euch für eure Freundschaft und Unterstützung. Ihr habt an mich geglaubt und mich ermutigt. Ihr seid wundervoll! Ich liebe euch!

Und einen besonderen Dank den Männern, die mich gelehrt, gefordert, berührt, inspiriert, geliebt, unterstützt oder abgewiesen – und auf jeden Fall gespiegelt – haben: Armin, Kami, Ludwig, Reiner, Stoffel, Thomas, Roli, Helmut, Thomas, Peter, Nik, Vincent, Martin, Sascha, Jo, Sebastian, Torsten, Karl, Christian, Rudi, Ronny, Guido, Stefan, Karl, Stef, Peter, Markus, Holger, Peter, Robert, Micha, Matthi, August, Michael, Johannes, Tobias und Klaas und all denen, die hier nicht aufgeführt sind. (Und weil meiner Lektorin an dieser Stelle ihre Moral stirnrunzelnd über die Schulter geschaut hat und dir das vielleicht ähnlich geht: Nein, ich habe NICHT mit all diesen Männern geschlafen.)

Außerdem gilt mein großer Dank all den Frauen, die mir ihr Vertrauen schenken, ihr Herz öffnen und mit denen ich arbeiten und sie ein Stück auf ihrem Weg begleiten darf. Ihr seid genial.

# Selbsttest

Bist du wirklich bereit für wahre Liebe?

Ich bin Single, weil...
- ○ Ich immer an beziehungsunfähige oder falsche Männer gerate (5)
- ○ Ich in meinen letzten Beziehungen ziemlich Mist gebaut habe (1)
- ○ Ich habe nicht die geringste Ahnung, warum eine Frau wie ich keinen festen Partner hat! (3)

Ich wünsche mir einen Partner, weil...
- ○ Das Leben zu zweit viel mehr Spaß macht (1)
- ○ Ich nicht mehr allein sein möchte (5)
- ○ Sich das irgendwie vollständiger anfühlt (3)

Meine letzte Beziehung ging auseinander, weil...
- ○ Er sie beendet hat (5)
- ○ Ich sie beendet habe (1)
- ○ Wir es im Sand verlaufen ließen (3)

In einer Partnerschaft bedeutet Liebe für mich in erster Linie...
○ Geben und Nehmen (5)
○ Dass mein Partner mich nimmt, wie ich bin (3)
○ Die Basis von allem (1)

Zeit für mich alleine...
○ Kann ich gut genießen, wenn ich sie mal habe (3)
○ Vermeide ich, so gut es geht, und beschäftige mich lieber anderweitig (5)
○ Brauche ich regelmäßig (1)

In Bezug auf mögliche Partner halte ich mich für...
○ Anspruchsvoll, ich habe gewisse Erwartungen und gebe mich nicht mit weniger zufrieden (3)
○ Durchschnittlich, ich verlange sicher nicht zu viel (1)
○ Sehr tolerant, für mich zählt der Mensch und nicht meine persönliche Erwartungshaltung (5)

Wenn ich niemals einen Partner finden sollte, wäre das für mich...
○ Traurig und schmerzhaft, für mich gehört Beziehung einfach dazu (3)
○ Auch okay, es gibt genug andere Dinge, die mein Leben bereichern (1)
○ Überhaupt kein Drama, meine Freundinnen und Freunde sind für mich ein guter Ersatz (5)

Wie ist deine Beziehung zu dir selbst?
- ○ Ich komme im Leben gut zurecht. (3)
- ○ Ich kann mit dieser Frage nichts anfangen. (5)
- ○ Ich glaube, da gibt es noch ziemlich viel zu entdecken. (1)

»Liebe dich selbst und es ist egal, wen du heiratest« (Eva-Maria Zurhorst)
- ○ So ein Unsinn – als ob jeder Mann zu mir passen würde! (5)
- ○ Spannender Gedanke, aber wohl kaum zu realisieren (3)
- ○ Oh ja, das glaube ich! (1)

Wenn es mit dem nächsten Mann nicht klappt …
- ○ Dann habe ich endgültig die Nase voll (3)
- ○ Dann gibt es einen übernächsten. Andere Mütter haben auch schöne Söhne (5)
- ○ Dann halte ich es für möglich, dass ich wohl noch Hausaufgaben zu erledigen habe (1)

**36–50**

Herzlichen Glückwunsch – dieses Buch kann eine Offenbarung für dich sein! Du bist eine aktive und sympathische Frau und lässt auf den ersten Blick kaum erkennen, dass Beziehungen für dich ein echt heißes Thema sind. So richtig rund läuft es nämlich nicht, und obwohl du manchmal scheinbar locker damit umgehst, nagt es emotional doch sehr an dir. Du kannst dir viel Leid und Enttäuschung ersparen, wenn du beginnst, dich damit auseinanderzusetzen, was du – unbewusst – dazu beiträgst, die Männer in die Flucht zu schlagen. Sei besonders achtsam bei den Stellen des Buches, wo sich dein Widerstand regt und du mir sofort widersprechen möchtest – dort schlummern für dich die größten Schätze.

**23–35**

Beziehung ist dir wirklich wichtig, und es macht dir zu schaffen, dass es nicht klappt. Du bist eine herzliche, offene Frau mit feinen Antennen, die sich sehr gut auf andere einstellen kann. Alleine sein ist für dich unangenehm, und genau darin liegt das Problem. Erst wenn du gut und gerne mit dir selbst sein kannst, kann – und will – das auch der Mann deiner Wahl. Wenn du beginnst, eine innige Beziehung mit dir selbst zu leben, verändern sich deine Beziehungserfahrungen radikal.

**10–22**

Wow, du gehst sehr reflektiert mit dem Thema Liebe und Beziehungen um. Eigenverantwortung ist kein Fremdwort für dich, und du setzt dich sehr bewusst mit dir auseinander.

Wenn du trotzdem nicht die Partnerschaft lebst, die du dir wünschst, und dir das zu schaffen macht, gibt es einen »blinden Fleck«. Ein noch verborgenes Thema, das endlich gesehen werden möchte, damit die Liebe Einzug halten kann.

# Unsere Leseempfehlung

AMIR LEVINE
RACHEL S.F. HELLER

WARUM WIR
UNS IMMER
IN DEN
**FALSCHEN**
VERLIEBEN

Beziehungstypen und ihre
Bedeutung für unsere Partnerschaft

GOLDMANN

352 Seiten
Auch als Hörbuch
erhältlich

Der Wunsch nach Beziehung ist tief in unseren Genen verankert.
Dennoch sind Partnerschaften eine archetypische Spielwiese für
Missverständnisse und Auseinandersetzungen. Was, wenn es ein
psychologisch fundiertes Beziehungshandbuch gäbe, das uns die
Gesetzmäßigkeiten von Partnerschaften aufzeigt und das wir wie
einen Kompass verwenden können, um Enttäuschungen zu vermeiden? Levine und Heller wenden grundlegende Erkenntnisse
der Beziehungsforschung erstmals auf den gelebten Dating- und
Paaralltag an.

www.goldmann-verlag.de
www.facebook.com/goldmannverlag

GOLDMANN
Lesen erleben

Um die ganze Welt des GOLDMANN
*Body, Mind & Spirit* Programms
kennenzulernen, besuchen Sie uns doch
im Internet unter:

# www.goldmann-verlag.de

*Dort können Sie*
    nach weiteren interessanten Büchern *stöbern*,
    Näheres über unsere *Autoren* erfahren,
    in *Leseproben* blättern, alle *Termine* zu Lesungen und
    Events finden und den *Newsletter* mit interessanten
    Neuigkeiten, Gewinnspielen etc. abonnieren.

Ein *Gesamtverzeichnis* aller Goldmann Bücher finden
Sie dort ebenfalls.

Sehen Sie sich auch unsere *Videos* auf YouTube an und
werden Sie ein *Facebook*-Fan des Goldmann Verlags!

www.goldmann-verlag.de
www.facebook.com/goldmannverlag

 GOLDMANN
Lesen erleben

# Unsere Leseempfehlung

192 Seiten

Das Geheimnis einer glücklichen Partnerschaft? Es ist der einfache, aber radikale Wechsel des Blickwinkels: weg vom anderen, hin zu sich selbst. Dazu gehört eine große Portion Ehrlichkeit und die Bereitschaft, sich selbst so anzunehmen wie man ist. Dann können Wunder geschehen. Die Bestsellerautoren Eva-Maria und Wolfram Zurhorst, Deutschlands renommierteste Beziehungsexperten, zeigen ganz praktisch, Schritt für Schritt, wie man den heilsamen Umgang mit sich selbst und dem Partner lernen kann.

www.goldmann-verlag.de
www.facebook.com/goldmannverlag

GOLDMANN
Lesen erleben